中国社会学
经典文库

(增订本)

社区的历程

溪村汉人家族的个案研究

王铭铭 著

生活·讀書·新知 三联书店 生活書店出版有限公司

图书在版编目（CIP）数据

社区的历程：溪村汉人家族的个案研究 / 王铭铭著．—增订本．—北京：生活书店出版有限公司，2021.9
ISBN 978-7-80768-297-4

Ⅰ．①社…　Ⅱ．①王…　Ⅲ．①社会生活－历史－研究－福建
Ⅳ．①K295.7

中国版本图书馆 CIP 数据核字（2019）第 074859 号

丛书策划　杨震林
责任编辑　李方晴
装帧设计　罗　洪
责任印制　常宁强
出版发行　**生活書店**出版有限公司
　　　　　（北京市东城区美术馆东街 22 号）
邮　　编　100010
经　　销　新华书店
印　　刷　三河市天润建兴印务有限公司
版　　次　2021 年 9 月北京第 1 版
　　　　　2021 年 9 月北京第 1 次印刷
开　　本　635 毫米 × 965 毫米 1/16　印张 15
字　　数　202 千字　图 30 幅
印　　数　0,001－5,000 册
定　　价　48.00 元
（印装查询：010-64052066；邮购查询：010-84010542）

溪村的庙与农田

作者摄于 1991 年

村神“法主公”

作者 1991 年在石牛山石壶祖殿收集

“法主公”诞辰庆典上的祭品

作者摄于 1992 年

1950 年代溪村的青年

树下的祀鬼活动

作者摄于 1991 年

在祠堂庆成典礼上安排仪式事宜的乡贤老陈（前排右一）

作者摄于 1992 年

参与仪式活动的家族长老

作者摄于 1992 年

迎神赛会

作者摄于 1992 年

目　录

王斯福序　1

自序·反思性的绪论　5

导　论　25

第 1 章　溪村的社区背景　43

第 2 章　家族与聚落形态　56

第 3 章　通婚地域与区域联系　68

第 4 章　时空的制度与实践　78

第 5 章　公、私概念与道德理性　89

第 6 章　村政的“现代化”　101

第 7 章　在村落中塑造“公民”　112

第 8 章　乡村与政治运动　120

第 9 章　经济改革与变迁　134

第 10 章　族亲、人情与社会互助　147

第 11 章　家族社区传统的再造　157

第 12 章　仪式领袖与象征权威　168

结　论　177

附录 1：关于陈氏家族前十世的族谱记载　187

附录 2：陈氏家族前十世谱系表 190
注 释 191
参考文献 198

附 编 局部作为整体
从一个案例看社区研究的视野拓展 207

图表目录

图 1.1 溪村的地理位置 45
表 1.1 溪村人口的职业构成（1991） 47
表 1.2 全国第四次人口普查人工汇总表（溪村普查区） 48
表 1.3 安溪县凤城镇溪村基本情况 49
表 1.4 1992 年作者对 30 个家户调查所获背景信息 50
图 1.2 溪村布局示意图 53
图 2.1 溪村陈氏一世至五世继承过程 59
图 2.2 溪村本地人口分居形式 62
图 2.3 家族化过程 64
图 2.4 聚落分化后的系谱关系 66
图 2.5 十一世后教美陈氏聚落的分化 67
表 3.1 溪村陈氏家族长房龟山派通婚姓氏和区域（清—民国） 70
图 3.1 溪村陈氏通婚地域的中心地带 71
图 3.2 通婚地域的外沿 71
图 3.3 婚姻与家族间的关系 74
表 4.1 溪村年度周期组成 79
图 4.1 生产季节与年祭仪式 80
图 4.2 过年与社会活动的空间范围 83
图 4.3 仪式与社会单位 87
表 5.1 村落社会的公私关系 92
图 5.1 聚落轮值制 97
图 5.2 聚落、亚房的轮耕轮祭圈 98
表 6.1 村落组织的改造 110
表 6.2 村政权力的变迁 110
表 8.1 1946 年安溪县租佃制度调查表 123

表 9.1 劳动力分布状态的变迁（1982—1991） 136
表 9.2 耕地状态的变迁（1981—1991） 137
表 9.3 农业生产组成（1981—1991） 137
表 9.4 溪村家户年收入状态（1992） 140
表 9.5 溪村家户开支状态（1992） 140
表 9.6 户均开支分项状态（1992） 141
图 9.1 溪村的贸易圈 143
表 10.1 耕牛数量及所有权的变化 148
图 10.1 堂亲的形成与范围 149
图 10.2 民间互惠交换的形式 151
表 10.2 各项家庭事件包括的互助类别 151
图 10.3 圈子的形成与互助 153
表 10.3 社会圈子各占的互助比重 154
图 10.4 三类关系在社会互助中的比例 155
图 11.1 龙镇宫立坛 159
图 11.2 轮祭圈 163

王斯福序

从理论上讲，对社会展开个案研究，需要综合社会学学者、人类学学者和历史学学者所发展出来的不同方法。如果来自不同学科的研究者能够形成一个个案调查团队，那么学科综合就能得到实现。不过，个案研究通常又是由单个学者完成的，因此，它要求研究者融不同方法于一身。本书作者王铭铭便是一个例子：他是一个从事社会人类学研究的个体，但在他的研究中，却需要结合历史学、社会学和民俗学的不同方法论特点；同时，在他的著作中，他尽力将不同的方法融入自己的叙述中。

《社区的历程》一书对历史给予高度重视，它所描述的，是几个世纪里不同的历史呈现于同一个社区的过程。它所包含的内容，超出了政治变迁和经济成长的过程史。就我的理解，这一个案研究包括三种历史。这三种历史是互相渗透的，但各自的出发点略有不同。第一种历史犹如绕地球行走的卫星，以大社会的历史过程为出发点，反映历史中土地使用方式的变化；第二种历史从社会生产的角度出发，表现了参与观察者悉心学习特定区域中村民生活与言语方式的过程；第三种历史的出发点，是社会行动者的观念本身，是村落中的家户和村民组织的观念形态，同时它也反映出作者超脱正规的研习方式，与草根社会形成密切关系的过程。

溪村和我们所研究的任何其他村落成为“社区”的过程，都是久远的事了。人们通常想当然地认为，某些村落是因具有独特的地名和特点，才成为个案研究对象的。其实不然。人类学家对某个村落进行个案研究，当然首先要解释它为什么会成为一个可辨识的、奇特的地方，不过这仅仅是研究的开端。接下去，我们还必须进一步把故事讲完，而这个故事一定是有关社会系统的发展过程的历史。社会结构、经济组织、规则和权威的包罗万象，在过去一直是社会学和人类学的主要研究对象。不过，过去社会学和人类学的论述，很少关注结构形式的转型和改造过程。溪村的研究提出了在结构的研究中包容历史过程的观点。在这里，“历史学”意味着对结构转型过程的研究。结构变迁的过程不是简单的单线历史。溪村的个案研究不仅是一个村落历史的叙说，它的漫长而广博的故事告诉我们许多社会形态如何在同一社区中获得自我表现。这些社会形态是在大的政治、经济、文化系统背景下产生的，而且在不同的时代以不同速度变化。

《社区的历程》既是一部社会构造和转型的历史，也是一部社会分类和再生产的历史。具体地说，它是一部社会制度再创造社区、家族与婚姻制度、节庆的年度周期、工作和交易的节奏、互助和尊重的关系的演变过程之历史。作者王铭铭在这些方面的研究中，表现出他的专长。

王铭铭是一位社会人类学学者，因此是一位花了许多时间在一个小村落学习如何用当地人的眼光看历史的参与观察者。他所表述的历史告诉我们，制度如何赋予人们不同社会认同的意识，如何创造空间的认同和不同空间的认同之间的距离。王铭铭从如上所述的现象中复原出一部转型的历史，使社区的社会形貌在社会认同的变异性再生产历史中的形成、被忘却或抑制、复兴等过程得以展示。过去，人们把现代化当成是使“传统”成为过去的不断前进的过程。现在，我们对这种发展的系统论不再满足了。我们看到，无论“现代化”包含什么别的东西，它一定包含社会认同的再生产。也就是说，现代化包含社会记忆的感受和制度。社会记忆的制度创造了“无时间性”，而这种“无时间性”即我们习惯认定之“传统”。实际上，所谓“传统”与现时代电视或旅游一样，具有当代意义。

戏剧、祭祀、时间的年历等形式，无论在以往（如元代）或现在均有其地位。上面说到历史的第三种意义是社会行动者创造历史的过程。我们所得到的资料，不足以解说远古时期社会行动者如何参与制度的创造和复兴。不过，田野观察和访谈使我们有可能对近世历史的创造有更深的了解。溪村的个案研究力图解答社会记忆和现代化的创意如何被确立、何种集体过程赋予地方精英尊严、何种对领导权的期望赋予地方活跃者力量、这些创意会积淀成何种结构形态等问题。这些问题十分引人入胜。

个案研究是可以延伸的。溪村的个案研究就可以延伸，而这也正是我的希望。费孝通教授写江村的笔墨，已经触及溪村研究的内容。江村的研究已成为模式，溪村也可以被当成模式对待。当然，在其他的个案研究中，可能发现不到溪村的制度，因为在中国其他地方，家族和民间节庆可能不如在溪村流行。不过，在中国和中国以外的地区，历史的写作可以采用溪村的模式。就我个人的希望而言，历史应该并将是关于社会转型的叙述，而社会转型则包括创造历史的行动。历史的叙述应该采用王铭铭所提供的途径，把工作、互惠、宗教仪式等社会制度当成社会认同和关系来探讨。为了达到这个目的，历史的叙述者必须像他那样到一个地方长住并重访，在研究中观察生活、阅读并记录地方文献，同时不要忘记遥远历史的存在和转型的过程史。通过这样的研究，我们将能够更好地解释什么是人类史的中介。

王斯福（Stephan Feuchtwong）

1997 年 1 月初稿

2003 年 7 月 22 日修改

自序·反思性的绪论

《社区的历程：溪村汉人家族的个案研究》是我在 1997 年发表的习作。

作为“学术性的”论述，它便只能是文学家笔下的“知道分子”（王朔语）所为。文学家鞭笞得好。不过，在这个“后臭老九时代”里，多数人还是以“知道分子”为荣。“知道分子”自己也相信，说出知道了些什么，就能部分地证实自己是“君子”。按照传统的要求，“知道分子”所写的东西，需与前人写的东西“前后贯通”。于是，“知道分子”想象自己的“天职”是“通古今之变”。多数“知道分子”不怎么注意，我们所“创造”的，时常仅仅是“读书”的后果。“读书”不简单是阅读书籍。“读书”意味着我们的“创造”通常是被“教”出来的。我理解的“教”，包括“上学”“自学”和“学着独立研究”。“知道分子”从小学读到博士，从助教到教授，成为“知道分子”。在这个过程中，他们要学会模仿以便“创作”。这时常让“知道分子”陷入观点和叙事的权属问题之中，而这迫使他们根据学术的教条，来阐述可能早已被发现了的“发现”。

毋庸讳言，这册书里的文字，便是在“知道分子”的圈子里被“约定俗成”的。在这种被动态中，我自任“作者”。据人家说，欧洲语言里“作者”（author）这个词，指的不仅是“书写者”，而且也是“制造者”。有人还听说，外国的“知道分子”考证说，这个词与“权威”（authority）有“枝”与“叶”的关系。“作者”这个概念，其实应该让“知道分子”觉得难受。原因是，除了自己的错误之外，我们要“制造”超出“约定俗成”范围的东西，其实没那么容易，要成为“权威”，更是梦想。作为“知道分子”的一员，我原本的设想是，要用文字来编织“叙事”，用“叙事”来说东道西。然而，我知道自己这里说的有多少“斤两”。于是，我便也知道，若没有铺陈自己被“教”的过程，就无法说清“书写”的偶然性和必然性。

先从这册书的开端说起。《社区的历程》起初是一本粗糙的小册子，它初稿成于1993年12月。那时，我在爱丁堡大学做研究，我的“286电脑”还没有中文软件，稿子是用钢笔写的。写出来后，曾委托一位朋友提交出版选题申请。一年后得知没有批下来。猜测是出于礼貌，那位朋友没说书写得很差、写得毫无新鲜感，而只转告说，出版社觉得书稿描述性强，地方色彩太浓，“现实意义”不大。稿子被退回来后，一直藏在我的行李箱中。1994年10月，我到北京大学任教，适逢社会学人类学研究所筹备“社会学人类学论丛”，蒙学术编辑委员会之不弃，书被列入该丛书。1997年4月，稿子经粗略修改后面世。初版时印数很少，只有2000册，其中1000册留在社会学人类学研究所图书馆用于内部交流。书的大部分内容，后以论文形式提交自己主持的“乡土社会的秩序、公正与权威”会议讨论，经匿名评审，也发表于台北“中研院”《民族学研究集刊》第83期［该文被列为我的《村落视野中的文化与权力——闽台三村五论》（生活·读书·新知三联书店1998年版）之第一章］。

溪村的田野工作，是在我完成博士论文研究之后开始做的。在那之前，时任伦敦城市大学社会科学系教授的师友王斯福先生，得到基金会的资助，组织几位中国青年学者进行乡土社会调查。课题很大，涉及十个村庄，我被安排承担其中两个村庄的实地调查任务，得到的“头衔”是课题的“田野研究人员”。博士论文完成后，我转为博士后。课题要求做的，是“民间社会互助制度的变迁”。

有时因不甘于充当“知道分子”，我的兴趣面比这广一点，总保留着少年时代对于“创造性文字”的崇拜。接到课题任务时，心里怕自己路子太“野”，导致精力分散，使自己难以集中时间完成课题任务。没想到王先生心胸宽广，他善意地告诉我：“课题研究的总目的，是要推进中国社会的地方性研究；作为课题组成员，在完成了所要求的工作后，完全可以按照自己的兴趣做自己的事，因为这对于研究课题总目标的实现，还是有利的。”

签了合同，我从1991年到1992年，花了五个月的时间住在溪村。

溪村离我的故乡福建泉州55公里。在泉州汽车站，我连同行李被拉客者拉扯着进了一辆肮脏、拥挤的中巴，“飞驰”着去了溪村所在的县。因当时道路不好，尽管是“飞驰”，也花了整整三个小时。我在那里的田野工作，初期主要是为了做家户社会经济访谈。问卷不是我独创的，是王先生设计的。问卷调查（家访问题共计110个）所获资料，后来也由王先生组织研究人员加以分析。关于这方面，溪村和另外一个闽南村落的资料，共计60份，《村落视野中的文化与权力》中的第三章里已做了介绍。在做课题要求的社区背景和家户访谈的同时，我开始花一些时间来关注地方与国家之间关系的文化问题。两方面资料结合起来，形成了《社区的历程》的基础。本书的第9章和第10章，体现了溪村社会互助调查的部分成果，但它们不以独立的课题报告形式出现。我的主要论题是家族村落的社会变迁，社会互助制度被当成这一主题的组成部分来论述。

说学问是“教”出来的，自然是出于我的切身体会。针对我做的这种调查，费孝通先生早就教导我们说：“对中国社会的正确认识应是解决怎样建设中国这个问题的必要前提，科学的知识来自实际的观察和系统的分析，也就是现在常说的‘实事求是’。”（费孝通，1993b：187）溪村社区的研究围绕的问题，是因袭费先生的论述来的，涉及的主要也是怎样“实事求是”地认识中国社会，特别是怎样“实事求是”地认识作为中国社会“基质”的乡土社会。

一个地方性家族共同体怎样创建和发展？在历史上面对过什么危机？特别是在进入21世纪这个新时代后，如何面对自上而下的各种社会改造“迫力”带来的挑战？为了“实事求是”，我具体关注到了这些问题；而思考问题的能力，也绝非是天生带来的。研究生期间，我于1987年10月转到伦敦大学，在那里学习社会人类学。我那些高鼻子、蓝眼睛的老师，尽他们的本事来教我们这班博士生怎样思考问题。不是说在此之前的所有中国老师都无用（我越来越发现他们实际上可能更有用）。无论接受这些方法是否就意味着“崇洋”，它对我的思路的影响还是深刻的。我上面铺陈的那些问题，在博士论文研究期间早已在导师的导引下想到过。

我的博士论文探讨的是年度仪式的周期，田野工作地点在泉州鲤城区。研究的具体内容就不多说了，只是有一点值得一提：年度仪式周期的研究使我对新旧文化的矛盾有了许多感性的认识和个别的初步理论思考。认识什么？思考什么？几乎所有的“知道分子”都知道，20世纪初期以来，创建一个新国家的期待，引导我们对自己的“文化模式”展开“批判”；文化的“自我批判”，又给我们的“天下”带来了许多变化。我这个“知道分子”接受一种特定的看法，认为用“进化”的思想来解释我们自己的文化的命运，是这些变化的思想背景。就我的看法而言，实际社会生活中最重要的变化，能从发生于仪式领域中的文化格局转变里得到观察。从泉州“官方”与“民间”文化的关系史来看，历史上朝廷主持的祭祀活动与民间的“小传统”是有明确区分的，但二者之间又相互模仿、交流和互动，而朝廷却主张将自己那围绕“年”的周而复始的祭祀制度，区别于民间的“淫祠”和“俗信”活动。到了20世纪初期以后，这种文化内部区分的做法，被诅咒着进入了“历史的垃圾箱”。

从事泉州的研究，我仿佛重走了一段影响着我们今天的生活和观念的历史，从这段历史中看到了20世纪带给我们这代“知道分子”的困惑。

20世纪以来，“平民/民众文化”成为一代知识分子（一种好的“知道分子”）和政论家思考的对象。什么是“平民文化”？什么是“民众文化”？今天的民俗学家告诉我们，这就是民间的“小传统”，就是“民俗”。可是，对于新文化运动的推动者来说，答案却没有那么简单。他们中的一些人认为，“平民/民众文化”是相对于“圣贤/士绅文化”而存在的。古代中国的“圣贤/士绅文化”，是中国落后的根源；到了20世纪这样一个“崭新的时代”，“圣贤/士绅文化”已成为历史前进的障碍，而仍然有活力的是长期被“封建制度”压抑着的“平民/民众文化”。平心静气的学者则可能像顾颉刚先生那样，想“一碗水端平”，说“平民/民众文化”与“圣贤/士绅文化”都是人文学研究的同等重要的对象，学者所做的，无非是要在不平等的历史中“解放”出被压抑的一方（通常是“平民/民众文化”）。在新文化运动开始之后八年，顾先生曾说：

> 我们的使命，就在继续声呼，在圣贤文化之外解放出民众文化，从民众文化的解放，使民众觉悟到自身的地位，发生享受文化的要求，把以前不自觉的创造的文化更经一番自觉的修改与进展，向着新生活的目标而猛进。（顾颉刚，1997：228）

并非所有知识分子（即“知道分子”中那些能独立思考的人）都像顾颉刚那样思考，而顾先生自己的思想也有变化。在现代中国学术发展的初期，思想界对于文化问题的思考，与那时人们对于中国在世界上的地位的思考相联系，表现出纷繁复杂的面貌。然而，也不应忘记，诸如顾颉刚当年那种想将历史上所谓“不自觉的创造的文化”加以改进的思路，后来潜移默化地成为文化思想的主流。民俗学对“平民/民众文化”的论说，虽是现代中国“平民/民众文化”建构的一个重要方面，但实际生活中的所谓“平民/民众文化”，却更多地与我们看到的文化再创造相联系。在人类学家所说的“新国家”（Geertz，1963）创建后，“平民/民众文化”这个概念获得了新内涵——就是从 20 世纪初期起，中国的国家建设者们开始重视超越传统中国的文化内分局面，试图设计出一种“以合治分”的新文化。在仪式领域中，这具体表现为“国家节庆”的“发明”。20 世纪的官办节庆之发明，旨在将官民分离的仪式与社会时空制度改造成一种“全民文化”，将它与全民性的工作时空安排连接起来，形成一种现代国家的年度运行周期。在古代，这样的做法恐怕不大能让人理解：既然是“御用”的活动，民间又怎能参与？可是，在这个被人们称为“大众文化时代”的 20 世纪里，民间（“群众”）参与却成为定义集会、“社会活动”以至行政管理的基本准则。从“平民 / 民众文化”转向“全民性大众文化”（civic culture），显然是这个转型的核心内容。

近来我读到余英时先生的一篇文章，这篇文章将 20 世纪中国文化里发生的这些相互矛盾而又纠缠不清的变化概括为“中国的极端化”（the radicalization of China）。对他而言，我上面所说的那些变化，可以解释为五四运动后“现代中国极端主义的范式转变”的组成部分。他说：“从那时（‘五四’）起，无论是在批评传统还是在宣扬变化，中国知识分子总是几乎异口同声地提倡西方观念、价值或制度，他们将这些东西当成正当性赋予的终极基础。”（Yu，1993）余先生所谓的“极端化”，主要指“西学东渐”后中国知识分子颠覆自身文化传统的过程。但“极端化”既与“中国”这个复杂的政治地理单位连在一起，所指的进程便是多方面、多层次的。余先生笔下的现代中国知识分子西方中心主义并非解释一切的根源，但我在田野工作中接触到的文化矛盾与他说的“极端化”之间，有着至为密切的关系。在我看来，“极端化”这个概念生动地说明了 20 世纪中国文化变迁的一般面貌。

社会人类学怎样面对“极端化”的思想变革及其所导致的文化变迁？20 世纪 80 年代后期以来，我心中总保留着提出这一问题的权利，想象它对于解决真正问题具有重要性。我知道，过去的人类学家在中国从事田野工作，不是对文化变迁视而不见，但由于受到专业研究"习惯法"的局限，他们更关心"历史残余"，特别是更关心所谓的"民间传统"。进入田野工作地点之前，我已通过个人生活的经验看到，海外汉学家眼中的"民间传统"并不是今日"中国文化"的全部。与新文化运动中提出的"平民/民众文化论"相违背，我们今天生活的社会中，属于历史上"平民/民众文化"的东西，成批地在"破除迷信"的种种运动中被清除。作为一个20世纪后期成长起来的中国"知道分子"，在文化格局的矛盾中，我感到态度要有所转变。

我越来越感到，要从事中国文化的研究，如果没能看到经过现代学校和"单位"等诸多的新机构推行起来的"新文化"，那就只能停留在某种观念的重复论证中了。这当然不是说"旧风俗"经过"中国的极端化"已经完全消失了。与在我开始田野工作前后在同一区域从事历史和人类学研究的学者一样，我也看到近20年来所谓"民间传统的复兴"。在人类学研究中，怎样反映"旧风俗"与"新制度"之间的关系？怎样呈现新旧文化并存的复杂面貌？怎样具体解释"平民/民众文化"号召下，民间文化的新处境？

在"知道分子"当中谋求新的解释，也许是所有的"知道分子"为了有别于其同类采取的方式。我于是有自信地想，在一座规模还算大的城市里展开关于上述问题的探讨，能够让我有机会把握不同社会力量、机构和不同的生活方式之间的区别与联系。我当时也相信，那便是城市研究相对于村落研究的优势。可是，到临近完成博士论文的时候，我对研究地点规模大小的看法稍有变化。

古老的泉州确实为我这位偶尔以"后村落主义人类学学者"自居的研究者提供了一个文化呈现和评论的难得平台。然而，在这座城市里生活着的平凡百姓，身上带有的文化基调，给人的印象却依然带有浓厚的"乡土意味"。过去20年来，当地逐渐恢复起来的民间宗教中的地域崇拜区分（Wang，1995），就与村庄的"村庙"所"管辖"的地理范围的区分，有许多相近之处。我后来想到，城乡之间地缘关系的贯通，与历史上朝廷推崇的"里社"和"礼法之治”有着密切关系（王铭铭，1999）。但是，就最初的学术冲动来说，这一贯通城乡的特点让我想到的一点是：要理解城里的地域性仪式区分，就不能不理解费孝通教授阐述的乡土社会的“乡土性”（《乡土中国》），而要理解这种“乡土性”，又不得不探讨一个与之相关的问题，这就是：怎样看待知识界和政治实践领域创造的、以“平民/民众文化”为名的“新传统”在乡土社会中的影响？

从一个甘心的“知道分子”，变成一个不甘心的“知道分子”，正是提出问题的前提，而我也顾不上管这些了。我带着诸如此类的问题，将王斯福先生提供给我的乡村调查机会视为至宝，开始了我自己的农村研究，想知道我想知道的。

《社区的历程》初版时，得王先生序文数段。根据他的“解读”，我的这项研究意在阐明“三种历史”。他说：

> 《社区的历程》一书对历史给予高度重视，它所描述的，是几个世纪里不同的历史呈现于同一个社区的过程。它所包含的内容，超出了政治变迁和经济成长的过程史。就我的理解，这一个案研究包括三种历史。这三种历史是互相渗透的，但各自的出发点略有不同。第一种历史犹如绕地球行走的卫星，以大社会的历史过程为出发点，反映历史中土地使用方式的变化；第二种历史从社会生产的角度出发，表现了参与观察者悉心学习特定区域中村民生活与言语方式的过程；第三种历史的出发点，是社会行动者的观念本身，是村落中的家户和村民组织的观念形态，同时它也反映出作者超脱正规的研习方式，与草根社会形成密切关系的过程。（见《王斯福序》）

若王先生的话不是戏言，那么，我的这一“社区史”阐述，便应当还算是有点新意的。田野工作时，我的确关注了追述和表达历史的不同方式。在一定程度上，也可以说，对这一问题的关注，促使我从自己的角度，对“主观历史”（人们对历史的记忆、想象与解释）与“客观历史”（历史自身的流动过程）之间的关系（Ohnuki-Tierney，1990），给予了重视。同时，我也特别关注到人类学作为一种“记述的艺术”如何贴近“记述”的历史性这一方法论问题。

任何学术性的书，都不能全然创新。因此，《社区的历程》也是对20世纪上半叶中国学者关于“社区”的阐述的某种因袭。在因袭中，我试图有所立异，试图在社会人类学中拓展出一种所谓的“社区史的视野”。“社区史的视野”中的关键词，还是“社区”。什么是“社区”？这个老问题，恰是“社区史的视野”的拓展中首先要解决的。“社区”概念的一个来源是美国芝加哥社会学派和英国社会人类学双重影响下的“社会学中国学派”，特别是其中吴文藻、费孝通等对于“社区”与“社会”的区分（费孝通，2001：41—57；206—337）。所谓“社区的历程”，大略指个别处在文化边缘地位的“小地方”（社区），适应于持续追求一体化的“现代社会模式”的过程。对于这一过程，以往的社会学家和人类学家也给予了充分关注，特别是他们提出的“人文区位学”（human ecology）的说法，对我有很大启发。为了揭示社区适应与变化的过程，过去的社会学家和人类学家大多将主要注意力集中在社区对现代社会模式的适应与变化本身。我自己对这一点也十分重视。然而，我也就事论事地感到，要重构适应和变化的历程，应当首先知道“社区”的原来面目。这一点是以往社会学和人类学学者注意较少的。

为了探究汉人社区的原来面貌，我泛读了不少西方汉学人类学研究的相关著作。我幸运地发现，王斯福先生的老师、伦敦大学著名人类学家弗里德曼（Maurice Freedman）曾依据中国学者的田野资料，写了大量关于福建地区家族制度的论著（Freedman 1958；1966）。他提出了很多观点，其中一个意在指明：在福建和广东地区，“家族就是社区”。在他看来，中国的家族是一种血缘兼地缘的共同体。共同体的基础是家族共有土地财产的存在，在社会组织和“宗教信仰”层面，又反映为以父系继嗣为基本特征的祖先/祠堂祭祀制度。也就是弗里德曼叙述中的这些“要件”，构成了包括

《社区的历程》中的家族村落的“社区性”。

我曾撰文说，弗里德曼开始他的家族研究时，中国已进入史无前例的社会变革时代。用“国族”的一体性来取代家族的分散性，是几代中国社会改革者追求的目标。可惜的是，在构建他的家族理论时，弗里德曼没有将这一社会变迁的面貌纳入理论探索的范围之内，因而他的家族理论总有点像是在说“古时候”（王铭铭，1997b）。怎样将他的“古时候”与我们今天生活的时代结合在一起？这个问题一直缠绕着我的思绪。“社区史的视野”，可以说也表达了自己不甘的思绪。

“知道分子”为了写书，先是要搜集资料。我为写《社区的历程》一书搜集的资料，除了包括田野观察和访谈资料外，直接或间接地也包括涉及溪村的地方志、民国档案资料及闽南地方文史专家的论著。《社区的历程》这册小书，能容纳的历史资料有限。我一度想编辑一本溪村乡土史资料集，让资料来叙说历史。（我曾编过一本乡土史资料集，是关于台北县石碇乡的。我复印了两本，一本留在乡政府，一本留在当地大树下茶馆，我自己已经没有底稿了。）今天这个愿望显然是过时且不可行了。今日的人类学研究与文献整理工作已有所不同，我们不能再过度地停留在过去的“知道分子”圈子中，不能像人类学奠基人波亚士（Franz Boas）那样，以搜集、翻译、整理、出版关于一个社会群体的所有资料，来展开个案研究。现在的学科要求我们用简练的语言来总结自己的田野工作所得，提出与他人可以对话的论说。

无论如何，在我的愿望中，《社区的历程》这本书从头到尾谈的事情，都应与溪村有关。因而，关于溪村，我在书里已经说了很多。我在闽台地区的三个村落（闽南的溪村、塘东，及台北县的“山街”）中做过长期的田野工作，溪村是其中一个。而在三个村落中，溪村是我最喜欢的，因而，我在那里住的总时间也算最长（连后一次调查算，共 10 个月）。为什么喜欢溪村？闽台三村中，它是最贫困的，村庄规模、面积都是最小的，人口也是最少的。所以它不构成许多社会科学“知道分子”追寻的“发展典型村落”。当时，溪村与县城只有一水之隔，却比较完整地保留着它的原来面貌。“未发达”是文化保留的首要原因。因为“未发达”，所以村里的人们拥有更多的时间来与我聊天——他们还没有像“资产阶级”那样，把时间当成金钱。

出于对“传统”的现代命运的兴趣，我熟悉的溪村人，主要是老人和中年人。他们中一些人的苦衷和另一些人的希望，他们的忧虑与快乐，都给我留下了至为深刻的印象。不是说我不喜欢妇女和儿童，而是说，为了继承学术传统，为了“知道该知道的”，我这种“知道分子”不得已要集中把握父系社会的原理。这当然不排除文字叙述下“私心”存在的可能。有点不甘于做“知道分子”的我，在做这些事情的时候，也没有忘记将自己的著述看成是被研究者中那些相互有别的心态与表情的记载。我更愿意将这些心态和表情，当成真正的历史来叙说。

对于溪村人这样一群相当典型的“农民”，我的印象与评价都是复杂而矛盾的。中国的农业、农村、农民这“三农问题”，仍然是国计民生的核心问题。对今天的许多人来说，这句话因被提得太多，故常失去它的分量，让人听起来的感觉似乎仅是：我们正在继续“象征性地承担”历史上遗留下来的众多包袱之一。但是，对于一个生存于现代社会中的人来说，它施加给我们这些“知道分子”的压力却是巨大的：

为什么 100 年过去了，赋予农民“民权”的努力没有得到预想的结果？

为什么将农民解放出来，使他们成为“公民”的运动，如此的激烈，而结果却是我们这个未成型的“现代社会”依然只有少部分的非农民有完整的“公民待遇”与“公民意识”？

古代“士、农、工、商”的社会层次排序，曾被一代社会改革者认定为中国难以克服的历史包袱。在我们今天，这样的排序应该说已经得到根本改变。可是，这种改变到底属于谁的“正义”？符合谁的利益？

在创建一个“现代社会”时，我们将太多的注意力集中在“现代社会”这个概念上，由此也将太多的注意力集中在创造一个与这个新社会形态形成对比的“农民”上，这使社会变迁的历程经受了太多“主观计划”导致的挫折。可是，我们有没有从社会学意义上真正地解决“谁是农民”这个问题？

城乡户口的区分，似乎给了上面这个问题一个明确的答案。然而，在农村土地改革以前，中国的“三农”其实并没有那么紧密相连。在农村生活的不一定是农民，还有市镇上的士绅、地主、商人以至近代的买办。农业的经营者与农业生产者，在此前也是有区分的，他们后来又是怎么得到身份合一的？

在“三农问题”生成的复杂政治、经济、意识形态背景中，我们看到了20世纪这个漫长的百年自身带有的危机。关注这些危机的人类学学者，甚至将“农民”这个概念当成问题性的抽象之物来对待，以为它代表一个“被发明出来的”政治词语（Cohen，1993）。然而，经历了这项研究后，我感到要特别重视这一社会群体的历史性与现实性，更要注意到，对于研究这样一个复杂的群体来说，过去的研究经验重要，晚近开拓的视野也值得学习。

过去的人类学家，大多研究世界各地少数民族部落社会的“奇风异俗”。人类学这门学科，曾把亚细亚广大的地域留给研究非西方文明史的“东方学”专家。在学科的早期历史上，“农民”不如洞穴人、部落人、游牧人、丛林人重要。从20世纪20年代开始，人类学才有了更多的关于农民的论述。原因很多。80年代曾在厦门大学教过我的人类学家黄树民先生在为沃尔夫（Eric Wolf）《乡民社会》一书中文版写序时，提到三个：一是传统人类学所注重研究的所谓“原始民族”或“部落社会”已逐渐消失；二是国际政治形势的变化，使亚洲成为西方全球战略的关注点，给农村的研究带来资源；三是应用人类学的兴起，使农村研究更多地具有社会参与的作用，因而导致农民问题在人类学研究中的地位提升（黄树民，

1983)。除了黄先生谈到的这些原因外，我以为还有一个，而这可能恰恰是：农民与其他“自然的原始群体”一样，与我们今天生活在其中的现代社会在文化上构成了一种深刻的相异性，是现代社会的“他者”之一。漫步在这样一群与“我们”有别的“他者”中间，实施田野工作计划，进行“参与观察”，人类学家只是暂时地融入他们的社会。我们企图通过自己的观察和洞见，具有相对主义态度地弥补文化之间的鸿沟。

农民人类学研究的开拓者雷德菲尔德（Robert Redfield）曾用“大传统”和“小传统”来区分现代城市文化与传统农村社区文化。这个二分法后来在人类学研究中遭受了大量批评（黄树民，1983）。然而，在我的研究中，我依然感到了我们的文化现实的二分面貌和紧张关系。我企望通过学术的撰述来揭示这一矛盾的根源。在展开这项工作之时，我意识到沃尔夫在《乡民社会》一书中指出的乡村社会与文明社会互为建构的历史进程的重要性，知道通过沃尔夫的“大历史”，我们可以看到“大小传统”在历史上的密切关系。可是，我更意识到沃尔夫并没有解释一切：如果说沃尔夫的观点可取，那么，我们又何以解释这种密切关系在现代社会中的转变？我们又何以理解二元面貌生成的具体历史？我的论述也从一个侧面，言说了对于一个城乡二分社会的矛盾感受。

一本书要呈现一个作者眼中的世界，但作为具体的个案研究，一部作品不能承担解释所有问题的重任——正像“知道分子”永远不能承担知识本身的重量一样。不过，我们的叙述能从一个小小的侧面来叙说我们“知道分子”自己的困惑。我们当中，成为农民的代言人的，堪称是“劳心”的“君子”，但这种“劳心”的实践本身却表明，“我们”与“他们”之间，还是有鸿沟的：我们还是“知道分子”，他们还是被认识的“不知道分子”。整个民族、整个国家范围内的等级秩序，也许解释、维护以至拓宽着这一鸿沟，而我们不能完全知道，有朝一日这一鸿沟彻底被填平时，我们的社会又会是怎样的？

太轻信“现代性”能带来福利的学者会说，随着社会的变迁，我们要重新构成一个真正意义上的“公民社会”。在那个时代到来时，所有的个人与国家之间将形成一种二分而合一的体系，公民意识使社会成员感到自己对国家有责任和义务，而国家意识使政府更注重自己的利益与公民的利益之间的直接关系。可是，我们不能忘记一个历史的事实：20世纪的中国，“主流”上已是一个追求“公民社会”的世纪。在这个世纪里，社会等级的存在被视为平民主义政治的敌人。矛盾的是，现代政治却又创造了新的等级关系，以至于让我等敢于宣称：“公民社会”的追求并没有消除“平民/民众文化”与“圣贤/士绅文化”之间的差异。于是，我等有理由想到：会不会是我们“平民主义”的观念本身，造就了一种新的“等级主义”？如果它们之间确实是一种相互建构的关系，那么，那些现代观念本身，是否正是值得我们去深入追究的问题？

只有伪科学才敢宣称它所说的完全是真理。一部小小的个人之作，若真是“学术性的”，那它只能是某种意义上的重复，只能起到重新提出问题的作用，只能言说“知道分子”的观察。所以，人们常说，所谓“学问”，就是“学习”与“提问”。也就是因为考虑到学问的这个特殊性质，所以才有哲学家说，“全部知识都是错误的知识”（赵汀阳语）。我的理解很简单：“不错误的知识”只能在宗教信仰范围内存在，学者所做的只能通过部分把握“真实”来修正前人的认识，对“真实”的未来把握做暂时的局部贡献，而在这中间，基于以往的提问来提问，是我们的工作重点。也就是在这个“工作重点”的范围内，我可以回望过去，可以看到时代留下的痕迹。

自从1997年溪村的研究发表以来，六年多的时间过去了。在这六个多年头里，个人的想法不可能没有发生任何变化。比如说，《社区的历程》中的关键概念是“社区”，而我现在对当时我引用它的方式，就有不同的看法。这个词被费孝通先生60多年前用来翻译“community”这个社会学概念。据费先生的回忆，当时他和他的同路人用“社区”来翻译“community”，是因为中国社会学界存在着将“society”混同于“community”的做法，而“community”和“society”在原文里却指社会学概念体系中两个截然不同（却非相互无关）的方面。“有机”与“无机”的团结形式，是区别二者的核心标准（费孝通，1985：后记）。费先生的看法，我今天还认为是妥帖而有启发意义的。尽管我没有问费先生为什么用“社”来翻译“communal”或“social”，但私下却在近年的研究里寻找着一种可能被批判为“拆字游戏”的解释。我以为，从“里社”到“社区”经历了一个重要的变化，而这个变化与中国文化的现代命运息息相关。我还没有看清这个相关系数是什么、具体的历史轨迹是什么，却已不假思索地运用了现成概念。

40 年来，汉人社区的人类学研究，已为我们积累了丰富的成果。我在《社区的历程》导论及其他篇章里不幸只简略提及少数相关作品；除了它们之外，还有 20 世纪 90 年代以来发表的留学海外的同辈“知道分子”的著作（如 Yan，1996；Jing，1996；Liu，2000）。同时，国内历史学、人类学、社会学界，也开展了大量的农村田野调查，大量著作体现出所做研究的深度、广度都已达到或超过了国际水平。遗憾的是，写作本书之时，我因时代、所处生活场景和眼界的局限，对于海内外同辈学者的论述涉及甚少。这就给本书带来“知道分子”不该犯的错误。问题还不止这些。在写这本书的同时，关于社区研究与家族问题，我也正在写作一些论文。但我没有将二者联系起来，对问题做出一个更为清晰的定义。所幸者，本书如能与我那些汉学人类学的述评联系起来（王铭铭，1997b），那还算能间接找到相关的阐释。此外，我的论说好像都侧重于制度史的分析。意图是要以地方社会变迁的脉络来梳理家族史面临的外在挑战和内在危机。为了做这项工作，我确实有必要前后连贯地坚持以简明的历史分期为主线。但是，这样做，恰好又犯了一个大错：抹杀了日常生活的细节和与主线关系较远的其他方面的论述。

这里呈现的各篇论述中，都关注到国家、乡土社会与人文知识分子之间的关系。在中国，这三股社会力量形成得很早；在近现代人文社会科学的讨论中，它们之间的关系怎样摆，也早已引起了学者的重视。在《皇权与绅权》（吴晗、费孝通等，1988：1—39）的前三篇中，费孝通从自己的角度对代表这三者的皇帝、农民和士绅之间的关系，进行了诠释。这三篇短短的论述，让我们看到历史上以皇帝为中心的国家与以土地为生存基础的农民之间，权势的更替已是历史的常态。介于这两种相互对立而潜在的权势上相互替代的力量之间，士绅通过把握文字营造了一个中间型的"阶级"。在长期的历史实践中，士绅对"政治老虎"保持着一段可贵的距离，使自身有可能在反思中"奉天以约制皇权"。唐以后，这个"知识阶级"与官僚得到了紧密的结合，他们代表的"道统"也逐步被纳入"政统"的范畴里。在近代史的基础上回顾历史，费先生对历史上中国"知识阶级"的自主性保持着一种罕见的热忱。重新阅读这些篇章，我深深感到了这一士绅史的负担。从某种意义上说，我的阐述无意中涉及同一个问题，我的文字却因是"知道分子"所写，而没有力量像这种原创性叙述那样，以朴实的文字朴实地表达朴实的问题。

罪过还很多。书中有相当大量的所谓"学术对话"，今天读起来如此缺乏学理的连贯性；而初版时大量的错字、错句、生硬的词语，令我时感"悔不当初"（这自然不说明现在的我不会犯错了）。我一直知道而且宣扬，中文也是世界主要的学术语言，而且，它的地位有待我们去提高。这就要求我们自己赋予中文学术以尊严。为了获得这一尊严，我们既要设计新的学术制度，来逐步消除20世纪的"极端化"带来的学术文化问题，也要"从我做起"，在意识到错误在所难免的同时，给文字和叙述的逻辑性、学术自主性以充分的关注。然而，"亡羊补牢"却为时太晚，这里只能勉为其难地做点仍有漏洞的修补。个别地方我做了能做的删改，另一些地方则做了必要的增添。

1995年完成溪村的最后调查后，我多次回到那个已熟悉的地方。因没有进一步调查的计划，每次到溪村我都只是匆匆的过客，最多找一两位原来交往较多的农人吃顿饭，聊会儿天。

几年间，溪村的变化是巨大的。过去我到这个村子里，可以从泉州搭车到安溪县城，在公路边找到一条土路进入村子，也可以从厦门搭车，经过漫长的几个小时，爬越一条山脉，下山后进入安溪。现在，村庄的周围被省道包围起来了，从泉州到安溪，公路交通已十分通畅，而从厦门到安溪，也可以直接穿过一条新开的隧道进入，省去好几个钟头的山岭之旅。过去村子的周围是一排排的翠绿竹林，现在竹林还留下一点影踪，我们更多地看到的是包围着村庄的乡镇企业厂房。从外观上看，溪村的旧影已一去不复返了。有次我试着从厂房间隙的小路进入村子，路上的行人竟一个也认不得，后来才听说村里来了大量内安溪蓝田水库移民和外地打工者。然而，被公路和厂房包围的溪村，内部的聚落布局依旧，我结识的乡民脸上多了更多的皱纹，映射着历史的沧海桑田。他们的儿女，有的已离开这个村子，到外地谋生，有的留在当地，务农的人越来越少了。我这本书里描述的那些社会活动，越来越与乡土社会的土地意识疏远了，但它们并没有消失。在新的时代里，集体仪式仍然感召着生活于这片土地和离开土地的溪村人。在社会流动日益增多的今天，地方性的仪式活动仍然反映着溪村人的历史意识，所不同的无非是节庆与“从外地回家”这个概念联系得更为密切了。

我在研究中得到了几位师友的帮助。到溪村时，由厦门大学人类学系叶文程老师引介当地历史学家叶清琳先生。清琳先生亲自引路带我进村，他以乐观与幽默的态度说到自己“文化大革命”期间搜集、保护族谱的经历，给我留下了深刻的印象，让我觉得我们的文化有这样的“知道分子”，还是有希望的。前面多次提到的王斯福先生，除了为我寻找研究资助和提供指导外，还多次亲自来溪村参与我的调查。初次莅临溪村的他，当夜即因天黑伸手不见五指而掉入溪村村庙前的那片水田里，裤子脏了，只好借用一个村民的。

这让我记忆犹新。对这位真实的师友的真实，抱有特别的欣赏之心。一年来，王先生多次想再到溪村调查。遗憾的是，年近 70 岁的他，心脏病发作，只好等不久的将来再做计划。厦门大学郑振满教授曾花了两周时间协助分析历史文献。部分资料的分析和讨论，得到了更多朋友的参与。他们的名字，我在此不一一罗列。

初进溪村，虽有当地历史学家引路，有政府机构的介绍，但溪村的党支部书记对我还是心存怀疑，生怕我"泄露数据"。后来，他终于接受了我，对我谈了很多关于他的村庄的政治经济情况。在田野工作过程中，他总是担心我对"民俗"的浓厚兴趣会让我找不到好工作，建议我改行从事经济学研究，说这样或许能当上一官半职。我没有听他的，更希望以这本书从自己的角度说明不从事他眼中的"经济学研究"，专门从事"民俗研究"，对这个国家也还是有些许裨益的。在溪村的田野工作过程中，被我说成是"民间权威"的老陈自始至终给我支持。我对溪村的研究，大大依赖于这位老人的地方知识。是他为我介绍了 20 世纪 50 年代以来溪村行政变迁的情况，也是他告诉我村庙和祠堂是怎样在他自己的"安排"下得到重建的。他花了许多日夜与我闲聊，让我感到一位平凡的地方头人的生平如何反映着一个地方的阵痛。若干溪村的贫困户见到我去做家庭访问，知道我来自大地方，有的在诉说自己的家庭问题和生活问题时流下了眼泪。他们中有不少人期待我能在北京"找中央"替他们解决具体的生活问题，这令我既感到"爱莫能助"，又感到一阵阵心痛。他们大多不识字，也不会了解我这里到底在写什么。但我特别希望他们知道，这里叙述的就是我对他们的理解。支持谈不上，因为我终究也是一名社会中无力的"知道分子"。

《自序》于数周前开始书写，其间幸得几位年轻"知道分子"的厚爱，得一机会初访心中久违了的成都。田野工作的足迹，踏过闽台三村，进过华北的村子，踩过云南的小路，想象的翅膀飞跃过大西洋，最近能涉足被山野围绕着的一片广大的平原，在那里初识三星堆、青城山，耳闻藏彝走廊、白马人的风采……我被缠绕在一个比溪村更有结合力的历史绳结之中。《自序》也就这样完成了它的初稿。接着，在北京家中修改时，那远去的“多元一体”的文化，又将我推进了小小的“历史垃圾箱”里。捡来的“破烂儿”是否有些许价值？这一时成了问题中的问题。而我要感谢和想念的人，却同时多了起来。他们有的生活在周边，有的漂泊于地球不同的角落，有的投给我青睐，有的瞪我以白眼……而那个被注视的社区历程，仍在呈现给我们一个充满活力的生活世界，等待着我们去再度理解。

不幸的是，8月间，我陪西雅图华盛顿大学、东南大学及泉州规划局官员参观久违的溪村，在祠堂边上遇一熟人，听他说，不久前，我的“关键信息提供者”、溪村乡贤陈万生先生在从祠堂前面直冲而过的公路上为奔驰的公共汽车所杀。这个令人悲痛的事件具体是怎样发生的，我还没有调查，因而没有发言权。但是，事件让我进一步想到了祠堂与公路所代表的文化矛盾。重建祠堂前，公路已规划了。尽管村民认为公路坏了他们的风水，但他们无法迫使它改道。理由很简单，公路是现代化的组成部分，而祠堂不是。曾组织祠堂建设、为家族仪式制度的重建做出巨大贡献的万生先生竟死于这条路上——悲哉！

关于溪村的这些习作发表后，我曾得到来自安溪县的若干有心人的关注。值得一提的是，策划再版这些习作的吴兴元学弟，多次到家中做客。我们谈起他的家乡，他显露出神采飞扬之态，这令我觉得回到了田野。经他的介绍，最近我还结识了来自溪村的一位在北京一所国家级医科大学读书的青年。弹指一算，我在溪村调查时，她只有11周岁！而且，为了在县城上学，那时她已搬离溪村，住到城里了。一个溪村的孩子，如今成了国家最高医疗教育机构的培养对象，她经历了多少磨难，“知道分子”都知道的。在我的研究中，对于社会流动力如此强大的新一代，我却未能给予充分的关注。这是我的研究的一大缺憾。可是，也许是因我的学术惰性所致，到最后我却依然感到，从她的生活经历里能“感悟”出我的论述的用途。在通过读书和考试穿越了一条从“旧社区”到“新社会”的时间隧道时，她说她对我关注的那些“旧风俗”缺乏了解，以后要“补课”；而我想象，她的“时间旅行”，已经足以证实，“社区的历程”这个概念是有用的，至少它能部分说明，像她这个溪村来的新人，从离开一切被称为“旧的”文化，到迈进医学这个现代学科，途中必然要经历阵痛。想回到旧社区，对她已非易事。不过，文化人类学的诠释也许能让她看到，要解决我们当今的文化矛盾，我们就要更平和地看“旧文化”。

2003 年 10 月 27 日于北京寓所

再版补记

本书初版于 1997 年，2004 年收录于笔者所著溪村研究合集《溪村家族：社区史、仪式与地方政治》一书中，现蒙三联生活书店支持恢复原样，得以再版。

本版除了《社区的历程》原书外，还收录了 2004 年版合集的《自序 · 反思性的绪论》，也在附编中收录了笔者 2016 年发表于《社会学研究》的论文《局部作为整体》。希望这两篇文章能充实对本书的理论与方法旨趣的说明。

2021 年 6 月 30 日于北京寓所

导 论

1994年11月，我前往闽南山区的安溪县，重访我在两年前做过五个月社会人类学调查的溪村。原来认识的村民见到我，多半显出诧异的神态，不理解我为什么做了那么长时间的调查工作之后还要回到他们的村子。不过，经过片刻的停顿，他们大多能想到，我这次来访与以往一样，是为了去看他们隆重的家族庆祝活动和社会生活的其他方面。不止一个人跟我说，我去得正是时候。通过通灵的“童乩”（灵童）向村神和祖先卜问，溪村决定在农历的十二月举行一次盛会，庆祝他们于1992年重建的陈氏家族宗祠。我到达之后的一个多月时间内，溪村人特别忙碌，祖祠的庆典是当地最大型的仪式，当地叫作“观大灯”。要举行这么盛大的仪式，需要长时间的准备。

在三年前即已组成的祖祠重建委员会的主持下，陈氏家族举行了许多次会议，推举出八位德高望重的老人作为仪式的“首人”（即“头人”），以及几十位公认为有社会地位的家族成员为祭祖仪式的代表。经过多方探讨，仪式的规模、程序、时间、内容也得以确定。因为这是100多年来溪村最大的庆祝活动，所以决定选本镇清代以来最有名望的一个称为“宏真坛”的道士（“法师”）团体来表演正规的道教仪式，同时，让一个远近有名的木偶剧团来村里搬演戏剧，另选闻名遐迩的和尚来“助兴”。庆祝活动所需的费用，由家族成员捐献。每家每户准备好了所需要的献祭品，并通知远近的同宗族亲和与他们通婚的邻近村落，邀请他们来热闹一阵。

到农历十二月初四日，“观大灯”的仪式准备就绪，在深夜（实为十二月五日凌晨）开幕。整个仪式共延续整整24小时，搬演了一套严格的家族祭祀礼仪。包括我在内的异姓外来人是来看热闹和做客的，而对姓陈的族人而言，它却是一个严肃的聚会。在家族祭仪开始前两个小时，建造祖祠的木匠已依据传统的《鲁班经》为祖祠的中梁点灵；“法师”依据他们祖传的科仪赋予管理祖祠的“土地公”灵性；和尚则通过不断地诵经替陈氏家族的祖先“招魂”；木偶戏的表演者在祖祠内外搬演他们的戏神“相公爷”为祖祠“镇宅”。紧接着，祖先的牌位由族中一位近年升为副县长的成员“点主”（一种赋予祖先灵性的仪式），由家族代表按次序逐一从祠堂外捧入祠堂内，安置在已经按等级安排好的祖先位上。经过这一系列的仪式/巫术处理，宗祠俨然变成一个神圣的场所。

初五日凌晨1时至晚上10时的仪式，主要由“法师”主持，其内容与自古流传在闽台地区的一般的“醮”（一种社会自我更新的仪式）的典礼相近，是“庆成醮”的地方种类，共可划为10个时段来分析。凌晨1时至2时的仪式是起鼓、发表、请神，主要参与人是“法师”“首人”和宗族代表，其意思就是通知天神光临并监督陈氏家族的盛会。4时至4时30分的仪式称为“请水”，由“法师”带领各家户的男丁去村落边上的蓝溪汲取清水一盆，旨在求取神赐的圣水。早上9时开始的“做敬”，持续一个半小时，“法师”的工作是诵读经卷和带领“首人”向神示敬，陈氏家族各个家庭按安排好的次序把他们备好的饭、花、金纸、香枝、鞭炮放在排列整齐的桌上，做敬之后焚烧金纸、放鞭炮告示神界上午仪式的完结。

中午以后的仪式十分盛大，参与人群也较上午密集，主要内容是宴请神界和祖先。12时开始的仪式是“献牲”，“牲”包括羊和猪，分成“公家”和“私人”两种，“公家”的牲礼（生羊和猪各一）由家族集体捐献并领先献祭，“私人”的牲礼（每家一头生的全猪）后来排队献祭。“献牲”之后，各家运回他们的牲礼，稍后派出一位年轻的“男丁”手持代表家庭的灯一对，在祖祠外面列队，依次进入祖祠，把灯交给“法师”，让“法师”持灯起舞一阵，然后交还家庭的“男丁”代表，带回家中挂在厅中展示。下午3时，各家各户把煮过的部分猪肉带回祖祠的前院，重新献祭，并设一套祭品，献给“天公”。4时30分，所有的家户再次带来祭品，献给祖先。

夜间的仪式开始于下午6时30分，内容不是单一的，但基本上都属于为家族社区禳灾解难、驱邪去恶的举措。6时30分开始的仪式称为“过限”或“过关”（即跨越局限的仪式），参与仪式的是男子，他们由“法师”领导从祖祠出发到村落的田野里列队飞跑，然后回到祖祠。仪式的意义是让族人通过各种人生的“关隘”和“局限”。“过限”之后是“关代人”，设“关代人”的缘由是，家族中的每个个人的魂魄面临被误引入“阴间”的危险，所以要通过一定的仪式把它们留在“阳间”。“关代人”是每个家庭按照人口剪纸人（代表人的“阴”的一面）数个，备好油饭、肉、酒、蛋，把它们排列在祖祠前的地上，在“法师”诵毕“关代人”经文之后，烧掉纸人。落成庆典的最后程序是“普施”“犒将”及“送神”，这自然又是大量的献祭，其意义是给一切神、神将、各地的“境主神”（地方神）一顿大餐和礼品，让他们分享陈氏家族的快乐，祈求他们的保护。

* * *

像溪村陈氏家族这样的地方庆典，目前在整个闽南地区的农村社区广泛流行。一如熟悉地方文化史的学者所了解的，这种庙祠仪式不是什么新的发明，而是具有深远历史源流的地方传统在现时代重现于世的表现。从仪式的象征意义角度，我们可以对此类庆典做一番深入的分析。而作为开篇，我不能花太多笔墨来渲染仪式的内在象征意义，我只能先简略地说，仪式将社区文化的多重组合特点呈现得淋漓尽致：陈氏家族的祖祠庆典表现了神、祖先和活着的人在同一时空的融合，家族组织与仪式象征体系的融合，远去的历史与现时代社会生活的融合。从社会的层面看，它还具有若干重要的意义。首先，这一类的仪式是一种集体行为，它们把平时分立的家户和家族内部不同的群体和人物联合起来，强调家族的内部团结和认同，造成一种“社区”及它在意识上的显现。其次，通过仪式、戏剧表演、宴会，地方庆典吸引了平时与社区有社会经济来往的“关系户”，有相当重要的社会联系作用，同时通过提供地方教派、剧团表演的机会，支撑区域文化的传承。其三，仪式过程一方面强调个人和个别家庭应服从于家族社会；另一方面在象征意义上给予个人和家庭一定的社会位置和信仰保障，通过这样的“辩证处理”来界定个别与整体的关系，赋予庆典对特定生活世界的“地方性诠释”。

这一具有多重社会意义的庆典所展示的，显然是复活中的传统社区文化的核心组成部分。然而，对于溪村陈氏家族来说，社区文化形态的基本内容是什么样的？它们在历史上扮演什么角色？如果我们说社区文化是一种多重组合的文化，那么，它是怎样组合起来的？为什么在今日的现代化进程中，传统的社区文化形态会复兴？在新时期里它们到底起什么作用？从表层看，这些问题只是与我所研究的那个特定地区有关。但是，回答这些问题，对于我们理解传统与变迁之间的一般关系，显然也有着莫大的益处。基于这一思考，我在田野工作中花费了大量的精力来寻找解说问题的答案。在此过程中我要逐步了解社区文化的新作用，首先便需要理解它的原型和在具体的场合中运行的状况，而要了解这两方面的情况，我们又只能以现实的态度来对待具体社区及其历史的进程，而不应停留于意识形态化的历史想象。这本书依据田野工作获得的资料，试图对此提出一己之见。也就是说，我这里想做的，就是提供一个有关社区的形态和变迁的个案研究，并力图通过个案研究来阐述自己对于我们这个时代的“历史遗产”的看法。

社区历程作为叙述架构

我的个案研究在已提到的溪村中展开。溪村位于中国东南沿海闽南山区的安溪县，它的原名是“美法村”。它的地理位置在溪边，隶属于以溪为名的安溪县，依照社会人类学的匿名规则，我给它取了个学名——即“溪村”。这个村子共有570余户，全是汉族人，由陈氏和李氏家族组合而成，主家族是陈氏家族，占人口和土地的85%以上。我在这里所要描述的主要是陈氏家族的发展史和现状。这样做的原因有三：其一，陈氏家族是溪村的主家族；其二，历史上陈、李二家族各是独立的村落，它们现在的结合是民国时期政府人为造成的，要考察家族村落的结构和变迁，应从其原貌开始；其三，把焦点放在一个家族，有助于更深入地求知地方社会的原型与历史。

中国社区研究的方法论开创者吴文藻先生曾说，“社区即指一地人民的实际生活而言，至少包括下列三个要素：（1）人民；（2）人民所居处的地域；（3）人民生活的方式，或是文化”（吴文藻，1988：5）。从吴先生的这个定义出发，我们可以把溪村陈氏家族看成“家族社区”，因为它的人民、居处的地域和生活方式，全受家族制度的约束。首先，与中国东南地区的其他家族一样（Freedman，1958；1966），陈氏家族的血缘和婚缘关系是它的人民组成社群的原则，家族对地方内部的群体与个人关系有着明确的规定，这些规定影响着溪村人的义务与权力观念、权威意识、经济活动的空间、行为的特征和文化传承的方式。其次，家族发展所造成的房祧划分，在很大程度上决定了溪村人民的聚落形态和居住方式。最后，家族制度通过对传统的土地分配、产业所有权、生产实践、仪式行为和意识形态的制约，影响着村民的生产、生活方式，造就了有地方特色的文化。一如老一辈人类学家林耀华笔下的义序［林耀华，2002（1935）］，溪村可以说是一个血缘和地缘兼有的“宗族乡村”。

我在溪村陈氏家族的调查分别在1991年7月至1992年1月及1994年11月至1995年3月进行，共历10个月。对我来说，研究主要分三段进行。第一阶段发生在1992年7月至9月间，我花了不少时间搜集、了解陈氏家族史和地方社会史素材；第二阶段开始的时间与历史调查阶段是同步的，但延续至1992年年终，主要探索家族现时代的组织、社会关系、经济、现代政权和仪式，可以说是对“制度”（institutions）的研究；第三阶段在1994年11月至1995年2月间进行，焦点放在溪村的民间信仰和地方权威的专题研究上，注重乡贤的个人生活史的调查。这三个阶段的调查有各自的研究目的，但是它们合起来可以形成一个对家族社区及其在变迁中的地位的描述性探讨。

我的研究是在社会人类学学科领域的范围内展开的。按照这门学科的惯例，在进行实证研究时，研究者通常是在做了长期的区域性田野调查之后，把所获素材整理出来，以之为验证某种理论的证据，使写作出来的文本成为所谓的“ethnography”（一般译为“民族志”）[1]。“ethnography”有体例上的规定，它们往往有一个理论和方法论的引言，其作用是从田野工作发现的实证素材中提炼出一个论述框架；然后从社区、区域或民族背景出发，把具体的素材组成章节加以罗列分析；最后，借由分析过的素材创造出一个整体的文化形态，人类学学者把这个形貌变成一面反映理论思想的镜子，用它来评论在思想界有影响的学说。

从总的精神看，本书的体例也属于ethnography的范畴。不过，我对溪村家族社会与文化的历史描述，采用的叙述架构与一般的ethnography有所不同。传统上，社会人类学注重从文化与社会的一体化角度出发，描写象征体系在社会结构中的功能。功能主义叙述架构的主要特点就是有目的地省略文化的时间推移状况（Fabian，1983：38–40）。这种方法的缺陷，就是没有看到任何社会或社区都有其独特的历史，它们是经历了从“过去”到“现在”的变化，才成为人类学学者所观察到的对象。在《缅甸高原的政治制度》一书中，剑桥大学的利奇（Edmund Leach）认为功能主义的不足之处，在于忽视文化的过程。为了弥补这一缺陷，他提供了一个政治文化类型相互转化的例证，并依据缅甸高原政治类型变迁的实例，探讨了文化转型的个人与社会动力（Leach，1964：1–17）。伦敦政治经济学院的布洛克（Maurice Bloch）进一步指出功能主义人类学的局限性，他认为功能主义成功地解释了象征体系在社会结构中的作用，但是它无视一个事实，即在许多社会中社会结构是不断变化的，而象征体系则比较稳定。因此，要完善社会人类学的研究，有必要利用历史变迁的方法，探索象征体系在不同历史阶段中功能实现的不同情况（Bloch，1986：157–195）。受诸如此类社会人类学发展的影响，我在这本书里，试图尽力避免采用过去人类学描述的共时性（synchronic）社会解剖方法，而采用历时性（dia-chronic）的叙述架构解说问题。针对溪村的个案，我将这样的历时性文本称为一部“社区史”。[2] 考虑到中国是一个人类学定义上的“复杂社会”（complex society），在这个社会中发展起来的社区难免受大社会的中央集权、地方政府、社会阶层和“大传统”的意识形态影响或冲击，我在社区史的断代中也把政治史包括在分析范围之内。

第1章至第6章描述陈氏家族在明末到清初之间的历史，主要内容是关于陈氏家族如何形成家族，以及这个家族如何获得独立的地权、分化的聚落、制度化的通婚地域和创造自己的社会经济组织。这几个世纪的家族史，与海外汉学界所谓的“晚期帝制时代”（late imperial period）和“近代中国”（modern China）是相重叠的。当时中央政权实际只延伸到县一级，县以下的地方社会发展相对独立。第7章至12章是关于陈氏家族社区从民国以来至今的经历，其基本背景是20世纪以来新中国的成立造成的“国家文化”对乡土社会经济、社会、文化的渗透和冲击，所描述的是把原来较为分立的社区变为新中国的行政单位的政治计划在不同历史时期的实际情况，以及地方社区一个世纪以来对政治运动和“规划的社会变迁”的反应。

家族社区的基本形态

为了探讨家族社区的基本形态，我在溪村搜集了有关当地政治、社会、文化和经济等方面的历史材料，包括族谱、民间文书、档案、统计数据等。来自这个小社区的资料，远比历史学学者所获得的通史和区域史证据少得多，且较为零散。但是，所得到的60余份文献记录和口述史调查资料，为我们了解陈氏家族的地方史提供了重要的线索。基于这些线索，我们能大体勾勒出这个地方性共同体的生命历程。

溪村陈氏家族的祖先，于明朝洪武年间在此地立家，此后陈氏族人不断繁衍，至今约经历了24代、共600余年的发展史。在第2章至第5章，我试图较全面地考察明清时期（1368—1911年）这个家族的社会、经济、文化概况。明清时期，中国封建社会进入国内所说的“封建末期”或海外汉学界所谓的“帝制晚期”，当时的社会出现此起彼伏的骚动，中央集权得以加强，但面临内外危机。为了控制变动中的社会，明以后，朝廷试图把古代的“宗法制”贯穿到民间社会。在这样的状态中，溪村的陈氏家族与闽南的许多家族村落一道发育起来。溪村的陈氏家族之所以能够“立族”，同当时“宗法制度的庶民化”（郑振满，1992：227—241；王铭铭，1995）有莫大关系。可是，作为一个地缘化的血缘共同体，这个家族成立后便需要求得生存的空间。在共同体的“谋生”过程中，它便需要发展出适应地方、区域与时代条件的社会生活形态。

在陈氏家族的发展历程中，自立化是主要的特征。地方人口的自然增长导致分家，人口的进一步增长，又导致房祧的分立。同时，房祧的分立，又使一体化家族的形成呼之欲出。在第 2 章，我从人口史和聚落形态的观点出发，探讨陈氏家族的生成和发展过程，并以此为基础，从历史的角度界定家族社区的人民与居住形式。第 3 章讨论陈氏家族的外部关系及其在区域体系（regional systems）中的地位，它通过"通婚地域"的人文地理与行为分析，呈现陈氏家族的外围，包括它的边界、区域体系与文化。第 4 章所提出的看法可以概括为：家族社区的生产和仪式实践，具有一套完整的框架，这个框架乃是一种年历表和实践的空间层次，我称之为"时空的制度"（time-space institution）。"时空的制度"是地方性的，与地方季节的更换和农业生态有关，但又与人们的仪式行为融会贯通，进而一种制约家族社群和个人行为的范式得以形成。第 5 章的焦点放在乡土社会的"公"与"私"的概念上，再次涉及生产与仪式的融合，但更偏重于探讨乡土社会道德与理性（rationality）、公与私、义务和责任的糅合，尤其是公共生产和仪式中体现的"轮值制"。

乡土传统与现代政治

受现代主义影响，学者常把以传统的社会组织为特点的社区（如家族社区）拿来与现代工业化国家做比较，说传统社区是某种地方中心、血缘共同体中心的"信仰"（如祖先崇拜）的产物，而现代社会源于"理性"。在此假设之下，一些学者又以为，传统社区因为是"非理性的"，所以必然为"理性的"现代国家所消灭。在这个现代主义的意识形态指导下，许多学者对乡土社会给出武断的定义。例如，社会学家雷德菲尔德就相信，乡村文化，或可称"俗民文化"（folk culture），是与都市文化相对立的，"俗民文化”以社区为中心，具有“自闭”的价值观念形态，与开放的都市文化格格不入，从而必然会被都市里主张现代化的改革者所改造（Redfield，1950：40–48）。弗斯特（George M.Foster）甚至说，乡土社会是“前工业时代”的社会形态，在现代工业化社会中已很难适应时代的需要，不再可能继续生存（Foster，1967）。

百年来，中国的学术界和政论界，一直受到这种现代主义情调的影响。我们的学界流行众说纷纭的乡土论述。尽管这些论述里包含着不同的见解，但在纷纭的众说中我们往往能找到相同的论点。其中，一个重要的相同论点就是，“封建残存”的“族权”和“神权”（实为乡土文化的主要表现形式），是中国现代化的障碍，“农民”是拖历史的“后腿”的“落后阶层”。在20世纪这个漫长的100年中，农民在变革中的地位时升时降，当“农村包围城市”的观点成为主流之时，农民的地位“飞升”上天；当“西化”或“士绅化”观点成为主流时，农民的地位沦落低下。特别值得注意的是，尽管农民在社会变革中地位升降无常，但他们一贯被当作现代社会的“异类文化载体”来研究。不可否认，在20世纪30—40年代中国社会人类学的早期实践中，同情农民的看法一直是占主流的。然而，学者在研究中一直关注乡土社区文化的“本色”与现代适应，他们提出的看法大致有两类：一类倾向于寻找农民内发的发展模式［如费孝通的《江村经济》（Fei，1939）］；另一类倾向于从各地区、各民族农民的研究中提炼出代表整个中国传统文化的模式［如许烺光的《祖荫之下》（Hsu，1948）］。两类看法都将农民放进历史中，将“乡土本色”看成是现代化的背景与其要消灭的对象。

一个人不可能不受时代观念的影响。但是，在自己的研究中，我力图避免用主观价值判断所研究的社区及其文化，并尽可能通过政治过程的探索，观察“平民/民众文化”与现代政治的关系。为此，我在讨论溪村一个世纪以来所经历的社会变迁时，将把它与20世纪中国的“现代意识”和现代民族国家（nation-state）建设过程相联系。本书的第 6 章至第 8 章，借用了社会理论界有关现代性的论述来分析关于溪村的部分材料，特别是谈到了吉登斯（Anthony Giddens）关于民族国家和吉尔耐（Ernest Gellner）关于"普遍知识"与"地方知识"之间关系的变迁理论在中国社区研究中的意义。

为什么要引用上述两种理论？这是因为，在我看来，与以前的现代化理论相比，吉登斯和吉尔耐的理论有一个共同的优点，就是强调现代化是一种政治和意识形态的过程。前者认为，现代化的民族国家的产生，其目标是要建立一个对有明确边界的"社会"进行严密控制、使国家行政力量全面渗透于社会、大众文化取代传统的"资源体系"，它的形成基础是对社区的监察（Giddens，1985）。后者认为，现代社会变迁有两个要素：其一，工业化造成了"长期增长"的观念，并导致农业生产向"国民经济"转型；其二，现代教育体制取代传统的社区训练，使注重标准化知识的新型"雅文化"侵入社区，排挤传统社区文化（Gellner，1983）。就我的认识而言，把家族社区与现代政治变迁相联系，有助于我们解释 20 世纪中新的行政与文化力量对乡土社会的影响，也有助于我们理解目前地方传统的复杂处境。

溪村这个实例表明，在地方行政、经济组织和文化教育等方面，20 世纪以来中国乡土社会发生了若干重要变化。在第 6 章中，我将分析陈氏家族如何从一个只具有"族老""族贤"地方权力中心的社区，转变为一个被现代政府所渗入的、具有正式权力机构的社区。第 7 章主要讨论民国时期以来官方机构如何企图通过行政手段，在家族社区创造"公民文化"和新式教育。第 8 章分析历年来的政治运动如何体现国家象征在社区中的存在。大家知道，整个 20 世纪，中国无论出现什么样的"新政"和"运动"，都打着"改造社会"的旗号，表现出对现代政治性（politics of modernity）的追求。这种追求与现代主义意识在中国精英阶层中的成长有关，实质是现代民族国家和"大众社会"建构的组成部分，因而在一定程度上证明了现代性理论的有效性。

同时，必须强调指出，“现代政治”只是一种“理想模式”和企图，并不是现实。如我将强调指出的，吉登斯和吉尔耐的看法，有片面强调现代性实际取代传统性的嫌疑，也存在忽视乡土传统延续力的问题。因而，在本书最后4章，我将从溪村的实例对此提出批评。这4章以经济改革以来的溪村为内容，描述分析十几年来地方传统的家族制的复活，并从三个角度探讨这一复活的原因。在第8章至第9章，我指出，“家庭联产承包责任制”的实施，造成了民间社会对旧的家庭模式的新需求，导致传统家庭意识的复活。同时，由于“集体”机构的力量减弱，社区的生产和生活的社会互助缺少组织者和资源。因而，旧的家族房祧关系、婚缘关系作为社会资源重新回到溪村。如上两条，加上近年民间对自己的历史和认同的追求，进一步引起传统公共仪式的回潮（第11章）。最后一章指出，由于农民信任感的转移，旧的“族权”逐步回到地方政治舞台，扮演重要角色。

社区过程与社会人类学的反映

写这样一部不厌其烦的社区史到底有什么意思？上面的简要解释已部分说明了我对社会史意义的理解。需要补充的是，虽然我不认为一个小社区能是中国社会整体的缩影，但是同上世纪30—40年代开创中国社区研究的前辈们一样，我有心通过小社区的个案调查，来窥视中国这个大社会，并在社区研究领域里提供一个社区研究的新范例。

这样说，并不意味着围绕“社区”这个概念，学界不存在任何争议，也并不意味着所谓的“新范例”是凭空提出来的，没有任何历史的约定。在汉学人类学研究中，对于社区分析能否反映中国社会的现实存在着争议。在吴文藻先生的倡导下，费孝通、林耀华等前辈开创了中国社区研究学派的事业。对他们而言，探讨中国社会的结构和制度，社区研究是基本的方法。费孝通先生就曾说：

> 以全盘社会结构的格式作为研究对象，这对象并不能是概然性的，必须是具体的社区，因为联系着各个社会制度的是人们的生活，人们的生活有时空的坐落，这就是社区。（费孝通，1985：94）

20世纪50年代以后，随着政治格局的变化和学科的改造，社区研究工作出现了问题。那时，世界格局产生了巨大的变化，两大意识形态对垒阵营形成分立局面，致使欧美人类学学者在中国从事田野工作的机会锐减。受国际局势、中国政治和田野工作局限性的影响，社会人类学的社区研究出现了一个沉默的时代。在英国，伦敦政治经济学院人类学系弗里德曼教授只能在英国殖民统治下的香港地区及新加坡等地的华人社区从事人类学调查，用从华侨社区搜集的素材写出一些关于汉人社会家族组织的论文和专著。后来，他对社区研究采用模糊的态度，一方面他自己做侨区调查并指导博士生如裴达礼（Hugh Baker）和王斯福从事港台地区的汉人社区调查；另一方面，他又认为，社区调查不足以反映中国这个大社会。在困惑中，弗里德曼提出，要理解中国这个复杂社会，就要结合历史文献，进行较广泛的整体社会结构研究，通过与社会学、历史学等学科的合作来推进社会人类学方法论的革新（Freedman，1963）。同一时期，美国的施坚雅（G.William Skinner）采用比弗氏更为宏观的方法来研究中国社会结构，试图提出一套区域制度的研究方法。施坚雅不是对村落没有兴趣，而是认为村落是区域社会的一个无足轻重的小环节。他认为，中国社会的基本形态是地方之间的社会经济网络，是多个村落被联成标准集镇，多个标准集镇被联成中等集镇，多个中等集镇被联成中心集镇，并由此类推到大的区域（Skinner，1964-1965；1985）。他主张研究中国社会结构要重视区域内部的经济功能关系，认为社区只是这些大网络组织的局部，而非全部，因此网络体系才是我们研究中国社会结构的关键环节。

到20世纪60年代中后期以后，人类学家重视起村落研究来。在这个时期，不少英美人类学学者利用香港和台湾地区作为研究基地从事中国社会结构的社区研究。为了检验弗里德曼的家族理论，裴达礼在香港做了一个村落家族的调查，美国的巴博德（Burton Pasternak）和芮马丁（Emily Martin Ahern）在台湾做了各自的村落调查。对汉人民间象征有兴趣的武雅士（Arthur Wolf）、王斯福、华琛（James Watson，又译“屈佑天”）等也在港台地区开展社区田野工作（王铭铭，1997b）。1982年利奇在《社会人类学》的一章中仍对社区研究的解释力提出质疑（Leach，1982：122–148）。但是，那时多数欧美人类学学者已重新形成共识，重新认定社区研究的重要地位，认为这是汉学人类学研究的方法论基础。与此相关的，从20世纪70年代到90年代，在海外研究中国的人类学家中间和国内的人类学界，村落社区的研究成为热潮。

尽管村落社区研究不失为中国社会人类学中较易把握的方法之一，但弗里德曼和施坚雅对它的局限性的阐述还是值得我们去继续探讨的。应当承认，自中国社区研究开创以来，我一直关注的所谓“大社会”与“小地方”复杂关系的问题，向来没有被社会人类学学者忽视，从事社区调查的学者向来没有彻底舍弃区域和国家的概念。从另一个角度看，社区研究和较大规模的综合研究的差别，也不在于其中哪一种方法比较“正确”，而在于它们运用不同的素材和叙述架构。选择展开“小地方”研究的社会人类学学者，希望通过社区研究和描述来反映“小地方”里生活着的人们的时空定位与生活的历程。这依然是值得我们尊重的志业。然而，对小地方的描述，能不能反映复杂社会中的政治经济生活、历史和社会结构？这却并非是一个假问题。正如施坚雅所指出的，不同的地方和空间级序是互相关联的。因此问题是，我们如何使社区研究既具有社区研究自身的特点，同时又能够使社区研究反映复杂社会的整体性？

进行社区研究时，调查者考虑到研究的特点，必然会把社区看成一个似乎与外界无关的空间，这样做对于我们了解社区的内在结构不无益处。不过，这仅是研究的开端。了解了社区的内在结构之后，我们会发现其内部并不是孤立的，不是独立于“外部”，而是相对于“外部”、联结于“外部”存在的。正如沃尔夫所言，“乡民的存在不仅牵涉乡民与非乡民之间的关系，更牵涉一种适应，（乡民）集合了各种态度和行为，以在大社会的威胁下生存”（沃尔夫，1983：29）。也正如我在本书中集中描述的溪村，它的社区与广大的地域是联在一起的，其联系的纽带可以是通婚的地方传统，可以是地方仪式，也可以是市场，当然也可能是国家政权等外部政治力量。我所探讨的20世纪的一系列变迁，处处体现着发生于村庄之外的政治事件对村庄的影响。我也相信，描述这些变化的历史性，有助于我们更新人类学的社区研究法。

必须指出，这样一项追求方法论更新的个案研究，其设定的目的，不能被简单定义为“认识方法探讨”。自一开始，社会人类学者在展开他们的描述时，都不是漫无目的的。在欧美，人类学学者把研究西方以外的社会看成是其主要使命。19世纪，这样做的目的，是在非西方社会中寻找西方古代史的参考资料。为了使人们认识人类学的用途，现代派社会人类学的开创者马林诺夫斯基（Bronislaw Malinowski）曾宣称，人类学要在服务殖民地行政的过程中，获得自身的资源（Malinowski，1945）。现在，采用这种“应用人类学”态度的人还存在。但是，从19世纪到20世纪后期，大多数人类学家把自己的学科看成是一种人文知识的追求。正如利奇指出的，人类学就是通过研究异族和异地的文化，创造一面文化反省的镜子（Leach，1982：127）。无论采用什么态度，人类学家没有妄自菲薄，没有忘记阐述自己的学科的社会意义。

就我自己的观点来说，我特别欣赏现代人类学的“遥远的目光”，以为正是这种背反于“民族自我中心主义”的人文价值观，使当今人类学更贴近于世界的本原，更接近于人性。但是，我没有忘记，自己在从事诸如溪村这样的社区研究时产生的与被研究者之间的距离感，不同于一般人类学的“异文化研究”所产生的距离感。溪村不是我的故乡，但它也构不成一个“异文化”（other culture）。它的“文化模式”不够遥远，成不了我们文化的“过去”；它不够奇异，成不了与我们的文化形成反差的比照。可是，溪村是我们这个地域广阔的国家中数万个村落中的一个。与千千万万个中国村庄一样，它离我们生活的都市世界，是有一定社会空间距离的。在这个距离中想象溪村，社会科学研究者易于站在研究者的角度来判断是非。可是，社会人类学教会我们站在被研究者的立场上看当地人，这就使我拒绝把研究当作一种特殊的权力和行政力量的“生产力”。那么，既然这样，我研究这样一个小地方为了什么？虽然我不敢断言我的研究全然反映社会事实、没有半点主观的成分，但是我力图通过调查研究搜集比较具体的素材，使这些素材组成一个尽可能反映现实的体系，帮助我叙述一个我认为有意义的故事，让这个故事说明社会理解里的相关问题。

对于一个研究本土社会的人类学学者而言，有一个问题是大家共同关注的，那就是，在我们的社会中大多数的一般人民是怎样生活的？大量的社会经济统计和人民生活素质指标的运用可能可以回答这个问题的一部分。社会人类学学者为了回答这个问题，所采用的态度和方法是不同的。传统上，我们把他们的基本方法叫作“参与观察”（participant observation），也就是强调人类学学者应该进入被研究者的“社会结构中的各种角色，参与当地人的生活，才能体会他们的生活内容”（费孝通，1993a：12—13）。换句话说，社会人类学学者并不认为运用在研究的社会场合之外所设计的架构（如问卷）能够得到关于当地人生活状况的图景，而是主张采用当地人的传统看法，去理解他们的生活和他们对生活的看法。因此，他们十分关心人民创造自己的生活和自己的历史的过程。

对于本土文化的研究者而言，我们的研究对象不是“异文化”。但是，在研究过程中，我们会发现，我们自己社会中的大多数（即生活在小地方的一般村民）过的生活和想象中的历史，与我们这些研究者的生活和文化大有区别，甚至可能形成一个与“异文化”类似的对照。20世纪是学者们对“现代化”“变迁”甚至“后现代主义”高谈阔论的时代。在这个时代里，也创造出许多关于“传统”“延续”“落后”等的概念。学者们按逻辑把“现代”当成未来，把“传统”当成过去。他们虽然在理念上知道演化论的谬误，但是难以自拔地把社会的不同阶层改造为一个演化论的阶梯。在这个阶梯上，小村落的“农民”通常被看成是行将消逝的社会，而工业化和商业化的都市则成为演化阶梯上的未来（Feuchtwang and Wang，1992；Cohen，1993）。把学术研究政治化的人甚至简单地认为“农民”是中国政治文化现代化的障碍。我们先不说如何从实证的角度去证明单线现代化理论的对错，有一点无疑是很清楚的：“现代性的话语”（discourse of modernity）并不新鲜，它们产生于西方社会的工业化过程，支持资本主义“世界体系”向东方的延伸（Wallerstein，1974；Said，1978）。

其实，被我们中的许多人看成是“落后分子”的“农民”，对历史和社会生活的观察和理解，比单线现代化论朴实得多。在溪村，人们并不是不能接受社会变动，只不过他们把这种变动看成生活中的事，从而不强调变动能带来全民福利，更不随意排斥“传统”。我希望通过我的描述来表明溪村人眼中的历史与阶梯式进化论之间存在的重要区别。在他们眼中，历史正如他们村边的溪流一样，是流动的、不可割断的，它也不是抽象的“通史”，而是社区和家庭生活的组成部分。所以，历史没有“传统”与“现代”之分。家和家族现在可以是一种过去形成的惯例，但对生活在家和家族中的人来讲，它们是一种有意义的发明。旧的惯例虽然被社区外的“高明人士”判定为“陋俗”，但是当溪村人需要它们来维系内部关系、创造合作机会、表述和解决社区面临的问题时，它们还是被尊重为有益的“发明”。

在后面诸章，我们将看到，作为一个案例，溪村的社区历程表述了一个与形而上的文化史观不同的道理，我们可以把它当成对后者的一种重新思考。从这个角度看，采用社会人类学方法对本国的小社区加以研究，与异文化的研究一样，具有“文化借鉴”的意义。

第 1 章
溪村的社区背景

闽南经济文化区

溪村位于中国东南沿海的闽南经济文化区内。闽南经济文化区分布在戴云山脉之西南方，它的核心地带包括：九龙江流域（漳州）、由东溪西溪汇流的晋江流域（泉州）及较迟发展起来的海岛城市厦门。区域内部有广大的内陆山地、濒临海岸的都市及近海岛屿。闽南经济文化区的原住民是“闽越人”的一支，他们早在7000 年前就生活在这块土地上，有自己的独特文化。秦统一中国后在福建地区设郡，但直到汉代，此地仍然由土著政权控制。中原士民自西晋开始大规模迁移入闽，先后在西晋永嘉年间、唐高宗时期和五代“闽国”时期形成三个移民高潮，此后士民迁移入闽者也时时有之。东汉到元的 1000 年间，闽南经济文化区与福建其他地区一样，受迁移而来的世家大族文化的影响，逐步汉化（陈支平，1991：1—12）。当地的汉人在持久的经济文化交流过程中，与来自海外的不同人群、不同种族密切接触，成为一个具有独特区域特征的民系。

闽南经济文化区的历史发展轨迹，已引起学界的广泛关注。专门的研究能进一步表明，理解这一历史轨迹，对于理解中国经济文化的区域类型、等级秩序与制度特征，有着重大意义。施坚雅的经济区域结构分析（Skinner，1985），为我们把握这一轨迹提供了一个重要的启示。依据这一分析，三国时期至清末之间，闽南地区的发展可以分为如下几个阶段：（1）3世纪至10世纪，以晋江和九龙江流域为核心地带，土地得以开发、市场网络得以形成、经济文化区得以一体化；（2）10世纪至14世纪后期，以泉州都市中心和港区为核心地带，海外贸易和频繁的跨文化交流得以发展；（3）14世纪后期至16世纪初期，受政府政策的限制，泉州经济圈海外贸易和文化交流倒退，官方意识形态和政治控制得以加强；（4）16世纪中期至明末，海外商业势力再度来临，促进了以海澄和漳州为中心的民间对外交流模式的发展；（5）清初为驱除郑成功势力，实行的“禁海”和“迁界”措施，导致闽南经济区的衰落；（6）18世纪上半叶之后，珠江三角洲经济文化区兴起，鸦片战争以后通商口岸（厦门）取代了传统经济文化核心区域（漳泉）的重要地位。

闽南经济文化区的历史，表现出鲜明的区域特色：区域的形成，使与众不同的经济类型、方言（闽南话）类型、戏剧类型（如南戏）、民间仪式类型得以生成。更突出的是，适应区域发展的特点，家族势力和单姓的家族村落大量涌现。在闽南的早期开发过程中，为了在新地方生存下来，南下汉人移民已开始在河流两岸聚族而居。宋以后的商业发展，引起都市家族作为商业社团的发展。明清时期，政府在闽南推行“重农抑商”的政策，使大量人口从都市流入农村和海外。为了对不断扩大的乡村社会进行控制，朝廷试图将古代的宗法制度作为“礼法之治”的一部分贯穿到民间。由于农村人口的扩大与资源的有限，农业劳动力价值大幅度下降，而且村与村之间形成剧烈的竞争势态。因为地方自立和自卫需要一定的社会组织加以实现，所以朝廷推行的“宗法制”被地方社会吸收和改造，造成家族村落在乡村的普遍存在。[3]

明清时期，家族在闽南农村的势力膨胀主要表现在：（1）家族公有制的形成；（2）以祠堂和族庙为中心的家族祭祀形态的产生；（3）以家族宗亲为网络的社会交换关系的发达。这个时期，闽南乡村15%以上的农田属家族公有，并且，土地的所有权有越往内陆越家族公有化的倾向（郑振满，1992：119—226）。同时，不同的家族不仅纷纷立庙创造村神并把原来的祖厅扩大为“祠堂”或“祖祠（厝）”，而且还积极开拓区域的社会交际资源，创造“宗亲关系”，通过“宗亲关系”扩大家族的势力。

溪村的位置

溪村是闽南漳泉经济文化区的内陆村庄之一，隶属于泉州市所属六县之一的安溪县。安溪在泉州经济发展的上升期（公元955年）建县，以境内清溪为名，宋代改今名安溪。它东接南安县，西连华安县，南临同安县，北邻永春县，东西长74公里，南北宽63公里，总面积3057.28平方公里（图1.1）。安溪地处内陆，境内多山，溪流纵横，四季分明。因为这个县的地理空间跨度很大，所以可以再细分为几个县以下的区域：以长坑和龙涓为代表的内陆山区，离本经济文化区域的中心泉州较远，交通闭塞，与外地进行的经济贸易交流较少；以西溪为交通联系线路，形成的湖头—蓬莱—凤城交通线，与泉州的经济文化关系密切；从官桥至龙门越山可达同安、厦门进入沿海地段和港口，传统上对外的联系也较多。

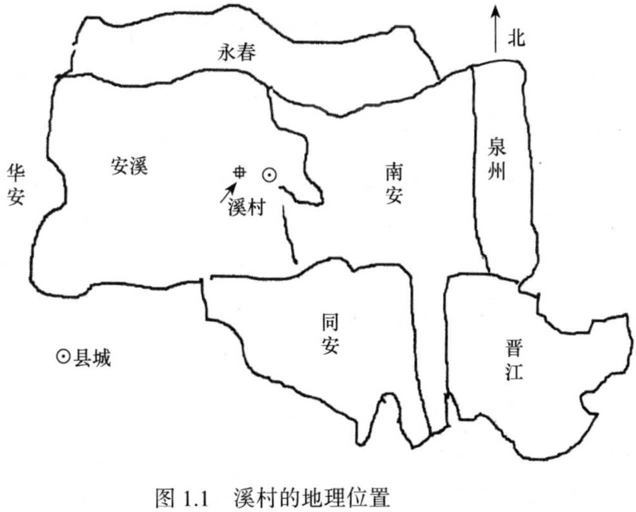

图1.1　溪村的地理位置

关于安溪县内部的区域差异，乾隆版《安溪县志》引宋《嘉定条例》云：

> 西北多山岭，民附谷以居，甲乙相失，无复聚落。风气柔而不悍，事有忿轧争，获伸则止……近县数都，彬彬业儒，盘郁山村，则罕诗书……依山之户，垒石而耕……邑民……商贾百工艺业，咸远人擅之，以有其利。至于书记，亦仰外人。鱼盐桔果之利，转换自外而至，利射一倍……[4]

作为安溪县所属的村落之一，溪村与全县一样，地理、气候、山河、作物属同一区系类型，但它在区域和行政上，归属于西溪下游的凤城镇。这里是安溪县内几大区域中的一个，是俗称“下安溪”区域的核心地带。它是一个中型的盆地，四周由青山环绕，形成自然的保护屏障。从山谷中流出的两条溪流，蓝溪和西溪，在这里汇合。溪村就位于这个溪流汇合之处。溪村的聚落形成于明代中叶，村民在传统上仰赖溪流而生存。他们有的利用溪水灌溉农田，有的顺溪行船，[5]将地方特产运往外地，[6]以运货谋生。这种“两栖”经济模式的形成，与溪村所处的特定地理位置有关。溪村位于下安溪范围之内，这个区域是湖头以北和西北的几个镇通往泉州的必经之路，可称为区域网络的一个“节点”（nexus），在交通和经济文化交流诸方面，地位甚为重要。安溪内地运往郡城泉州等地的产品，均需通过下安溪。在本县境内，下安溪受泉州经济文化的影响也最大。

明朝的“海禁”、清初的“迁界”和沿海区经济的衰落，导致大量人口进入安溪。人口的举族迁徙和膨胀所造成的供求不平衡，是安溪人向海外移民的主要原因之一。溪村所处的区域也因此成为中国东南有名的“侨乡”。历史上，从这里迁移到东南亚和台湾地区的人口很多。与其他闽南城乡一样，安溪人在海外及中国大陆以外有宗亲分布，尤其在新加坡和台湾地区，宗亲人数较多。海外族人在家乡举行节庆时，多以汇款捐助，个别还回来参与。不过，他们当时对地方经济影响不大。我在那里调研时，安溪县仍是一个国家级“贫困县”，由于地处山区、交通不便，海外投资比闽南沿海的其他县（如晋江）在数量和规模上小得多。作为一个山区的小村，溪村虽然接近县城，受到城镇工商业的一定影响，但是地方传统还保留得比较完整。

有关数据

我于 1991 年底抵达溪村，开始初次田野工作。根据该年凤城镇政府的统计，那时溪村全村总户数为 572 户，总人口 2812 人。其中，劳动力人口：男性 630 人，女性 470 人。从人口的职业构成看，溪村 45.00% 的劳动力人口从事农林牧副渔业；从事建筑业的人口也不少，占劳动力人口的 11.00%；从事交通运输业的，约占劳动力人口的 5.20%。其余人口从事村办工业、医疗卫生和文化教育等；外出人口 100 人（表 1.1）。[7] 根据全国第四次人口普查资料（表 1.2），溪村的人口出生率大大高于死亡率，一般家庭儿童人数在 1—3 名之间。[8] 溪村的小学教育比较普及，但受小学以上教育的人在人口总数中只占少量（参见表 1.2—1.4）。[9]

表 1.1　溪村人口的职业构成（1991）[10]

职业	人数	所占比例
1. 农林牧副渔	500 人	45.00%
2. 村办工业	10 人	0.90%
3. 建筑业	115 人	11.00%
4. 交通运输	60 人	5.20%
5. 商业饮食业	30 人	3.15%
6. 医疗卫生	3 人	0.20%
7. 文化教育	2 人	0.18%
8. 外出	100 人	9.00%
9. 其他	280 人	25.00%
劳动力总人口	1100 人	100.00%

表 1.2　全国第四次人口普查人工汇总表（溪村普查区）[11]

常住人口户口登记状况

总户数	555 户	全为家庭成员，无集体户	
总人口数		男	女
	2880 人	1426 人	1454 人
常住本县户口	2826 人	1403 人	1423 人
常住本县一年以上，户口在外县	29 人	11 人	18 人
人住本县不满一年，离开户口登记地一年以上	4 人	3 人	1 人
人住本县，户口待定	21 人	9 人	12 人

人口自然变动和妇女生育状况

出生状况			
年份	合计	男	女
1989 年上半年	66 人	36 人	30 人
1989 年下半年	57 人	30 人	27 人
1990 年上半年	39 人	22 人	17 人
死亡状况			
1989 年上半年	7 人	1 人	6 人
1989 年下半年	6 人	3 人	3 人
1990 年上半年	6 人	3 人	3 人
1989 年有生育妇女 114 人（有 1 人未达 21 周岁）			
按生育组分组		1 孩	39 人
		2 孩	32 人
		3 孩	34 人
		4 孩	8 人
		5 孩	1 人

人口文化程度状况

大学本科	无
大学专科	1 人
中专	3 人
高中	103 人
初中	512 人
小学	1339 人
不识字或识字很少	318 人
0—5 周岁人口	604 人

表 1.3 安溪县凤城镇溪村基本情况[12]

		本村	全镇
户数		572 户	3807 户
人口		2812 人	15207 人
耕地		363 亩	1793 亩（总面积 21123 亩）
粮食总产		296 吨	982 吨
山地面积		2697 亩	9980 亩（森林覆盖率 45.7%）
茶叶	面积	56 亩	713 亩
	产量	2 吨	51 吨
果树	面积	154 亩	3332 亩
	产量	16 吨	22 吨
耕牛		103 头	437 头
生猪		680 头	3447 头
人均纯收入		466 元	524 元
人口自然增长率		10.16‰	11.24‰
粮食耕地平均每亩年产量		1288 公斤	951 公斤

农村基层组织情况

村民委员会	1 个		
村民小组	19 个		
乡村户数	572 个		
乡村人口	2812 人		
乡村劳动力	合计 1100 人	男 630 人	女 470 人

农村固定资产投资

私人固定资产投资	
投资总额	12 万元
其中用于建房（房屋价值）	10 万元（包括住宅 8 万元）
建筑面积	500 平方米
建房户数	10 户
农村集体固定资产投资	无

1992年，我依据课题指南和问卷，对溪村30个家户进行调查，所获家户职业、户口、受教育程度背景信息，对上述地方政府统计数据是一个小小的补充。兹列于如下（表1.4）：

表1.4　1992年作者对30个家户调查所获背景信息

访问户数	家长平均年龄	性别比例
30.00户	49.73岁	103.03%

受抽样的家长的职业

职业类别	数量	职业比例
知识分子	1.00人	3.33%
官员	0.00人	0.00%
公务（医疗）	1.00人	3.33%
经商	1.00人	3.33%
交通和手工业	12.00人	40.00%
服务业	0.00人	0.00%
农业	14.00人	46.67%
一般劳力	0.00人	0.00%
家务或无职业	1.00人	3.33%
样本数	30.00人	100.00%

基本统计（以户为单位）

	平均值	标准差	最小值	最大值	总值
家庭成员	6.77	2.62	3.00	13.00	203.00
独立成员	3.23	1.28	2.00	6.00	97.00
依赖成员	3.53	1.76	1.00	7.00	106.00
住过外乡成员	2.67	1.56	1.00	7.00	80.00
现住外乡成员	0.17	0.38	0.00	1.00	5.00
受过九年以上教育的成员	0.80	0.96	0.00	4.00	24.00
居住空间	13.59	8.98	2.00	40.00	407.74
耕地（亩/人）	0.14	0.08	0.00	0.30	4.11

家族、村政与社区

官方的人口分类给我们一个印象，让我们以为溪村人的认同，纯粹是以其从事的职业和“受教育程度”为标准的。对当地人来说，职业的差异当然是身份识别的重要手段之一。但是，对于他们来说，与家族史息息相关的地名与姓氏，仍是最主要的识别和认同方法。

地名的历史演变，生动地反映了官方和民间的认同差异。溪村的取名有一段历史。在明清时期，溪村的村名曾是“教场美”（闽南话“美”为“尾”的同音字）。有外村人说，“教场”乃是清政府处死犯人之地。从字义讲，当地人说，这应是原来明朝训练军队的教场的尾端，主要居民多姓陈并同属一个家族，正式称为“教美陈氏”。到民国年间，政府施行保甲制度，将教场美与邻村姓李的法石村合并成为美法保，取“教场美（尾）”的“美”（尾）和“法石”的“法”。这一称呼经历过几十年的社会变迁，仍然被政府沿用。从目前官方行政地理的划分看，陈、李二家族属于同一个社会单位，税务、土地、人口由村委会统一管理。不过，在社会生活方面，陈、李二家族基本上仍然依照过去的传统各自分立，他们各有自己的聚落、亲族、祠堂、村庙、仪式。

官方与民间的地方和人口识别的差异反映了我将要做一番分析的近、现代社区政权的变动特点。民国以前，溪村的政权组织与家族制度是合二为一的，这种合二为一的社会形态是明清时期闽南漳泉经济文化区社会发展的结果。在明清时期，族、房长便是村中的政治首脑，他们对村中的社会生活、权力分配、冲突解决、生产关系等，起着关键性的作用。民国时期，国民政府试图削弱族权，因而任命非族、房长人员为保甲长。但是，保甲制度后期的实践结果，是保甲制与族房制相合的产物。1949年以后，政府做了大量的工作对基层政权加以强化，在家族社区中嵌入比较正规的权力结构，其结果是正式和非正式两类村落权力的并存。

20世纪50年代末以后，正式的权力机构是大队和生产队，它们是国家与家户之间的中间层。改革以前，大队和生产队的干部被赋予了相当大的权力，而且由于他们一方面是国家的代理人，另一方面又需要为当地利益着想，所以获得了一定程度的威信，并几乎取代了传统的“族长”的地位。改革以后，村和自然村级的权力受到限制，给传统的家族力量提供了发展空间，造成两个权威中心并存和互补的状态。

截至1994年，正式的权威中心在当地被统称为“两委”，即党支部委员会和村民委员会。党支委共5人，其中正书记1人，副书记3人，村妇女主任1人；村委会共5人，其中村主任1人，文书、会计、治安保卫、出纳共4人。此外，有团支书1人负责青年工作。党支部的任务主要在政治代表方面，是政权的象征和维系机制；村委会负责调解民政纠纷（文书）、文教（会计）、公安（治安保卫）、财务（出纳）。党支部委员会采用的是党员选举、上级任命的制度，村委会是选举产生的。11位村落正式权力代表中，有8位出自陈氏家族的各支系，只有3位来自李姓和谢姓。

“两委”是国家权力在村落的代表，其存在与行政调控有关。两委代表政府向当地收取基金，共有教育基金、人口基金、国防基金、残疾人基金、水利基金、建设基金等项，每人每年分派6元人民币左右。农业税收非常微薄，全村每年仅需交160元人民币和少量公粮。村委会还具体负责人口户籍登记，保留人口移动和社会经济资料。1979年以前，村落的政权（大队）负有经济责任，要组织生产。目前，生产问题由家庭自行解决，互助主要以共同拥有和使用耕牛及自发集资为形式。正式的村落政权，在社区中的社会经济作用很有局限性。

家族组织曾经代替地方政权。虽然它的力量从20世纪50年代末开始受到削弱，但是现在它的社会组织和地方政治动员作用，又在一定程度上得以恢复。目前，家族的族、房长制已不复存在。不过，在村落的民间祭仪里，长老起象征性的带头作用，他们的存在表明，地方权力有分化的迹象。以村庙与祠堂为中心，形成的由族老和被民间信任者组成的非正式组织，对村落内部关系的调节和认同起重要作用。这种组织的出现，与家族认同在溪村的延续性存在莫大的关系。

溪村的7个自然村中，有6个以陈姓家族成员占绝大多数，只有一个自然村以李姓为主。村落的中心在几个陈姓自然村的聚落中间。李姓居民仅占全村人口的7%，其余皆为陈氏家户（包括婚入陈氏家户的妇女人口）。陈、李两姓有少数的杂居情况，但各自有其地界（图1.2）。在陈氏家族的聚落和李氏家族的聚落之间，有一脉小丘陵，划分了历史上曾经和仍然分立的两个家族村落。陈氏家族的聚落之外界，有一圈竹林围绕，这一圈竹林界定了家族的边界。

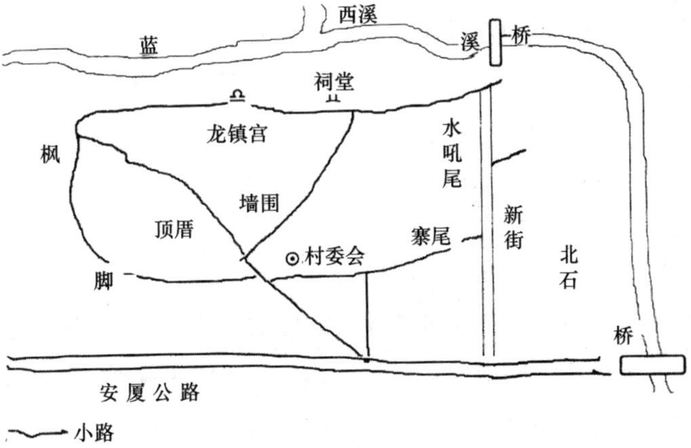

图1.2　溪村布局示意图

村落的布局，不仅反映了上述两个家族之间的界线，而且也反映了家族内部由于历史进程中家族裂变而造成的聚落分化。在官方的分类中，自然村是行政单位；而在民间，它们的分布被当地村民以“角落”或“角头”加以概括。每个自然村都有自己地理方位上的“立足之地”，并且一般同处一个“角落”的人，都能在家族系谱上找到血缘关系：北石自然村实际上是李氏家族，而其他自然村则是陈氏家族的房支（sub-lineage）。

上面提到，本书所要重点描述的是溪村的陈氏家族，旧称“教美陈氏家族”。这个家族的当地人口约2500人，包括居住在村外的人口（蓝溪对岸的仙苑村的几百号人口以及暂居外地和海外而未登记的人口），总数到1994年为止已达到5000人。陈氏家族至今已繁衍24代，从人名的字辈分长幼，旧的字辈诗是：“文章华国，诗礼传家。”

陈氏家族的大本营位于溪村竹林圈之内，它们是四个陈氏聚落（包含五个自然村），分别分布在东、南、西、中四个方位，之间为道路、稻田、水塘所分割，其间烘托出村落北部临溪处的村庙，庙名“龙镇宫”，奉祀一位名叫“法主公”的地方神。

与中国东南沿海汉人社会的多数家族一样，溪村陈氏家族的发展与区域性的生态地理环境、政治特点有关。它在传统上具有三大特点，即血缘的继承性、地缘的聚居性、财产及利益的内部互利性和对外关系的区域化。潘光旦先生早已指出，研究家族必须考察四种事实：“一是氏族的由来，例如迁徙、改姓、两姓相合成复姓等。二是世代的蝉联，即祖孙父子的血缘关系……三是每个人物的简单事迹。四是族与族之间的婚姻关系。”（潘光旦，1991：4）依照潘先生提出的观点，我们应着重探讨陈氏家族的传统继承方式、聚落形态、人际关系、婚姻模式。此外，我们还应注意到，家族是在不断地再创造过程中存在的，我们所观察到的是近年复兴的“古制”。在了解了家族的历史之后，我们必须得从社会和历史的角度探讨“古制”复兴的原因，对近世家族的经历和功能转变做一个较为深入的分析。

为了达到这个双重的目的，我结合社会史和社会人类学的方法，在研究社区社会史的基础上，通过问卷和参与观察探讨家族的延续与变貌。因为其中一个自然村（寨仔尾）离溪村的中心地较远，实际上已从地域上分化出去，因此，社会调查主要在其余5个自然村（水吼尾、寨尾、墙围、顶厝、枫脚）展开。问卷的抽样调查，包括北石的李姓 4 户、寨尾的陈姓 3 户、水吼尾的陈姓 7 户、墙围的陈姓 3 户、顶厝的陈姓 5 户、枫脚的陈姓 7 户。选样是根据各自然村户口登记簿进行随机抽样。[13] 村落的历史、仪式、社会、经济过程等调查主要是以陈氏家族为主线，兼及北石村。“族谱”“家先谱”（见后文）等文书均来自教美陈氏家族。对民间仪式的调查也集中在陈氏家族。

第 2 章
家族与聚落形态

人口历史

溪村陈氏家族是在明初建立的，但其创建的准确年代已不易考。据民国初年（1912）《教美陈氏长房龟山派支谱》记载，[14]溪村陈氏村民的最早祖先名为“义卿公”，他是陈家最先来到此地的人。据说，他在溪村的所在地发现有一片面积约600亩的良田，于是决定在这里定居以开创一番事业（附录1）。从义卿公算起，陈氏家族在溪村经历了大约600年的历史。

听村里的老人说，对于陈氏家族的历代人口，民国年间尚存有家族总谱，对家族人口有珍贵的记载。但是，1935年这本族谱被洪水冲散。近年来，为了完善家族史，教美陈氏家族祠堂修缮委员会广泛搜集了有关祖先数目的材料，对每家每户的祖先牌位进行重新登记，写出教美陈氏《家先谱》共两卷。[15]《家先谱》登记的仅是家庭公（男性祖先）妈（女性祖先）[16]的人名姓氏，并不涉及移民史材料。但是，这份珍贵的资料提供了600年来在溪村陈氏家族生活和死去的人口的基本数据，为我们研究家族人口的变迁规律提供了重要的帮助。

《家先谱》记载的人口史，时间从陈氏家族第六世（16世纪初）到第十八世（19世纪末、20世纪初），共历12世。六世以前陈氏家族尚不存在，只是几个分散的家户，族谱对这几个世代的历史有较完整的记载。综合《家先谱》和《族谱》，我们可以大致了解明初至清末民初溪村家族人口的历史变化。

一世祖（洪武年间）时，陈氏在溪村只有一个家庭，包括祖父、父亲和 4 个儿女（其中有两个儿子）。三世祖生有三兄弟（四世祖），其中一人外迁，其他两兄弟各自成立了两个核心家庭（但不分家），其中一个，子女人口 4 人，另一个，子女人口 7 人，（两家子女）共 11 人。这 11 人中，有 4 位女性婚配外乡，男性实仅 7 人。四世时，开始分家，成为长、二、三房。其中，三房移民浙江温州地区，长、二房留村继承祖业。五世时，陈氏家族逐步趋于成熟，家庭人口发展到 20 人左右（附录 2）。

六世至十八世，共历 13 世，从 16 世纪初至 20 世纪初，历时约 400 年。每世历时平均约 30 年。在这 13 个 30 年（世）中，陈氏家族人口经历了五个转折：（1）六世至七世间“公妈”（祖先的当地叫法，“公”为男性祖先，“妈”为女性祖先）人数从 24 人增为 64 人，是人口的初步增长阶段；（2）八世到十世，人口数量起了很大的变化，到十世，公妈人数增至 236 人；（3）十一世时，村人人口下降，出现低谷状态；（4）十二世到十六世，家族人口不断回升并增多，至十六世，公妈人口达 506 人；（5）十七世与十八世之间，人口又开始下降，从 506 位公妈降至 348 位，并于十八世持续下降。

从总体看，陈氏家族仍是一个十分年轻的组织，人口数量呈稳定上升趋势，到 1949 年，已上升至 1200 人左右（尚不包括移民）。十一世的低潮，可能缘于向外移民的大量发展。十七世到十八世期间的人口下降，则可能与 19 世纪下半叶的社会动乱有关。

村落（或家族）的人口变迁，导致家族聚落发展和分化。通过对家族人口史和聚落形态的分析可以看出，在家族人口较少的情况下，一般会产生聚族而居的状态。但是，家庭人口一旦增长到饱和程度，便可能促使家庭产生内部分化，并因此需要在超越家庭的层次上，设置特定的制度和象征来推进家族凝聚力的发展。诚然，处在中央政权及其地方代理机构管理下的溪村，不可能不受到自上而下的国家力量的影响。比如，明清时期的里甲、图甲这些相继被朝廷用来控制社会经济的户籍管理手段（刘志伟，1997），一定对于溪村家族组织的衍生与适应，产生过直接或间接的作用。无论国家力量对家族的发展起的是促进还是约束的作用，它的在场显然是不可否认的。然而，为了更清晰地把握家族形成和发展的内在规律，我们不妨将眼光暂时局限于家族人口史和聚落变迁史，由此来考察溪村家族村落的历史面貌。为了达到这个目的，我们依据已得到的资料提供的信息，将溪村陈氏家族的形成与发展分为如下四个时期来描述：（1）一世至五世的依附时期；（2）六世至七世的争取独立期；（3）八世至十世的聚落形成期；（4）十一世至十八世的聚落分化期。

依附时期

溪村陈氏在一世至五世之间（明初叶中期）尚未形成独立的村落。民间残留的民国初年编写的《教美陈氏家谱·序》说：

> 我教美先世入闽以来数传，移居泉州郡港塘，则陈宣公矣。至义卿公，游于清溪之西，宿于同美，叔侄相处。阆山之挺秀，山环水抱，其中土膏田肥。先贤曾标八景之一，诸叔侄有相，谓其中有土地六百，以开族而承家。爰卜居于大麓之下焉。厥后，子孙之星罗绣错，或上户或中户，致富者不一。其人曰地灵人杰，无非祖先积德以则之也。[17]

这段引文说明，教美陈氏是在明初方才落脚于现之溪村附近。其一世祖义卿公先是到同美村依附于该地不同宗的陈氏家族，后来向同美村要下一块600亩的良田，以开族基。但是，这段引文并不是没有注明义卿公来此地的缘由。幸而，《教美陈氏长房龟山派支谱》有载，族之二世曾是明朝封下的总兵：

> 二世祖伯讳惟安，乃义卿公之长子也。少以勇力著名，身长九尺，腰围五尺，日食米一斗、肉十斤。远近皆不能以力相

> 竞者。后，有司荐为力士从征，有军功之职。其后，每战每胜，一日十功。永乐二年（1404）六月十二日，杨元帅为之奏主，封为总头，旋即阵亡无传。[18]

引文没有明确指出陈氏先祖是明朝送往山区开发戍卫的“军户”，但是至少说明教美陈氏家史的最早时期，与明初的军卫和屯田政策有一定的关系。郑振满在对明清福建家族制度史的研究中曾提到，明代户籍中军户占重要地位，并且在许多地方奠定了家族世代传承的基业（郑振满，1992：243）。从这一观点看，溪村陈氏家族的奠基人，可能也具有一定的“军户”性质。

从文献记载看，明初的陈氏家族，显然并不住在溪村，而是在邻近的一个势力较强的同姓家族（源自永春）中作为一个家户依附而居。历经四世（100余年），该户一直没有分家，主要原因是人口发展较慢。二世和三世均为单传，也就是说，兄弟只有一个有继。上面提到，四世时，家族始分长、二、三房，但其中一房（三房）移民温州（图2.1）。到五世时，长、二房与上辈（叔）组成联合家庭（joint family），积极振兴家族事业。五世时的明源公，虽非联合家庭中之家长，但他志在“振焕门庭”，并联合其叔乌治公，使分房后的陈氏家庭重新组合为一个统一整体。此后，他创立祖祠，开始使教美家族与同美陈氏大家族产生分裂（参见附录1至附录2）。[19]

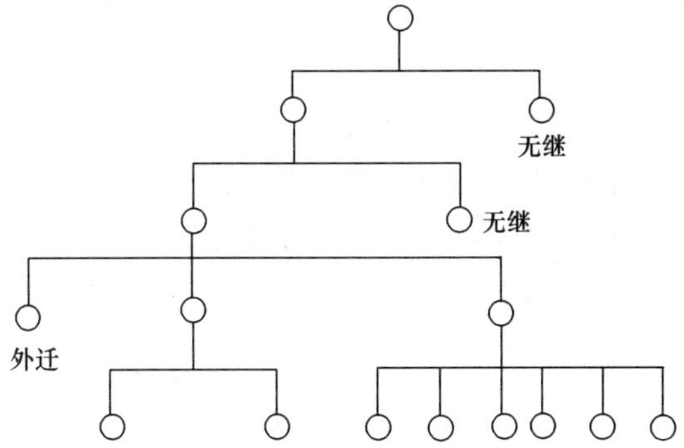

图2.1　溪村陈氏一世至五世继承过程

争取独立与聚落的形成

溪村的村庙是龙镇宫，奉祀的神灵是当地称为“法主公”的历史人物。“法主公”是最受陈氏家族尊敬的神，是陈氏家族村落作为地缘共同体的主要象征。它的神化，与教美陈氏家族的“独立运动”有密切关系。

根据地方史专家徐本章的考察，“法主公”起源于德化、永春、仙游交界的石牛山。他原来是一位道士，名为张慈（或“自”）观。徐本章说：

> 南宋绍兴年间，张慈观、肖朗瑞、章郎庆三位道人继承道教的衣钵，结义云游四方，来到这里，与魑魅连斗数十日，获胜后，镇守石牛紫霄洞。（徐本章，1989：3—7）

乾隆版《德化县志》把“法主公”（张自观）列入“释道”章。该书称：

> 张自观，闽清人。炼性于蕉溪山石鼓岩。见石牛山夜火晶荧，知有魈魅，因往其处。魅方于人家迎妇，舆途甚盛。观出掌，令人从指缝窥之，魅悉现形……与之斗，悬崖上下，趾踵入石，辗转数十处……竟夺其洞，坐化镇之，至今英灵如生……[20]

徐本章文献记载指出，以张氏（“法主公”）为主的三位道人是后来在附近被某些家族拜为神仙而成神的（徐本章，1989：22—25）。“法主公”的成神过程，可能经历了从道人化为传奇人物，受一个地区的尊敬，又从传奇人物转化为家族村落之保护神的过程。在宋末至元代，“法主公”已成为广受祭拜的地方神。教美陈氏接受这个神灵，发生在六世到七世之间。

据溪村流行的一则有关“法主公”的民间传说，“法主公”原来是同美村的一个“角落神”，也就是村内一个小角落的地方保护神。有一日，神像被村人招出来“巡境”，到达今之溪村龙镇宫的位置，突然通过通灵者（童乩）表示要留在溪村，不回同美那个角落里。经过一番周折，他果然被留了下来。为了留下他，溪村陈姓村民为他造庙，拜他为村子的主要守护神。

我认为，关于“法主公”的这则民间传说，大概反映了溪村陈氏祖先在六世至七世之间，试图从一个依附的地位挣脱出来，成为一个独立的家族—村落的历史过程。五世时，陈氏联合家庭的形成，为六世到七世间几十年家族的发展奠定了必要基础。在此期间，陈氏家族的人口得到初步扩大，成为一个上百人的扩大式家庭（extended family），包括了若干代人的不同家庭。扩大式家庭的产生，带来了双重压力：一方面，为了使家庭成员在责任、义务及继承等方面相互得到有效的规定，需要将扩大式家庭重新分化为较小规模的家庭单位；另一方面，家庭的分化，又需要以一定的经济和土地基础为前提，分家析产有利于产权的明确，却不利于家族团结。解决这一问题的唯一办法，是成立一个宗族体系（lineage），使之既能明确规定家族成员责任、义务及继承关系，又能在公共事务（社会活动和仪式活动）方面，起加强族人团结的作用。但宗族体系的成立，前提是拥有足够的地产。

于是，教美陈氏家族的独立运动，便从争取土地这一步开始了。如《族谱》所载，陈氏家族的祖先曾取得同美陈氏大家族的同意，在该族所属的边沿地带划出一些土地，供教美陈氏奠定族基。由于当时溪村所在地有某些异姓群体居住，教美陈氏向该地扩散，显然有利于作为“叔辈”的同美陈氏大家族的势力扩张。因此，协议轻易地达成了。

初到溪村（当时可能是明政府训练军队的教场遗址），陈氏家族基本上是处于散居状态。为了解决扩大式家庭的人口压力，在六世时，陈氏家族开始采用分家的策略。五世的时候，陈氏主要采用三代同居的方式，四世的长房传六子，二房传二子，共八支，在五世明元公与其叔乌治的努力下，形成扩大式家庭。到六世时，局势发生变动。聚家而居的大家庭开始分散到今天溪村的龟山、顶厝、枫脚、水吼尾居住。到七世时，为了解决人口压力，有三个核心家庭移居到安溪湖头、南安梅花岭外和其他地方。留在溪村本地的人口，开始分角落居住（图 2.2）。当时，为了保持家族的统一，在系谱关系上，长房起了统一全局的作用，并经由这一途径，使不同的小家庭集合在长一、长二、长三房和二房一、二房二（附录 2）。

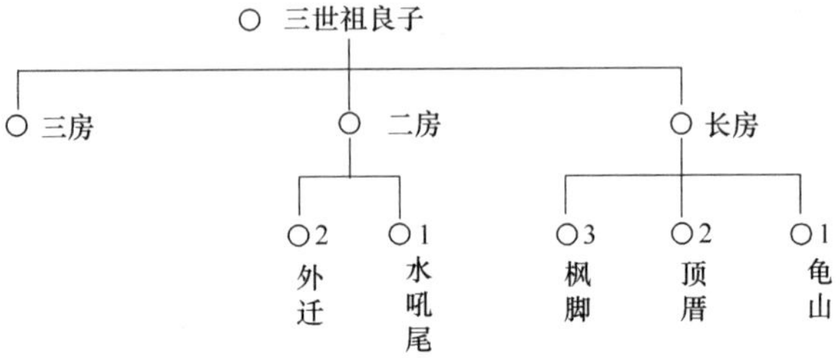

图 2.2　溪村本地人口分居形式

聚房而居的形态，是村落的聚落形成的基础，但并不是家族成长的最主要条件。家族村落成长的两个前提是：（1）家族村落认同的获得；（2）家族内部分房之间合作制度的形成。这两个条件，在六世到七世时已基本形成。在那个阶段，五世时初创的祖祠得以进一步完善。为了达成村落的统一，"法主公"的崇拜也已被创造出来。更重要的是，祭祀祖先仪式方面房祧间的"轮流执政"制度也开始趋于成熟。一、二、三世的祖坟，分别位于西边乡一本村后路、光德里、本里炭坑内。也是在六世到七世时，每年农历八月四日，陈氏家族各房支轮流负责，向祖坟进行墓祭。村神"法主公"的诞辰庆典、祖祠的祭祖等家族仪式，也开始采用轮作方式。

六世到七世，是教美陈氏家族认同和独立的形成时期。当时家族已分房而居，并且形成一定房分之间的轮值和互助。但各房最初的规模仅仅是直系家庭（linear family），包括在世的父母和两个以上已成婚的儿子的小家庭。这若干个直系家庭在今之溪村地方与其他姓氏居民杂居，相互之间的联系主要是以祖先和地方神的祭祀（“法主公”）为纽带，并且地方神当时仅是陈氏家族的“角头佛”。因此，严格说来，当时的“房”尚不具备宗族制的“房支”的意义，而仅是一些没有统一地产的散居家庭。

八世至十世之间，陈氏家族的人口发生了巨大的变化。到十世时，传子的人口达 250 人左右，把外迁和村内单传的人口算上，总人口已达 600 人左右。这意味着，每个“房”（或直系家庭）的人口，在 100 年间增长到 100 人左右。在这样的情况下，直系家庭经历了联合家庭到扩大式家庭的发展。与此同时，随着家庭人口增长达到极限，扩大式家庭产生了分家析产的需要。在家族分化的压力之下，产生了两个进一步的需求：（1）扩大式家庭为了向分家立户过渡必须蜕变为房支；（2）家族和房支必须通过获得一定的统一地产，来满足分家后的经济需要。分家和房支的成立，采用的基本上是自然发展的途径。但是，为了获得统一的地产，全族却必须有更明确的统一行动。因此，溪村发生了一次争夺土地事件。

在溪村，除了上面提到的“法主公”传说以外，还有另一则有关地方神与土地的传奇。溪村的老一辈说，原来“法主公”所处的龙镇宫是面向蓝溪的，是一座镇邪驱瘟的“王爷庙”。从一个角度看，龙镇宫划出了一条土地所有权的界线：宫后的土地，是良田集中地，那一片广阔的农田，十分肥沃，但是不属于陈氏家族，而属于一位名为“谢百万”的富翁。陈氏家族拥有一块十分贫瘠的溪边地，大部分人成为“谢百万”的佃农，每年替“谢百万”耕作，交纳大量的粮食作为田租。

陈氏家族的人对此状况早有不满。后来，为了改变家族的贫困状况，人们便建议请地方神来解决问题。他们请到一位通灵者（童乩）到龙镇宫替村人向“法主公”求助。通过通灵者的代言作用，

“法主公”提出一个妙法。他说，溪村陈氏家族的人应该把龙镇宫的宫门倒转一个方向，使它面向村落的良田。因为原先的“习惯法”规定，宫前土地属溪村人，宫后土地属“谢百万”。所以，把宫门倒转一个方向，便可使农田的不平等划分彻底改观。同一天晚上，“法主公”显灵，把宫门打通面向良田。从此，“谢百万”的土地便归陈氏家族的族人共有了。

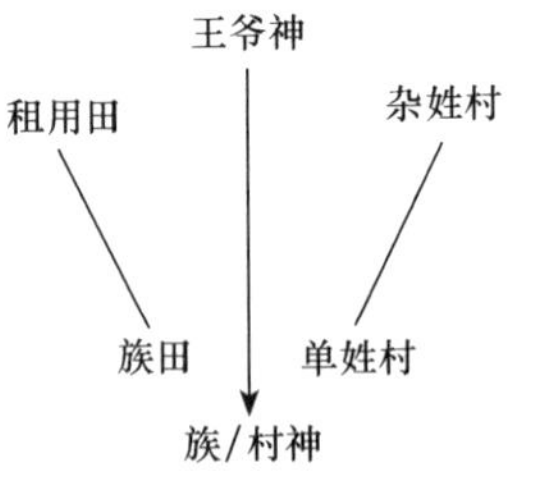

图 2.3　家族化过程

我们尚不知道这则民间故事是否反映了真实的历史。但是，它至少反映了一个可信的村落历史过程。“王爷神”变为村神，也就是陈氏家族获得族田的过程（图 2.3）。

龙镇宫的传说表现的，大概就是八世到十世间溪村教美陈氏家族成为一个拥有族田和若干聚落的单姓村的过程。到十世，龙镇宫前面的农田已成为教美陈氏家族的公田。在祖祠，该家族也建立了族田。每个房支也各在自己的所在地扩大聚落地域，各房支在祖厅的前面也拥有了公田。此外，为了墓祭，在三个祖墓前面也曾有公田存在。[21]

这四个类型的公田的奠基[22]，标志着教美陈氏家族已经从家户经济走向家族经济。同时，它也标志着在八世至十世之间家族组织在溪村的成熟。在四个类型的公田中，龙镇宫庙田、祖祠族田和三块墓田的耕作，由陈氏家族的各房支轮流值勤。所收获的产品成为庙祭、祠祭和墓祭的基金，并在祭典完成之后，由族人分割。公田的土地，由房支以下的家户轮流耕作，作为本房支公产，平等分配。轮祭与轮耕的并存，说明族内的社会合作已达到制度化。

教美陈氏家族经济社会力量的日增，逐步产生对异姓家户的排挤。此后，异姓家户逐渐向外移民或改居村落的边际地区。在此过程中，土地所有权的争夺也特别激烈。“谢百万”失去的土地仅是大片良田中的一小块。

随着陈氏家族的成长，八世起开始出现完整的族谱和字辈。[23]

族谱的编修是对家族历史的总结，也对家族凝聚力的产生起关键性的作用。通过族谱，族人之间的关系可以明确规定，不致产生混乱和内部冲突。字辈的规定，与族谱的编修是同时进行的，它严格界定了不同辈分之间的关系，并且使这一界定贯穿到个人的姓名中，使族人见其名而知其上下左右关系。教美陈氏家族的字辈诗“文章华国，诗礼传章”，其整体内容巧妙地迎合了理学重文章、扬礼俗的传统。字辈诗也是对社会等级关系的界定，它用年龄级序（age hierarchy）来界定社会等级的差序，也是维持家族团结的重要手段之一。

聚落分化

八世至十世时家族聚落的创建、族产的奠基和社会组织模式的成熟，在一定程度上解决了六世到七世时分房而居的扩大式家庭所造成的问题。从《族谱》看，这个时期应属教美陈氏家族发展的“黄金时代”。当时，土地和房支的制度基本上趋于完善，族人之间的关系得到明确规定。然而，历史不能没有变化。从十一世（清代康熙年间）以后，直到十八世（清末民初），在前人奠定的制度基础的保障下，教美陈氏家族的人口得到进一步增长。人口的进一步增长带来的结果是，房支以下的直系家庭逐步蜕变为联合家庭和大家庭。根据《教美陈氏长房龟山派支谱》的记载，到十一世时，仅长房龟山派一支就包括了 19 对有传（后代或独立的核心家庭）的公妈。[24] 另据《教美陈氏长房三宗支谱》的记载，三宗原是一个直系家庭，至十一世已发展为一个包括四个直系家庭的房支。[25]

为解决本地资源短缺的问题，膨胀后的家族必须有人向外移民，而向外移民的结果，倒过来又是人口的下降。十一世时，溪村出现人口的低谷期，这似乎与家族发展的历程相矛盾。可是，人口的低谷期恰恰与家族膨胀息息相关。[26] 根据《教美陈氏长房龟山派支谱》比较完整的记载，在十二世时，该房支共有40个男性祖先，其中13人因外迁而无记载。[27]十三世时，共有42位前辈，其中有21人外迁。前者占总人数之32%，后者竟占50%。移民的方向是在清代得到开发的同安、厦门和台湾。

向外移民是解决家族人口问题的重要途径，但不是唯一的办法。另一个途径，是本地聚落的分化。随着房支内部的家庭扩大过程，各联合家庭可以进一步蜕变为房支下面的亚房支，实际上在十四世以后，房支已成为家族的分支，而真正的房支是原来的直系家庭的演变结果（图2.4、图2.5）。

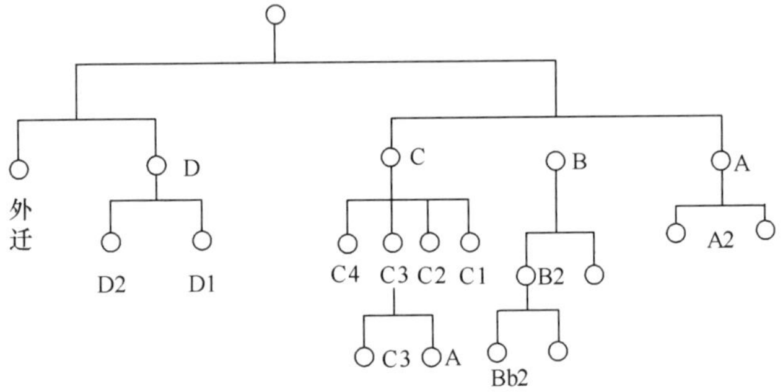

注：A、B、C、D为房支代号，数字为亚房（支）代号。

图2.4　聚落分化后的系谱关系

十一世以后，教美陈氏家族出现了房支裂变的趋向。长房龟山派的部分家庭开始向水吼尾和齐美（又称“寨尾”）之间的空旷地带移民；长房二的顶厝聚落被分裂为顶厝与下厝两半，下厝成为墙围聚落，又下分为墙围内和墙围外（向村外的仙苑等村移民）；三房的枫脚聚落分为三支，其中一支分别向寨子尾、马力、石皮等地移民；长房三宗的一支向齐美（寨尾）移民；水吼尾又分为内外两厥，各分东西。[28]聚落分化的两个方向：一是向村落中房支聚落之间发展；二是向村落的边界和邻村发展。到19世纪初期，教美陈氏基本上已从4大聚落扩张到12聚落。

各亚房（sub-branch）与家族的联系是间接的，需要经过房支才能取得与家族的系谱联系。除非有轮祭和公田轮耕之类合作需要，各亚房基本上是可以如同房支那样独立运作的（图 2.5）。

聚落分化之后，公田、仪式和家谱对家族的内部联系起了更加重要的作用。公田的耕作是以原来的诸房轮值持续进行的。为了合作对公田进行耕种，各亚级房支（或亚房）需要在一定的时间表上进行配合。村落仪式（如“法主公”庆典、祠祭和墓祭）仍然以过去的定制执行，这也要求亚房在一定时期放弃独立的地位。族谱的编写，基于历史上的联系肯定了家族与亚房的关系，是总体与个别单位的关系。因此，公田、祭祀和族谱到十一世至十八世之间得以大幅度地强化。

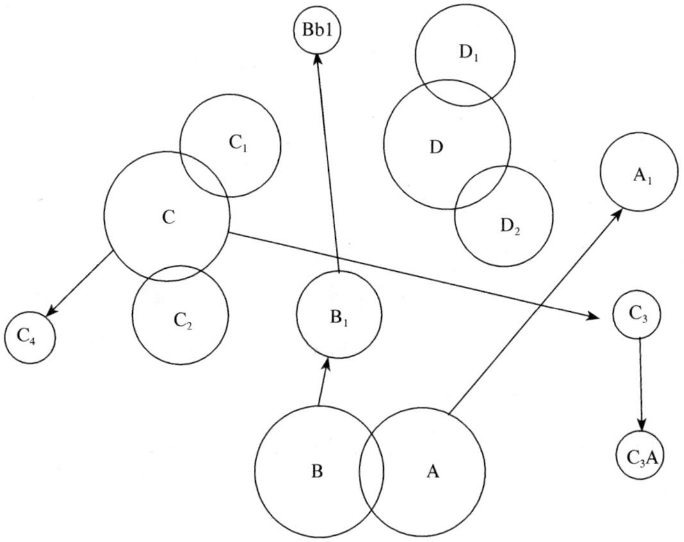

图 2.5　十一世后教美陈氏聚落的分化[29]

第3章
通婚地域与区域联系

婚姻地缘

在规定正式的男女关系时，不同民族、不同文化、不同地区使用不同的称谓。对汉人家族共同体来说，“婚姻”（嫁娶、婚配）这个概念早已根深蒂固地存在于我们的社会中。[30]对于在社区中生活的人们来说，为了维持家族共同体的延续，两性之间的关系必须得到充分关注。若没有婚姻，家族社会中人自身的社会再生产便难以进行。婚姻除了在继嗣（descent）体系的传承上起重要作用外，还通过造就姻亲关系（agnatic kins），为父系家族共同体在更大区域中的生存做出了巨大贡献。可能是出于这个原因，溪村人在称呼他们的祖先时，并不只注重父系的纵向性，而是兼顾男祖先和女祖先，统称祖先为“公妈”。后面（特别是第10章）我们还会涉及在“公妈”这个概念的“庇荫”下，血亲与姻亲双重关系怎样在溪村社会生活中发挥作用。为了梳理溪村家族的制度演变轨迹，我们在这里有必要继续前文的探讨，集中考察通婚在家族社区的发展中起到过的重要作用。

在溪村及临近的地区，家族村落的成熟，不仅依赖于地产和聚落形态的独立发展，而且也依赖于家族通过婚配和其他形式的交换与外界保持的关系纽带。通婚制度支撑着一个跨家族的网络。这一网络在制度化过程中与超村落的区域纽带联结起来，形成区域内不同群体间互通有无的社会空间体系。

从明清至民国，甚至时至今日，溪村家族的通婚习俗，一直受到我们可以称之为“通婚地域”的空间范围的约束。明清时期，与陈氏家族既是“叔侄”关系又是竞争对手的同美家族，与溪村陈氏是名义上的“宗亲”，之间互有敌意，因而不通婚。但是，溪村陈氏与邻近的其他村落均有不同程度的通婚关系，这种关系有着相当强的稳定性，它形成于溪村家族区域适应的历史进程中。

明初，同美村的陈氏家族已是较成熟的宗族组织，而且已形成相对固定的通婚范围。溪村陈氏祖先的家庭依附于同美，在通婚上也受同美的影响。那时，溪村陈氏家族的祖先尚未建立稳固的聚落形态，通婚对象的来源也相对难以固定。《教美陈氏家谱》记载一世至五世的婚事共 11 项。其中 4 项，通婚对象是原住溪村和北石的异姓（如李和柯）；有 2 项，通婚对象来自县城附近的村落和城内的中街坊；另 2 项，通婚对象远及泉州和晋江。从本地移往温州的那一支，通婚对象更非本县。[31]

到六世和十八世之间，溪村家族的通婚关系逐渐趋于稳定。对于分析该时期的通婚关系，族谱显然提供了最重要的材料。汉人的族谱，一般来说不仅记载族中的世系，对婚入和嫁出的女性人口也有颇为详细的记载。尽管教美陈氏家族的《总谱》谱系和通婚记录已散失，但近年编出的《家先谱》对“公”和“妈”双方的名字和婚育情况均有详细记载。《家先谱》主要是为祠堂的超度庆典撰写的，因而注重对男性祖先的记述，对婚出的女性记录甚少。但是，它对婚入溪村的女性，有较详细的记载。在记载婚入女性时，《家先谱》只载其姓氏，而无来历和地名。幸而《教美陈氏长房龟山派支谱》比较详尽地记述了该房支（派）六世至十四世的婚姻状态。分析这一支谱的记载，可以对当时长房龟山派通婚地域的形态有较清晰的了解。结合《家先谱》的婚入女性姓氏的分析，能从一个具有代表意义的侧面，展现溪村通婚地域的形成过程。

根据《教美陈氏长房龟山派支谱》，六世到十四世之间，该房派共产生 136 项婚姻（不包括不清楚的记载）。其中，86 项属婚入项，50项属嫁出项。与该房派通婚的地方，包括四个层次：（1）本里；（2）附近乡村；（3）县邑及其周边；（4）县境以外。第一层次包括过溪、后安、北石等；第二层次包括依仁里、新溪里、兴一里、光德（得）里等；第三层次是县城的街坊和城门外的郊区（图3.1、图 3.2）；第四层次包括县境以外的同安、永春、晋江、泉州。在第一层次里面发生的通婚事项共57件；在第二层次发生的，共36件；在第三层次发生的，共25件；在第四层次发生的，共仅6件；注明县内但地名不清的，共12件。所有的通婚事项，均未出现同姓成婚的记录。因此，所谓“本里”指的是与溪村陈氏共用一定地域空间的大、小规模的异姓家族（参见表3.1）。[32]

表3.1　溪村陈氏家族长房龟山派通婚姓氏和区域（清—民国）

婚入人口和地名、姓氏

地名	人数	姓氏
本里	43	李、谢、吴、林、容、洪、苏、张等
依仁里	10	吴、周、许、杨
新溪里	8	郭、连、黄、林、廖
兴一里	2	林
县邑	15	周、王、李、梁
异县	4	吴等
其他	4	温、许、黄
共计	86	

嫁出人口和地名、姓氏

地名	人数	姓氏
本里	14	许、王、林、李、黄、谢
依仁里	6	翁、连、箫、施
新溪里	6	王、许、黄、张
兴一里	4	林
县邑	10	黄、周等
异县	2	欧等
其他	8	柯、杨、林、马等
共计	50	

从地理空间上看，通婚范围的分布，如图 3.1、图 3.2 所示：

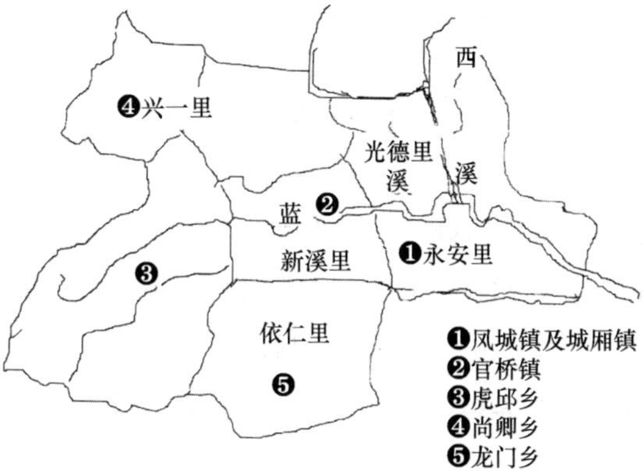

图 3.1　溪村陈氏通婚地域的中心地带

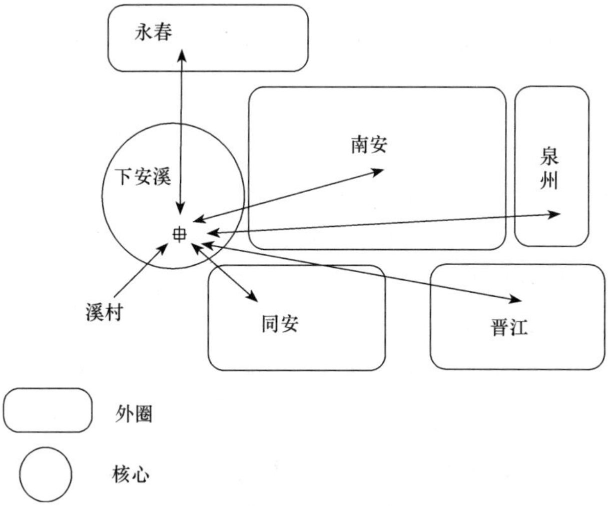

图 3.2　通婚地域的外沿

《家先谱》的婚入姓氏记载也表明，溪村陈氏家族的通婚地域，中心在清代的永安里（今之凤城镇、城厢镇境内），其腹地包括清代安溪县之一、二、三、四、五、六和十都，东至在坊里，西北延伸至尚卿、蓬莱交界，西至虎邱，西南至官桥、龙门。[33] 这一区域是陈氏家族日常交往较多的地方。在县境内，通婚范围不超过这个地带。在县境之外，包括安溪北部之永春县，东南之泉州、晋江、南安，南部之同安县（图 3.2）。

婚姻安排

通婚地域产生的基础——婚姻关系——是“超私人”（包括汉人观念里的“家”）的事情。人类学家范・吉纳普（Van Gennep）对这一点早有深刻的论述。据他的看法，婚姻与其他阶段性的人生礼仪（rites de passage），初看是个人从生命的一个阶段转折到另一个阶段的过程。但是，这种个人生活史的“关键时刻”，往往成为社会借以界定人文关系的途径，因而具有一种初级的“神圣性”（Van Gennep，1965）。范・吉纳普的这一论述适合解释传统中国社会的婚姻制度，对理解明清（甚至至今）溪村的通婚方式有很大的启发。

除了口头调查之外，有关溪村具体的通婚状况，并没有直接的文字材料。但是，溪村地处闽南经济文化区，其婚姻习俗，与这个地区是共通的。通过在该地区发现的材料，可以对村落婚姻加以间接说明。根据周石真等对清代和民国期间泉州地区婚礼习俗的调查，该地区的婚事“守法于《礼经》”，男称“于宝”，女称“于归”，婚娶之事均由家长和族人操办。婚姻过程经过周密的安排和布置，并非个人可以胜任。它包括六项程序：（1）议婚；（2）定盟；（3）纳彩；（4）轿前盘；（5）迎嫁妆；（6）嫁娶（周石真，1985：31—61）。

议婚由媒妁撮合，考虑的问题很多，包括双方的世系（家族背景）、八字符合程度、命相、道德等等。双方达成一定共识时，各派直系亲属、宗亲互相考察。见面并非是结婚当事人直接接触，而是由亲属代表进行接触。

定盟在双方认为合适的约定的吉日举行。定盟的仪式是由男方赠送女方金银戒指各一。如女家同意，便接受下来，将之戴在将嫁的女儿指上。之后，女家派人向男家送礼若干，以示同意。双方经过如此的协调以后，各送若干担礼品，回乡分赠亲友，报知族人。

纳彩的仪式发生在双方互换乾坤书之前、互换红帖之后。由男家择吉日、具柬帖、纳礼物至女家。纳彩礼物除手镯、鲜花、坛酒之外，还包括大量的喜包，供女家分赠亲友。

轿前盘指的是在娶妻之前三日、五日或七日的送礼仪式。由男方家族一名男子挑担，送12盘礼至女家，并由男家代表送聘金和六礼（书仪、日仪、被帐仪、针线仪、花粉仪、盘仪等）。轿前盘有时与纳彩合做，礼品包括全猪全羊，送女家献祭祖先。送礼之后，女家备回礼，送男家使用并馈赠族亲。

迎嫁妆多在嫁女前一日举行。由女家送各种金银首饰和家用器物到男家。嫁妆抬至男家，男家在大门门槛内置一火炉，让嫁妆逐一抬过，以示驱邪消灾。接收嫁妆之后，由族亲办筵款待客人。之后，男家备大、小礼回送女家，由后者带回。

嫁娶的仪式是婚姻决定性的一关。在嫁娶以前，男行冠礼，女行笄礼。男方由自家族人参与，女方由自家女性族人为宾，各择具有福德者施礼。迎娶进门的诸礼节包括踢轿门、请出轿、牵新人、行相见礼。之后，在男家的祖厅门口拜天地。最后是闹新娘和入洞房的风俗。

因为嫁娶仪式是最为重要的一环，因此延续数日之久。婚娶成亲的翌日，就要引导新娘入族，其仪式称为“庙见”，即拜祖先，由男方家族的多数成员参与。在某些地方，还要求女方向村神或地方神进行祭拜。新娘被引入男方家族以后，男家由主婚人（家长）送柬礼至女家，表示答谢。这些仪式施行之后，男方的族人亲友必到娶亲之家探娶，以示祝贺并参观新娘。

成婚后的第三日，由新娘实行下厨房、上厅堂、上厅桌、叫呱呱（养儿仪式）、换花、送灯等仪式。过后，男家派人到女家征询尊母舅以及亲属族人的名号，表示对女方家族的尊敬，也表示从此两家族成为友人亲戚。同时，女家也会派人至男家征询同样的问题。

婚娶后的第四日，女方回原住地会亲，向族中的长辈行安好礼、向平辈问好。午间与族人同庆会亲桌。然后，女家向男家发帖请女婿，大宴宾客，让女婿拜新娘家的祖先并向女方的族亲问安。最后，夫妻双方回男方的家族。

溪村陈氏家族的婚姻习俗，今天仍然保留着闽南区域文化的浓厚色彩。婚礼的具体过程十分繁复，其中心内涵主要是两个家族之间通过两性关系的固定化达成“和合”。择偶除了考虑双方性情、门户的匹配程度之外，更重要的是考虑家族间的传统关系。也就是说，溪村人并不是与所有可能的对象通婚。

在嫁娶的过程中，互相馈赠礼物、互相呈报、族人互认是最为显著的内容。婚礼的过程类似于莫斯（Marcel Mauss）所讲的“互惠”（Mauss，1990：41–42），结婚是两个家族之间集体的事项。随着双方互赠礼品和举办各种婚礼仪式，两族的成员成为有姻亲关系的人。因此，婚礼可以说是不同家族之间达成人文资源互通有无关系的办法（图 3.3）。

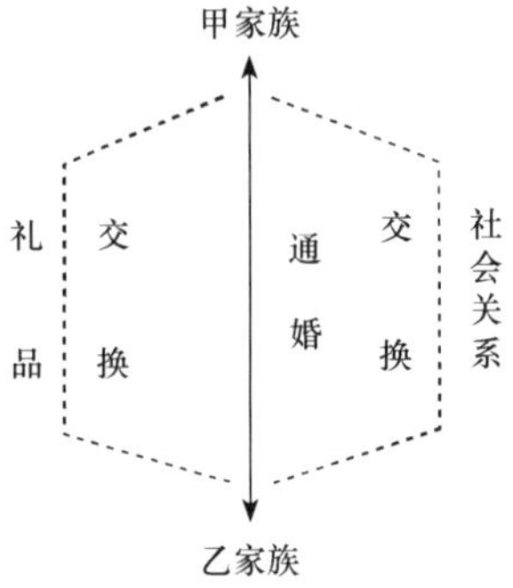

图 3.3　婚姻与家族间的关系

人文地理

对于群体与群体之间、社区与社区之间的关系，以往的人类学家并非没有给予妥当的解释。[34] 以继嗣范式著称的弗里德曼在研究中国东南沿海的家族时，也简略提到两个涉及横向关系的问题。夹杂在他那些用来论述家族共同体“香火接续”的父系继嗣制度的文字之间，我们也能发现，他曾想到地方化的家族之间通婚关系的重要性（Freedman，1958：96）。为了弥补他的继嗣理论的缺陷，弗里德曼曾经提出一个家族间关系的“图谱”。他认为，宗族之间的关系往往可以说属于“远交近攻”。也就是说，邻近的宗族之间常常会发生分化和械斗，而相互间离得较远的家族之间关系则比较亲善。这隐含着一层意思，即，通婚及与通婚相关的“亲善关系”，一般发生于地理空间距离相对较远的家族之间。

继承弗氏学术观点的裴达礼，也补充了弗里德曼所说的这一点，他指出，婚姻在族际交往中扮演的角色，可能远比弗里德曼的解释重要。但是，在批评了弗里德曼之后，裴氏自己又重复弗里德曼的解释，认为邻近家族之间的通婚仅仅是暂时的，而“远交近攻”是长期的（Baker，1991：11–24）。[35]

溪村陈氏家族的情况，与弗里德曼、裴达礼等人观察到的现象有所不同。这个地方的婚姻在历史上是创造和巩固家族村落之间相互关系的机制。裴达礼认为，有姻亲关系的家族常因械斗而禁止与对方通婚。在溪村，常年发生械斗的家族之间是否通婚尚待研究。历史学和人类学家在东南沿海地区看到的，因地产和其他资源的纠纷而导致的械斗，在溪村也发生过（例如，前一章谈到教美陈氏家族在聚落扩大的过程中，曾与同姓异宗的邻近家族争夺过地产）。但是，在这个地方，聚落形态成型后，溪村人与不同姓氏的宗族之间已形成相对稳定的关系，解决争端的途径也存在。此外，间断发生的对外移民，能部分解决土地资源稀缺问题，并间接减少区域内的争端。

溪村陈氏家族所在的通婚地域的核心地带，在安溪县的蓝溪和西溪两岸的谷地，包括数十个关系密切的村落。在整个地方性的通婚地域核心地带中（不包括县境以外的家族），通婚的联系广泛存在。这一通婚地域的地理分布，大略与安溪境内的东南人文经济区的地理范围重叠，构成一个具有特定地理和社会意义的人文经济区域。

流行于安溪县的民间地理知识，把整个县境分为三大区域：（1）以长坑为中心的山区；（2）以湖头为中心的平原丘陵地带；（3）以城区蓝溪两岸谷地为中心的地带。民间文学用一首短诗描写这三大区域各自的特点：长坑——虎蛇鹿牯猫；湖头——花锣旗鼓枪；蓝溪——鳝鱼鳖蚕蛴。所谓“虎蛇鹿牯猫”指的是在山区生长的野生动物，用来形容以长坑为代表的安溪西北部山区，这个地区的生计经济，以猎物为主。所谓“花锣旗鼓枪”指的是仪式和民间戏剧的道具。据传，古代安溪中部以湖头为中心的区域，出现过许多民间仪式和戏剧，并且注重家族和社区礼仪，创造的地方文化，具有鲜明的特色，因而可以用道具代表当地的地方特色。所谓“鳝鱼鳖蚕蛴”显然指代蓝溪的水产，形象地说明蓝溪流域地区的生计以溪流为背景。方言诗很形象地划分出农村经济地理的区域，并且基本上符合现实状况。

村落是中国农村社会的基本单位，但村落之间的联系主要是经由村落之上一级的单位进行。在村落之上，往往形成一个村落网络，其纽带是农村的集市和集镇。集市中心地提供了地方性的服务，使村落的产品有可能互相流通。村落的形成一般以地理方位的方便程度和土地的肥沃程度为第一选择，而集市中心的形成是以一定历史阶段中村级聚落的互相交流过程为基础的。

民间对安溪三大区域的划分，朴素地指出县级单位之下可以被分为若干地方性的村级网络。长坑、湖头、蓝溪代表的是安溪县的三大区域各自独特的产物和生态，但其意义不局限在“土特产”，还包括产物、生态以外的社会经济因素。换言之，各区域可能含有一个以上集市中心及许多村落和家族。它们共享该区域的土产和自然资源，以及当地所创造的文化和社会资源（包括仪式、戏剧、婚姻、人力的资源）。

溪村陈氏家族的通婚地域基本上是这三大区域的蓝溪一带（图3.2），包括县邑和五个行政地理上的“里”（图3.1）。这五个里交通方便，加之蓝溪提供了联系各里的便捷途径，因此很容易形成一个完整的区系。维持这个区系网络的力量，包括生态、交通、物产、市场等因素，也包括通婚行为。相互之间的通婚，使不同的家族和村落以姻亲和血亲关系联系起来，从而也推动了当地社会经济的交流。

应补充说明的是，溪村的通婚地域与民间宗教资源区域是重叠的。来村里做神诞庆典与其他仪式的道士，在当地称为“法师”或“师公”，均出自通婚区内的光德里。在溪村表演戏剧的，有布袋戏、提线傀儡和高甲戏，多出自吾都。被溪村人请来办丧事的，当地称为“和尚”，其居所在县城之南，属安溪民间佛教的“西班”（以别于城里的“东班”）。在导论里，我们的叙述从一项家族庆典的描述开始。在诸如此类的村落庆典中，我们能看到分布于一个人文区域里的礼仪——戏剧专业团体，怎样被一个家族共同体动员起来，在地方性的宗教活动中合作创造庆典的生动过程。从一个角度看，地方性仪式对于维持人文区域的边界，为这个区域提供地方性的支持，有着至关重要的意义。

第 4 章

时空的制度与实践

年度周期

家族聚落的分布与家族对外通婚的网络，构成一个社会空间，这是一种地方性的区域体系，也是一种社会交往的习惯范围，是乡民社会活动的基本地理空间单位。在这个空间单位的形成过程中，家族的分支、通婚关系的构成，都是关键环节。同时，形成于一定历史过程中的社会空间，与地方化的年度周期（annual cycles）也密切相关。

明清时期，溪村陈氏家族地域得以形成并不断再创造。这一过程也包括了地方的社会时空制度的创造。年度周期并不是当地村民的独立发明，它是四个层次的文化资源的地方化综合。首先，是流行于全国各地、存在数千年的官方化年历；其次，是与农业社会相适应的年历；其三，是与当地生产生态环境紧密相连的季节周期；最后，才是村落社会自身创造的年度周期。

严格说来，在明清以至民国时期，溪村陈氏家族采用的年度周期共有六个，分为两大门类，其中三个年度周期与生产活动和客观性计时有关，另三个直接与村落的祭祀和社会活动有关（表 4.1）。前者包括农历、二十四节气及季节性生产周期；后者包括年祭周期、祭祖周期及村落仪式周期。其中，农历、二十四节气和年祭周期是非地方性的，而季节性生产周期、祭祖周期和村落仪式周期是地方性的。

表 4.1　溪村年度周期组成

门类	周期	分布范围
生产、计时制度	农历 二十四节气 季节性生产周期	全国性 全国性 地方性、区域性
仪式制度	年祭周期 祭祖周期 村落仪式周期	全国性、区域性 地方性 地方性、区域性

农历计时法 1911 年以前在全国广泛流行，至民国初年由于推行西历才趋于衰落。溪村陈氏家族的村民在 20 世纪以前普遍采用农历计时法。农历计时的基本原则，是以月满之夜为每月之第 15 日。与西历不同，农历一年仅 364.36 天，比西历少近一天。每月天数 29 至 30 天。某些年有闰月。具体的时间（小时）以天干、地支的排列组合为计。

二十四节气，将一年分为二十四段，符合一年之间季节变化的节奏。它以阳历体系为准，这个体系以太阳与地球的关系作为衡量时间变迁的准则。农历和阳历约产生于汉代，两者互相补充，形成农业社区广泛使用的时间表（Bodde，1975）。溪村的农业生产，也采用这一计时方法。

季节性的生产周期，与全国性的时间表的关系相对疏远，而与区域性的生态和经济模式有密切的关系。当地耕种和收获的季节、养家禽和宰杀家禽的季节，是季节性生产周期的基础（图 4.1）。

年祭周期主要包括跨越旧年进入新年的一系列仪式的节奏。在溪村，它起始于农历十二月二十四日，以祭灶为象征。二十四日至三十日为家户扫尘时期。三十日夜以祭拜家族祖先为内容。正月初一至初三是拜年时期，问候的对象是直系亲属与友人。初四至初八是向远亲、朋友和母方家族拜年的时间。初九，可以说是新年仪式的结束，以拜天公为象征。年祭周期，还包括一年中间期的跨越庆典，在当地称为“普度”或“中元”，以祭拜游魂野鬼为中心，是聚落的集体庆典。

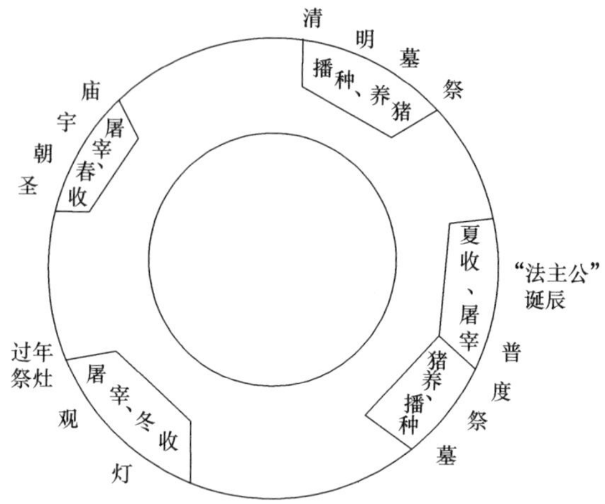

图 4.1　生产季节与年祭仪式

溪村历史上祭祖的周期包括两个事项，即清明节（四月五日前后）和八月初四，二者均为墓祭日，但前者是以家户为中心，祭拜家户自身的祖墓；而后者是全家族对祖先的墓地进行集体祭拜。虽然其中的清明是非地方性的，而八月初四可能与全国性的中秋节有关，但是这两项祭典都以地方性家族为轴心，因此，属于地方性庆典。

村落仪式周期以村神的诞辰庆典和朝圣仪式为主要内容。村神的诞辰时间在农历七月二十三日，举行庆典的地点在村神所在地“龙镇宫”。朝圣仪式在每年正月初十左右举行（由卜择吉日决定），内容主要是扛抬村神像前往安溪县邑的东岳寺、清水祖师庙等区域中心庙宇“进香刈火”（朝山）。诞辰祭仪是地方性的，局限在陈氏家族村。但朝圣仪式是超地方性的，因为朝圣的线路超过本村，到达县邑和北部的蓬莱镇。村落祭仪除上村神诞辰和朝圣之外，还包括十一月间（择日）举行的“观灯仪式”，由全村人参与“观灯”，意义在于对每个家户进行定期的检阅。

依据其性质，年度周期大体可概括为生产性的和仪式性的两类。但在村落的具体实践中，二者是不可分割的。例如，墓祭（四月和八月）与播种、养猪的社区和家户经济有关；而“法主公”庆典、朝圣和观灯则与一年的三个收获季节对应。

生产实践的时间表与祭礼周期的对称性，反映了乡土社会生产与社区仪式之间不可分割的关系。农业和畜养业（猪）的收获，为社区仪式提供了经济基础。同时，社区仪式有集中调动物质资源的作用，而据村民的理解，在社区仪式中占有显要地位的神明，还拥有促进粮食丰产的力量。在仪式中，向祖先和村神献祭的食品，一部分由村人在仪式过后消费，另一部分（如猪肉）则在县邑的市场中心出售。因此，村落仪式与农业和乡村集镇组织的关系十分密切。

对于乡土社会的年度周期，人类学和社会学界已有不少论述。法国社会学家皮埃尔·布迪厄（Pierre Bourdieu）指出，在现代化以前，农业村落的时间不仅是一种人们认识自然季节的方法，而且还包含着一个复杂的生产实践体系。与特定的仪式周期相结合，乡民社会的年度周期在宇宙观和日常生活之间起着重要的连接作用（Bourdieu，1977：97–108）。在中国上古农业社区的年度庆典研究中，葛兰言（Marcel Granet）更早提出这一看法。他认为《诗经》反映的是上古中国乡土社区的季节性生产和仪式。上古时代，中国年祭仪式的表现形式，与农村生产制度和社区制度有关系。春、夏、秋、冬的象征意义，与农业社区的经济生产和社区人口再生产节律互相对应，而年度周期祭祀则具有礼仪、社交与实践的多重性（Granet，1932）。

从前人的论述可以看到，乡村的时间观念不仅是村民为了方便计时而发明的认识论体系，而且还是家户、社区、区域对其生态、经济和仪式资源进行适应和运用的手段。在这个意义上，年度周期就是社会再生产的制度保证。对于研究一个家族村落来说，这个道理也是重要的。

仪式时空

对明清时期溪村的年祭仪式，文献记录很不完整。《族谱》仅记载了墓祭的起源，但缺少有关“法主公”崇拜、朝圣和观灯等社区仪式的记载。不过，这些仪式在近年得以复兴，对其观察可帮助我们理解它们的历史，在田野工作中对70岁以上的村民的访问，也有助于我们了解19世纪以来村落仪式的概况。

大致说来，从明清到民国期间，溪村的年祭仪式是年终、年初、年中的庆典。从年终到年初是一个过渡或跨越，是从旧年转入新年的庆祝。这个系列的仪式由两套神灵的祭拜组合而成。其中，一套仪式以送迎灶神的仪式为主线，开始于农历十二月二十四日，终结于正月初四日，发生在冬收之后。灶神在当地称为“灶君司命”，是一家之主。平时，他负责督察家庭社会关系、保佑家庭成员。传说到了年末，他要回天向玉皇大帝汇报人间的悲喜剧和人们的道德表现。正月初四日，他回人间继续执行任务。送迎灶神的仪式，犹如送迎一家之主一样，其象征意义是家庭的一体性。

另一套仪式是以腊月三十夜的祭祖为起始，以正月初九的祭天为终结。旧年三十，主要是以房支的厅祭为中心，由房支中各家户准备献祭品予房支的祖先。正月初一的仪式，在祖祠举行，内容是由各房支的家户集中向全族祖先献祭。之后，以祖祠里的部分供品宴请全村族老。初九祭天在祖厅（各房支聚落）前面举行，内容是由家户向“天公”奉献“礼品”。

除了祭祀神与祖先的仪式之外，过年的社会活动还包括三十夜的全家饭，宴会的范围只包括三代人（祖父母辈、父母辈、子女辈），为联合家庭的聚会。初一至初三，全村的家族成员互相拜年，晚辈向长辈表示敬意。初四至初九期间，陈氏家族的妻子回娘家拜年，当地人向远亲和熟人拜年。

过年的仪式是象征时间过程中的新旧更替的途径，同时仪式还服务于家庭社会时空的创造。一系列的仪式和社会活动，把家户、房支、家族、通婚地域这一层层的社会空间级别联系在一个等级性的体系中，使家户从“私”的单位走向“公”的区域。过年，就是家族这种社会空间的年度更新礼仪（图4.2）。

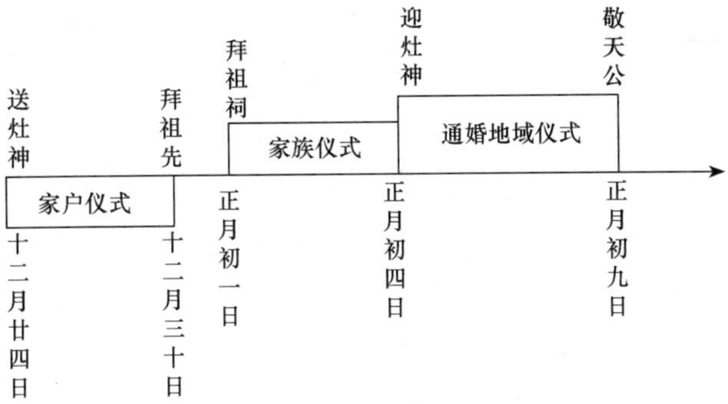

图 4.2　过年与社会活动的空间范围

祭祀周期中的普度（中元）一般发生在农历七月十五日，又称“盂兰盆”节，主要仪式是向游魂野鬼献祭食品，以劝服他们回到他们原来居住的地方，以免破坏人间生活的秩序。《泉州府志》说闽南地区的中元仪式主要是：“中元夜，家户各具斋供罗干门外或街衢，祝祀伤亡野鬼。”[36] 溪村明清时代的祀鬼仪式，与闽南其他地方的同一仪式相近。但是，其发生时间不在七月十五日，而在七月二十四日。

在溪村，普度的日期不是当地决定的，而是由蓝溪流域两岸的各村落协商决定。蓝溪上游在七月初开始普度，时间从上游至下游类推，至七月二十四日才轮到溪村进行普度。整个七月是下安溪区域轮流祭鬼的时期。这说明，轮祭代表一种区域性的合作。当地传说，七月时人间丰收，饿鬼会来骚扰人间，所以要向他们献祭。整个下安溪向鬼轮流献祭，表现该区域对公共安全的共同关心和合作维持的态度。下安溪基本就是陈氏家族的通婚范围，祀鬼的仪式，可能进一步说明了这一区域的合作性质。

同时，普度祀鬼也是家族社区划定界限的仪式过程。王斯福认为中国民间的祀鬼，实际上是以鬼代表族外、社区以外的人的象征过程，也就是说，普度是家族、社区界定“内”与“外”的关系的途径（Feuchtwang，1974）。在溪村，祀鬼是以房支聚落为单位，在溪边和聚落的边界举行，其特点与驱鬼巫术相同，是驱除礼仪（exorcism）的一种类型。其意义，一方面是对社区内部秩序的保护；另一方面，是界定本社区与其他社区的差异。

祭祖仪式在过年习俗中也存在。其发生地点在祖厅、祖祠，包括家祭和祠祭。但是，祭祖周期的主要事件是清明节和八月初四的墓祭。对清明墓祭，残存的《教美陈氏家谱》和其他民间文献没有明确的记载。《泉州府志·风俗》说闽南地区的清明风俗包括："插杜鹃花，祭祖先，有以黍曲和米粉为之，绿豆为馅。明日，扫墓培土挂楮币。"[37]《教美陈氏家谱》有关八月初四的墓祭记载如下：

> 一世祖……娶妣郑氏……公生于洪武十年七月十四日午时，卒于正统十三年……葬在西边乡坐乙向辛兼卯酉半月沉江形……妣生洪武十三年……卒景泰二年……葬在蓝溪本里本乡后路坐东向西……祭墓八月初四日……
>
> 二世祖……娶妣柯氏……墓在光德里江西后山坐壬向丙兼子午，号为金校椅，祭墓八月初四日。
>
> 三世祖……娶晋江县凤池乡李氏……葬在本里炭坑大乾仑坐亥向巳兼壬丙，祭墓八月初四日。[38]

清明墓祭以扫私墓（家户祖先墓）为主，兼扫公墓（家族祖先墓）。八月初四日的墓祭，以祭扫家族的一世至三世祖为中心。乾隆版《安溪县志·风俗》说："八月祭社，安溪以初一日祭社。又，是日多祭墓，俗云墓门开。"[39]八月初四日的墓祭，可能是全县流行的风俗，传说是因墓门开放，祖先会出来神游甚至扰乱社会安全，因此要进行献祭。清明和八月初四的墓祭，是为了延续家户和祖先（家族）的香火，使家族和家庭的生存得以长期稳固。因此，它们均与家族的保存和发展有关系。值得注意的是，陈氏家族祖墓的位置，不限制在本村，其中有两个位于通婚地域内。因为八月初四的墓祭可能也卷入与溪村通婚的若干姻亲，因此墓祭可能与通婚地域有关。

村落仪式周期中的“法主公”诞辰庆典，每年于农历七月二十三日举行，地点在村庙（当地称“龙镇宫”）。在第2章，我们已经指出“法主公”的成神，与陈氏家族的独立成长及聚落统一有密切的关系。“法主公”诞辰的庆典，是仪式上陈氏家族社区认同感一年一度的再创造。它的长度可有一至五日的差异。仪式由陈氏家族的三大聚落轮流主持。仪式的程序和内容由下安溪区域的道士（当地称为“法师”）安排，包括献牲、献熟、高甲戏表演等。参与者主要是陈氏家族的全体成员，通婚地域内的姻亲也被邀请参与。

仪式过程以请天神和天将来“法主公”庙（龙镇宫）参与村神的生日庆典为开端，终结于“送神”和“犒劳天将”礼仪。仪式的中期是由全村家户向“法主公”献上刚屠宰的猪和其他食物。夜间，戏台演出村戏以娱神灵。仪式完成之后，大量的猪肉被运往当地的集市中心批发。最后，所剩的食品用来举行宴会，招待陈氏家族的族亲和姻亲。

“法主公”生日参与者中的道士和族亲、姻亲来自同一区域（下安溪或蓝溪两岸）；中心人物是族人（家族成员）；文化形式中的高甲戏和道士科仪，来自比较广大的泉州地区。一方面，它是对陈氏家族村落的一次年度集结；另一方面，它又是联系外部世界（通婚地域和闽南区域文化）的特殊机会。因此，它可以说是不同层次的社会地理空间在一个时间点上（“法主公”生日）的汇聚。

村落仪式周期中的“法主公”朝拜更加明显地体现了这一特色。明清至民国，每年正月初十左右，陈氏家族择一吉日，扛上“法主公”神像前往安溪县的神庙中心朝拜。前往的神庙中心，选择四个地区性神庙之一，这些庙宇是官方的东岳寺（位于县邑东）、蓬莱清水祖师庙（溪村以北）、真觉院和阆苑岩。每年可以进行选择。去东岳寺的朝拜，称为“晋香”，意思是向明清王朝的官庙献礼；去清水祖师庙和其他庙宇的朝拜，称为“刈火”。这些庙宇是安溪中南部最重要的神庙，被当地视为最灵验的庙宇，因此每年这一区域的家族和村落都会择吉日前往为村神“加灵”。

在陈氏家族、每年正月某日，全体成员在“法主公”庙前集合，准备好献祭品，扛上佛像，其后，排成整齐的队伍，举着村旗向其中一个庙宇进发。到庙宇之后，向神灵献上香火，为自己的村神（“法主公”）求得灵性，最后扛着佛像回到村里，重新将之安置在村庙。

根据桑高仁（P.Steven Sangren）的看法，中国东南部（尤其是福建和台湾）的朝圣仪式（pilgrimage）是把地方性的村落社区与区域性的制度相联结的行动（Sangren，1987：61–92）。这一看法似乎也可以用来解释陈氏家族的“法主公”“晋香刈火”仪式。当地的解释认为，“晋香刈火”是为村神的灵验增添光彩。这一光彩来自区域的神庙中心（如东岳寺和清水岩）。这种象征性的联想实际上体现了家族文化与区域文化的密切关系。同时，“晋香刈火”的仪式也使陈氏家族的社区空间与区域社会空间联系起来，表现了家族村落与外界关系的特点。

从另一个角度看，村落仪式周期中的“观灯”仪式，表现了家族社区的另一个特色——个人与社区的一体化。根据老年村民的回忆，在清代和民国时期，“观灯”仪式是溪村的重要年祭仪式之一。发生的时间在农历十一月，具体日期由道士择日决定。发生地点在祖祠或房支聚落的大厅前面。主持的法师共五人。在仪式进行之前，每家每户准备一对灯、一些纸钱、一个纸人（代表个人），每人准备一粒蛋、一套新衣服。

一般而言，仪式持续一整天。日间的仪式包括敬上界、敬中界、敬下界。所谓上界、中界、下界即天神、村神及鬼。天神主要是道教的元始天尊、玉皇大帝等。村神即“法主公”。鬼或称“军”，是随天神下降的天兵。祭拜神的仪式和敬下界，主要有道教科仪和食物（猪等）的献祭。夜间的仪式主要是以跳神为主线，被道士请来的地方神很多，如土地公、婆姐神、东岳相公。仪式过程中，有一堆篝火被点燃。村民将纸钱交给道士（法师），由道士转交神童（童乩或巫师），再由神童焚化送给这些神鬼。

仪式发展到最后，村人将纸人交给童乩，由童乩帮助焚化，象征个人一切罪恶过错的去除。然后，他们打着灯，排队前往蓝溪边“请水”（汲取洁净的清水）。最后，将清水、灯和蛋带回家，把清水放入水缸，把灯挂在户前，把蛋吃下，意味着家户和个人的洗礼完成和再生。

“观灯”的风俗涉及社区对个人角色的界定。其中心是请神灵来监督村民的活动，最后将村民个人的恶行、病症等全烧掉，而以灯、水、蛋表示家户的洁净和再生。这实际上是社区对个人的取代。换言之，是将社区中个人的因素消灭，并将社会性贯彻于个人的人格之中。

总体看，溪村家族的年度祭仪、祭祖周期、村落仪式，囊括了社会的各种层次：个人、家户、聚落、社区、区域（图 4.3）。每一个节庆都包含各种层次，而各自有其不同的重点。例如，过年是从家到区域的跨越；普度是社区与区域的统一；墓祭是家族认同的表现；“法主公”生日是村落作为统一体的共同庆典；朝拜强调区域文化的等级性；观灯是个人的驱除与社区的创立和内化（internalization）。

在汉人社区中，社会空间的创造，有赖于仪式行为本身，也有赖于神灵谱系结构的形成。武雅士已经注意到，中国民间的崇拜主要包括三类：神、祖先和鬼。他认为，神、祖先和鬼虽然仅是象征类别，但在很大程度上表现了中国农民的社会经历：神俨如来自社区以外的“官”；祖先代表社区以内的家族；鬼象征社区与外部世界的划分（鬼即家族以外的陌生人）（Wolf，1974）。王斯福进一步指出，神、祖先和鬼是家户和社区祭祀的对象，神与鬼代表社区的

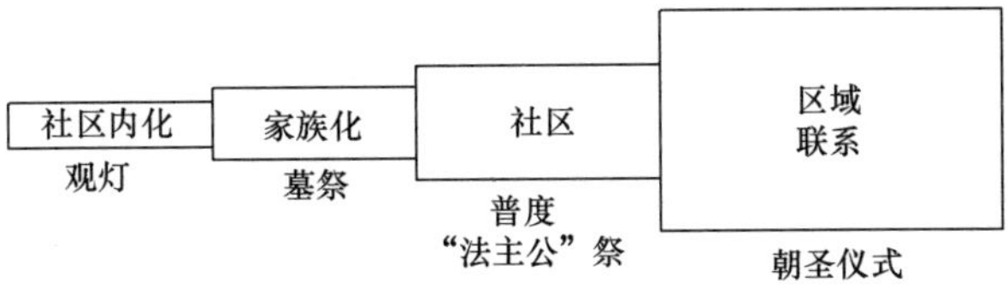

图 4.3　仪式与社会单位

外界范围，祖先代表家的内部一致性（Feuchtwang，1974）。溪村神灵崇拜的年度周期，基本上也是围绕神、祖先和鬼的类别组合起来的。但在这个地方，神和鬼这两个类别，并不被当成外在于社区的力量。当地人讲述的鬼神故事，让我感到，无论是“法主公”还是“孤魂野鬼”，与溪村人的历史命运都是息息相关的。由此，这些超自然的力量虽来自异乡，但通常被当成村庄的“局内人”来对待。

当然，值得强调的是，在溪村，神的崇拜不只是社区性的，还与一定的区域体系有关。明清时期，溪村的“法主公”是从一个大的区域（闽南山区的德化、永春、仙游、安溪）中引入村落的。并且，村神“法主公”的祭拜仪式是由地方性的诞辰庆典与朝拜仪式组成的，前者的主要内容是村落认同的强化，后者则是区域性的联系。普度祀鬼虽是界定村落边界的行为，但其举行时间由一定的区域（下安溪）约定俗成，因此，也有超社区的内容存在。过年的仪式，不仅包括家祭（灶神）和家族祠祭，还包括通婚范围内的拜年活动。社区祭拜，也存在非社区的内容。例如，观灯是一种对个人的定义。可见，民间祭祀的范围十分广阔，包容了个人、家户、家族（房支）、村落社区、通婚地域和文化区域。

第 5 章

公、私概念与道德理性

道德理性

进行溪村社区调查时，我的主要关注点是这个地方在 20 世纪中经历的社会变动。要理解变动，就要先理解社区的原来面貌。在上面几个章节里，我结合了文献、口述史和仪式传统的研究，从家族聚落形态、通婚地域、年度周期三个角度，分析了溪村陈氏家族的地方性制度与内外关系的衍生史。我们进行分析时采用的分类，并非所谓“社会事实”本身。对于生活在溪村的人们来说，地方性制度与家族内外关系的衍生史，也是一个整体的“符号事实”，是祖先与整个家族、整个家族与各个家户之间关系的表述。对我们而言，这一表述构成了某种“传统社会”的叙说，它言说着与“现在”这个概念不同的一个时代及其意义。

怎样理解那个时代的意义？百年来，人类学家、社会学家和历史学家付出了艰辛的知识性劳动。在劳动中他们发现，学者从农村社区里揭示出来的“历史”，代表着一种与现代社会不同的生产和生活方式。过去的小社区，人与人的关系是面对面的，他们生活的世界有机地结合在一起，通过血缘和地缘的关系脉络，形成具有“自然凝聚力”的共同体。乡民的社会，不需要像我们今天这样虚拟出一种超级社区来给自己的国民身份贴上标签，不需要为了消解职业和阶层的区分而耗费大量精力来创造国民的“超地方性”。他们只需要依据“祖宗的传统”，就能感受和传播集体意识。然而，乡民社会的这种“自然式”文化认同，或者说，这种被社会人类学家称为“小传统”的象征体系，是不是表明乡民这一古老的人群，与个人主义的现代人之间有着完全不同的文化性格？具有所谓“天然凝聚力”的乡民共同体，是不是因沉浸在“祖宗的传统”里而未能获得个人主义“理性”的启蒙？

对于怎样解释乡民社会和生产制度呈现出来的整体形态，学术界存在着激烈的争论。与早期的社会学理论相联系，一种看法认为，传统的农民社会是一种合作性的组织，其核心是社区的共同道德价值和制度。与这一看法相反，另一派学者主张，农民社会表现出对个人利益极度的关切，因而，农民并非十分注重社区共同的道德价值和制度，而是相当关心个人得失，对利益问题有着与现代人一样理性的判断。“道德社区”的解释，以詹姆斯·斯哥特（James Scott）为代表；“理性农民”的看法，以萨姆尔·波普金（Samuel Popkin）为代表。

在《农民的道德经济》一书中，斯哥特认为，在农民社会中，存在一种道德规范的架构，它产生于农民的生态、技术和社会环境。由于环境限制农村经济的发展，农业成为一种生计经济（subsistence economy），农民成为对外部危机和社区安全至为关注的人群。由于农业资源的限制，农民社区不得已过于注重社区利益。因此，农村的社会制度的设计，基本上是为了贫穷的村民集体生计的延续，而忽略个人的利益（Scott，1976）。这并不是说乡民是一群追求和平相处的人。在乡民群体中，矛盾通常十分激烈，人际关系中“争”的关系很平常。然而，在矛盾和斗争中表现出来的，更多的是对社会不平等的抵抗和对平权社会模式的向往。

波普金与斯哥特的看法相反。他在《理性农民》一书中提出，乡民社会并非真的建立在斯哥特所讲的再分配和福利保障体系基础之上。农民所关心的也并不是社区的共同生计与共同利益，他们的注意力更多地放在个人或家户的私人福利之上。农民的行为，基本的考虑在于能否为家庭和个人获得最大可能的利益。在乡土社会中，农民较为支持对私人有好处的事业，对集体的福利毫不关心，因为前者是个人利益的保障，而后者仅是对他人有好处（Popkin，1979）。

可以认为，“道德经济”和“理性农民”的理论之争，其重点在于乡土社会的“公经济”和“私经济”二者各自所占的比重有多大。斯哥特偏向认为，乡土社会的“公经济”较为发达，而“私经济”（如个人和家户经济）被置于次要地位，其目的是为了保障社区的共同生计。波普金的看法与此相反，认为农民与现代的“经济人”一样，对经济利益极为关心，因此其经济活动也基本上以家户—个人为单位。

我一直对“道德经济”与“理性农民”的争论保持着浓厚的兴趣。这是因为对于乡民的诸如此类的“观念形态”解释，潜在地含有能够说明现代性来临之前乡土中国地方性制度和社区内外关系面貌的观点。不过，这里我必须强调指出，溪村“公”“私”观念与关系的考察表明，简单地用“道德经济”或“理性农民”的理论去解释乡土传统都难以全面理解“现代化以前”的社会面貌。在溪村，“公”与“私”的区分是极端相对性的，两者没有截然的差异，不构成两个总是对立的固定类别。在明清时期，这两个方面是村落社区中互相补充、缺一不可的因素。村落的私人经济是公有经济的组成部分，而公有经济也是村落经济中家户和私人生产的重要部分。造成这样复合状态的原因，可能在于家族组织的性质：家族既是“公”的单位，也是“私”的单位。

公、私级序

“公”与“私”的概念在中国早已存在。古代中国有“天下为公”的理想，也有“人不为己，天诛地灭”的看法。这两种观念，初想起来是互相矛盾的。但是，在几千年的历史过程中，它们向来并存不悖。宋明“理学”对中国古代史后期有深刻的影响，它大力推行“秩序”“正统”“道德”等观念，倡导“知行合一”的理想人格，在民间也颇有一定影响。然而，乡土社会中的“公”与“私”的观念，却一直有自己独特的地位和自主性。它在特征上深刻地反映了民间的社会、文化、经济的整体性结合。

对于明清时期溪村的“公”与“私”概念，同样没有完整的文献记载。这或许是因为村民对“公”与“私”没有抽象的理论概括，而只是在实践的场合中表达出他们的态度。根据对地方语汇的调查，“公”和“私”两字向来不被独立使用，而只与形容和描述一定事物的名词相结合，组成其他词。因此，“私”字常用于如下一些词：

1. 私人：指个人和家户；
2. 私佛：指聚落房支和亚房的保护神；
3. 私厝：聚落房支与亚房的祖祠；
4. 私田：个人和家户的土地。

而“公”字常用于如下一些词：

1. 公厅：聚落房支的祖祠；
2. 公厝：家族的祖祠；
3. 公田：家族的公共农田；
4. 公业：祖先留下的产业。

“公”和“私”的范畴有很大的相对性（表 5.1）。全家族作为独立的整体与异族或村外人对照，被称为“自家人”，即“私”或“自己”的一个部分；对于聚落房支和个别家户而言，则转化为“公”的单位。聚落房支于家族而言，称为“私房”，是“私”的单位；而对于亚房和家户却被称为“公”的单位。亚房对于家族、异族、聚落房支而言，都成为“私”一级的单位；但对于家户和个人，成为“公家”，也与它们一同称为“家人”。家和个人的分别极小，家即“自己”，“自己”即“家”。

表 5.1　村落社会的公私关系

村外	公	公	公	公
家族—村落	私	公	公	公
聚落房支		私	公	公
亚级房支			私	公
家户—个人				私

从包含“公”字和“私”字的词汇和社会实践看，与公私之别有关联的事物有三大类：（1）财产；（2）事业；（3）社会单位。具体说，公产与私产有别；公业与私业有别；公家与私家有别。社会单位（如家族、房支、家庭等）的公私观，具体表现为家族既是“公”，也能是“私”；房支也可以是“公”，同时可以是“私”。同样地，财产和事业也具有这一特点。家族田产对于聚落房支、亚级房支和家户一个人，是公产；但是，对外，它们属于家族私产。房支田产对家户一个人是公产，但对家族是私产。村落的家族庙宇和佛像，对家族以下的单位是公产；但对其以上的单位是私人（家族）私产。村内的路、桥等设施，也符合同样的逻辑。

“公”与“私”的相对状态在村落认同中也存在。全村的象征（庙宇、村神、祠堂），对村民是公有的符号性事物。对村外，是全村共有的私有符号性财产。聚落的祖先和神，对全家族而言是“家先”或“私佛”，但对家户一个人是“族（祖）先”或“公佛”。[40]

溪村“公”与“私”的观念，随家族的形成而出现，并与家族制度有紧密的关系。20世纪以前，溪村就存在“公”与“私”的概念。但是，那时“公”与“私”的关系表现得十分相对，可以说两者的区分仅是相对的。如果说，“公”的产物是传统社会的“道德经济”的基础的话，那么，“私”的产物便是所谓的“理性农民”的追求。在这个家族村落，“道德经济”与一定的“理性人”（rational man）或“经济人”（economic man）的观念是共存的。我们很难以其中之一项，来描述当地的经济模式。原因主要在于，“道德经济”与“理性人”的共存，可能证明了乡土社会经济的两面性。探讨乡土社会经济的形貌，需要考察这个两面性。

公、私土地

以家族为社区组织形态的村落，原有的土地所有制并不是以地主与农民的阶级划分为标准的，不存在地主对大片土地的垄断和对耕作者的土地剥削（陈翰笙，1984：27—45）。明中叶以前，溪村的土地似乎较多为异姓的地主所占有。在民间传说中，陈氏家族的土地是从“谢百万”的手中夺过来的。但是，家族成立以后，土地即归全村分享，以家族对土地的拥有为特征。陈氏家族获得土地的过程与家族成长和聚落形成同步。

根据“土改”时的官方调查，从清代延至民国，溪村陈氏家族所拥有的农田约600亩，与《族谱》的记载相符合，而只是有细节之差异。[41]《族谱》与当地的民间传说，对这600亩农田的来历，提供了不同的解释。我在第2章已经论述过，村落农田之获得与一定历史过程中家族的成长与扩张有关系。家族发展过程中所获得土地在名义上完全是家族共有的，与地主经济中的土地所有制有很大的差异。到“土改”（1950年）为止，上述600亩农地实用面积仅达380余亩。其中，分为公田和私田两大类，前者占的比例比后者小，但也十分重要。

在380余亩的农田中，公田共有27.6亩左右。公田又分为三种：家族公田、聚落公田和亚房公田（房分公田）。家族公田主要有两块，一块在“法主公”庙前，一块在祖祠附近，各1亩多。公田还包括全村所有的“观灯田”，也是1亩多，农产收获用来作为“观灯”仪式（农历十一月）的财政基金。聚落公田依聚落房支的划分，分为三块（各有半亩），各位于聚落祖墓前面。每个聚落另各有一块农田（各约半亩）在聚落房支的祖厅前面。到清代，陈氏家族被分为十二房分（在此称亚房），每一房分各有一块公田，小至1亩，大到2亩。在每一房分祖墓前另各有一墓田，面积约0.3亩。[42]

私田所占的份额比例很高，共计达352.4亩，占全族所有田地数的92%左右。根据对家族中老一辈的调查，“土改”以前，私田是按家族的家户平均分配的。但是，随着家族人口的不平衡发展，土地分配状况也可能出现不平等状态。陈氏家族在获得600亩田地的初期，土地的分配可能是在几个房分之间平均瓜分。但随着各房分人口增长速度的不平衡发展，某些房分所掌握的土地人均占有可能比另一些房分少。一般而言，人口和家户数较多的房分，平均的土地占有量比人口和家户数少的房分为少。原因是分家析产的频次多必然导致固定的土地资源出现短缺。

史学家郑振满在研究福建明清家族史时指出：

> 明中叶以后，由于代代提留“祭田”已成为一种普遍习俗，导致了族产的持续稳定发展。清代后期，福建有些地区的族田可能已接近或超过私人土地的规模。至近代更是有增无减。根据土改时期的调查，福建各地的“乡族共有地”，在总耕地中都占有相当大的比重，闽西北地区约占50%以上，沿海各地约占20%—30%。（郑振满，1992：258）

这一结论得到安溪县土地改革时期（1950年）展开的调查的证实。依据“土改”资料，安溪县地方史专家陈拱说：

> 土改前，全县土地面积有476303.88亩，其中水425090.32亩，农地32344.24亩，其他18869.32亩。从土地占有看，地主占5.2%，半地主占1.03%，富农占3.74%，各种公田占17.54%，贫雇农占19.99%，中农和其他劳动人民占52.5%。（陈拱，1991）

从安溪县的全貌看，公田占的比重平均约在17.54%。但在溪村，仅占8%。这说明公田在农田中占的比例比一般水平低。但是，在这一村落，明清至民国还存在“公山”。根据民间调查，当时的“公山”大约有数千亩地，主要由陈氏家族占有，由该家族成员使用。因而，如果耕田加上山地，“公有”的比重远远超过私有土地。

私田的耕作，由家户自主，产品也由家户自己消费或出售。公田的耕作，则采用一种轮耕制度：全家族的公田，由三大聚落房支轮流耕作；聚落公田由亚房（当地称“房分”）轮流耕作；亚房

（房分）公田由房内家户轮流耕作。公山是由家族成员使用，用来做畜牧、燃料（木柴、干草）的生产。因此，家族的生产方式，包括私田私耕、公田轮耕和山地共用；产品包括稻麦和家畜。耕牛是主要的耕地工具，其占有方式以亚房（房分）为单位共有共用，放牧在公山。

从“土改”以前的土地占有和耕作状况的分析可以看出，陈氏家族的经济形态之传统类型，基本上可以说是一种乡土的“公私合营”制度，并非用阶级类型可以概括的农村经济，也不是“道德经济”（以社区共同利益为前提的经济）或“理性经济”（以个人利益为前提的经济）。这种特定的“公私合营”制度，以家族的公有化土地制度为前提而存在，但也相当全面地包容家户私人性质的生产方式。前者是以家族共同利益和一体化为目的，后者则以家户一个人的生计为目的。这两种经济方式的融合，主要是通过仪式制度性安排来实现的。

轮耕轮祭

农业生产周期的形成基础，首先是区域的地理和生态环境。历史上，溪村的粮食生产与该县的其他地区一样，适应当地的土地和气候条件，有两季稻谷和一季小麦。家户的主要畜禽生产品为猪和鸡、鸭。粮食、家畜、家禽的收获季节与当地的仪式日程对应。所收获的物资及家畜、家禽首先献祭祖先、村神和“孤魂野鬼”。其后，这些食品和收获的粮食经由居住在县邑的粮商出售给市场（本地和外县）。另一些由圩日交易售出或就地调剂余缺。[43]民间仪式的经济作用有两个方面：一是为生产提供一定的象征性保障（保佑）；二是调节当地收获季节与集市贸易的日程与圩日的关系。

更重要的是，村落的年祭仪式还提供一种公田轮耕和产品再分配的机制。第2章提到，轮祭制度的起源，与特定历史时期中家族的发展情况有关，其社会作用在于通过仪式的合作，使家族内部达到合作和一体化的效果。以往的历史学和人类学研究已经注意到社区祭祀的特点，并指出它们与一定的神庙分布（刘枝万，1966）、地域认同（许嘉明，1978）、人群分布（施振民，1975）、自然地理（庄英章，1977）、地方组织（林美容，1986）有着密切关系。[44] 但是，以往研究者大多忽视祭祀制度与乡土经济形态的密切关系。对溪村的祭祀地域（祭祀圈）和礼仪程序（仪式过程）的考察，证明轮祭制度与家族的土地占有方式、耕作方式、消费方式有更加值得重视的关联。

溪村陈氏家族的公共祭祀活动，可以分为庙（祠）祭、墓祭和“观灯祭”。从社会单位的规模观之，庙（祠）祭又可分为家族祭祀、聚落祭祀和房分（亚级房支）祭祀。墓祭也有同样的划分。“观灯”发生于每年农历十一月之吉日，是家族祭之一种。这些祭祀的财政支出的数额有所不同。家族的庙祭、观灯和聚落的个别庙祭，主要费用在于剧团和道士的劳务费。祠祭的演戏费用基本不存在，有个别的道士费用，主要费用在于家族宴会。聚落、房分的各种祭祀，费用多花在宴会上。

私人在节庆中的花费一般并不提供公益，而是被家户的成员和堂亲、姻亲所消费。大多数的公共费用来自公田的收入。因此，家族的公田收入提供给庙（祠）祭和观灯；聚落的公田收入供厅祭和墓祭用；房分（亚房）的公田收入供厅祭、墓祭用。

各级公田的耕种，采用轮值的制度（图 5.1）。

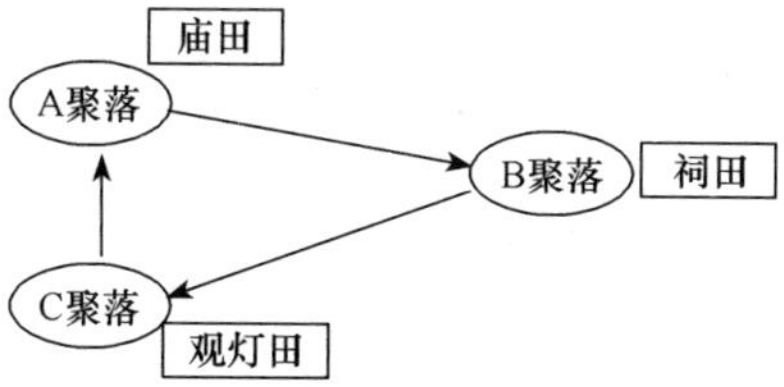

图 5.1　聚落轮值制

轮值的制度不止有一个层面，它包括聚落、房分、家户轮值三种：聚落（3 个）轮值家族之公田；房分（12 个）轮值聚落之公田；家户（上百个）轮值房分之公田。生产责任的分配十分平均。在溪村，陈氏家族共拥有三块家族公田，包括龙镇宫庙田、祖祠祠田、观灯田。每年三个聚落分别耕种其中之一块田并负责组织三种节庆祭仪（庙祭、祠祭、观灯祭）。次年，分工负责制持续下去，但各聚落的耕作任务发生调整。例如，原 A 聚落耕作庙田、B 聚落耕作祠田、C 聚落耕作观灯田；次年，A 聚落改耕祠田、B 聚落改耕观灯田、C 聚落改耕庙田；第三年，A 聚落改耕观灯田、B 聚落改耕庙田、C 聚落改耕祠田。三个轮值聚落的划分与房支的划分不完全一致。到清代房支的分布已打破聚落的格局。但村落分三个“角落”的做法被维持下去。其中的主要原因可能是为了公田耕作合作之方便。

聚落公田的轮耕，由亚房或“房分”执行，其基本方式与聚落轮值制一致。但是，由于各聚落所包含的房支数量不同（一个聚落有二至五个亚房），因此轮耕的周期不同，可以有两年至五年的周期。家户的轮值制最为复杂，其原因是家户所轮耕的土地为房分拥有，而房分中的家户多有几十户。为了方便，家户常被分为顶、二房或顶、二、三房，轮流耕作（图 5.2）。

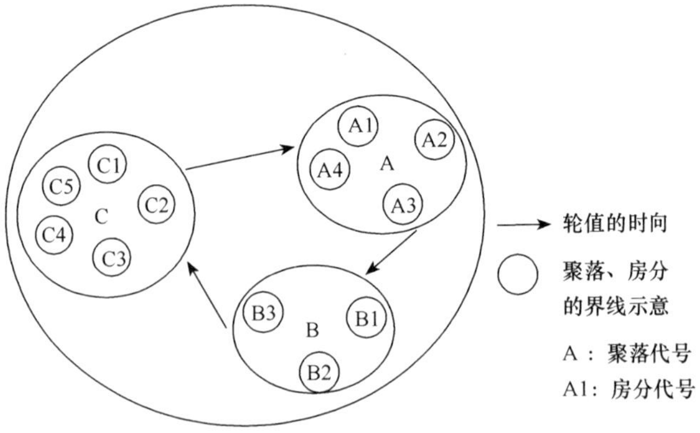

图 5.2　聚落、亚房的轮耕轮祭圈

由于聚落和房分所包含的户口太多，为了避免在轮值过程中出现人浮于事的现象，每年都在他们之中选出“头家”，以便具体执行轮值的耕种任务。一般而言，“头家”共八户。他们的选定是由道士“搏龟”（具有占卜性质的抓阄仪式）进行。“搏龟”的过程，是首先由各家户在红纸条上写上户长之名，把红纸折叠以掩盖户和姓名；然后统一交送聚落或房分代表，在“法主公”生日、祠祭、观灯仪式之中段间歇时间，交给道士，由道士用占卜道具向神问卜，选出神之选民作为“头家”。

“头家”的任务，是具体负责公田的耕种，收获季节一到，便把粮食送至县邑的专商，转卖到市场，所获的资金，由“头家”带回村中，作为聘请道士和民间剧团的费用。每一年，八位“头家”还需贡献八头整猪供祭祀所用。

聚落、房分的祠（厅）、墓祭也采用“选择”的方式（搏龟）产生“头家”。生产的责任形式与上述类似。但是，祠（厅）墓祭较少进行演戏且较少聘用道士，公田的产品一般以宴会的形式花费。族老—房长等家族首领在宴会上占优势地位，他们“吃大桌”，而一般的家族成员则“吃小桌”。这是一种不平等的公产再分配方式。

族产公益

以往对家族“公田”的研究，主张明清时期中国农村族产的存在，产生于分家时土地的提留或职业分化造成的“无耕地”的状况，并且以为族产的产生，目的在于维护家族地主经济和把家族转变为“经济实体”（朱勇，1987）。明清时期的溪村，从私田转化为公田的过程似乎并不存在。因此，谈不上“提留族田”。公私田的并存可能与家族的聚落形态同步形成。并且，与其说“公田”代表一种家族经济实体的存在，还不如说它代表一种地方性的民间社会合作意识和制度。从生产过程看，公田的耕作并没有采用“纳租”的方式，而是由家户轮耕。从消费的过程看，公田的收获并不受一定的家族长老或房长组织调控，而是由占卜选举产生的“头家”轮流控制，并消费在节庆的仪式、戏剧和宴会上。从更广泛的角度看，公田与社区仪式的关系密切，其用途主要是以其收获支付仪式费用。

当然，轮耕和轮祭的制度也不代表一种斯哥特意义上的“道德经济”。“道德经济”的基础是公共财力与象征的积累，但这种积累必须是花费在“以富济贫”的实践上的。而轮耕的制度并不排挤私人生产。私人化生产与家族公有化生产，是在民间祭祀仪式的制度覆盖下得以并存的。并且，民间祭祀仪式不仅包括“公”的开支，还包括“私”的开支。私产的粮食在祭祀仪式举行之前分成出售和提留。家庭的副业产品如猪与鸡鸭类，在祭祀后一部分留在家中消费，另一部分出售。而“公田”的产品以及“头家”的献祭品一般全部在仪式过程中消费。前者用于交换道士的专门化宗教知识，后者用于宴请全村村民与通婚地域内的姻亲。

总之，溪村家族的生产—消费过程，代表一种乡民经济的类型。用人类学家戈德利埃（Maurice Godelier，或译郭德烈）的话说，这是一种理性与非理性的结合（Godelier，1972），它包容社区仪式为了创造家族认同而支出的大量资源，又包容家户一个人的利益与经济合作的操演。这同时表明，家族既是一种认同感与意识形态，又是一种社会经济形态。

第6章
村政的“现代化”

地方行政

溪村地方性制度的形成和发展，与乡间的家族组织、通婚地域（姻亲的分布范围）及祭祀圈的关系最为密切。但是，这些组织与制度形态并非当地仅有的社会力量。溪村家族自形成以来，就与凌驾于村落之上的政府行政机构产生了关系。明清时期，陈氏家族的村落归属于当时的县级政府以下的里，它的级别相当于“里”级单位之下的“乡”。到了民国时期，保甲制度在这里得到实施，这个村子变成了一个包括数个“甲”的“保”。20世纪50年代初期，溪村成为区下面的“乡”。在“大跃进”与“文化大革命”期间，它一直是一个“生产大队”。1979年至今，溪村成为包括若干个自然村的“行政村”。

过去人类学家从事村庄的研究，多倾向于将村落看成是一种隔离于大社会的“封闭群域”（isolates）（费孝通，1985；2001）。几个章节的阐述已让我们认识到，像溪村这样的村子，与外面的世界并非不存在关系。除了由通婚地域表现出来的区域联系外，这个家族村落还与政府的村政机构有着密切的联系。因而，研究这种联系的变迁，成为我的溪村研究中必不可少的内容。

怎样研究一个小小的村子与更大的组织机构之间的关系？在进入田野工作阶段之前，我已做了一些理论上的准备。我在导论中已提到，研究中国的人类学家，曾满足于村庄内部组织和制度的描述。直到20世纪50年代，他们才将侧重点放在村庄与更大范围的“大社会”之间的关系。在这个研究方法的转变中，汉学家施坚雅提出的区系模式，曾起到过推波助澜的作用。施坚雅关注两个过程：一是村落（包括家族村落）在经济、社会发展中与市镇联结的过程；二是区域中心（如府、县）把基础组织统一起来，使之成为超地方的社会、经济、政治、文化组织的过程（Skinner，1964–1965）。对他而言，我们这里关注的村政，其意义主要在于为国家行政提供区域性的社会基础。

需要补充的是，除区域理论外还有一种研究，它企图从村落本身出发，探讨官方的行政对村落内部的权力分布的影响。例如，哥仁·阿依米尔（Gören Aijmer）等人主张，必须以村落领导权（leadership）为焦点，探讨行政制度中的村级组织被改造为村落内部权力的过程，探讨政府任命或承认的地方权力与当地制度的重叠关系（Aijmer ed.，1984）。

另外，也存在第三类型的研究，它把村政的演变看成是反映“有规划的社会变迁”的结果。这类研究与早期关于乡土传统与都市行政中心之间关系的论述有类似的理论关怀，但比较注重社会变迁的外部影响。费孝通的《江村经济》一书比较早就提及这种看法，他预见了地方行政制度在工业化过程中不断增强的可能，且认为，民国时期的保甲制度效果很小，但隐藏着一种谋划社会转变的势力（Fei，1939：106–116）。持同样看法的，还包括近年对内珠江三角洲有深入研究的萧凤霞（Helen Siu）。在她看来，几十年来中国农村的变动与政府对村落的行政干预关系莫大（Siu，1989）。在详细的资料呈现中，她还为我们解释了新创的地方行政制度和国家意识形态对于农村社区权力结构的深刻影响。

在考察溪村的村政与地方社会时，我受到了上述著作的启发，同时，还受到了社会学家吉登斯的民族国家理论的影响。吉登斯认为，为了分析之便，我们可以把国家的发展史分成两个大阶段：传统国家（traditional state）阶段和现代的民族国家（nation–state）阶段。他承认，从传统国家向现代民族国家的转变，有其一系列的国际关系、经济、文化的特征。但集中考察国家演变史对基层组织的影响，吉登斯则明确提出，传统国家的社区控制力比较弱小，而到了现代社会，基层社会的控制得以大力加强，并成为国家控制社会的基本手段。在传统社会，社区的社会、经济、教育、文化诸方面具有浓厚的地方自主和社区自发特征。到了民族国家时代，这一切成为超地方的、全民性的事务，它们的形态直接由国家中心的行政力量来塑造（Giddens，1985）。

在欧洲，民族国家大约成熟于17—18世纪，而在中国，类似体制的因素可能很早便存在了，从“大一统”时期看，这种国家形态大抵出现于明清，是中国传统国家的晚期形态，它为了应对内外社会危机，曾对地方政权加以强化。晚清时期，民族危亡的意识，已进一步催生了强烈的国家意识。但政府对基础社会直接干预的实质性发展，开始于民国年间。这一点，我们可以在民国期间村政的发展史中得到认识

明清村政

前面说到，溪村陈氏家族祖先是明初移民到安溪的，而且当时这个家族的少量人口依附于邻村同美。也就是说，直至明初，溪村仍不存在，故而，它的家族也就不可能是一个行政单位。但是，明初溪村没有家族和村政，并不能说明下安溪这个广大的区域直到那个时代仍是政权空缺。

溪村所在的安溪，早于五代后周显德二年（955）建县，称“清溪县”；宋宣和二年（1120）改为“安溪县”；宋宣和三年（1121）改为“安溪”；之后，一直称“安溪”。对于宋以前溪村（教美乡）所属的安溪县的村政制度，没有具体的历史记载。因为县制初立，所以当时的村政可能较为松散。宋代以后，安溪县以下的行政单位称都、里、乡，至清以前一直保持比较稳定的状态。[45]

明以前，安溪析为四乡，领16里，18都。也就是说，宋元之间，乡为县以下最大单位，里次之，都再次之。明初沿袭元制，分四乡，16里，不设都。明正统（1436—1449年）以后，地方行政制度发生了很大的改变，里变为县以下最大单位，乡次之。到清代，安溪共有18里与424个乡。里又分为上、中、下，各包含6个里。乾隆版《安溪县志》记载，教美村（即溪村）在当时称“教场尾乡”，称上六里中的永安里。[46]

至迟到明中叶以后，溪村陈氏家族村落已列入国家的村政版图之中。对于明清时期该村的村政制度，并无清楚的文献记载，《族谱》因为把注意力集中在家族世系的记录，更未提及村政。可以推测，当时的村政可能是以家族制度为手段，与之不可分割。宋以后，由于程朱理学的影响，朝廷逐步允许古代宗法制度的民间化。从全国范围看，利用宗法制度的民间变形——家族制度——实施地方统治的做法，在当时已越来越普遍。在中国东南地区，这更有集中的表现（片山刚，1986）。对明清福建山区和沿海地区家族历史的研究，已经证明当时宗法制度已被民间广泛接受，成为“庶民化”的社会组织和祭仪（郑振满，1992：227—241）。在包括安溪在内的闽南地区，这也毫不例外。乾隆版《泉州府志》引万历版府志言，“四民各修其本业，居恒绝不为宴臬，吉凶仪节，多依朱子家礼”。[47]万历版《泉州府志》又说：

> 祀礼之先，必极其诚，百人之族，一命之官，即谋置祠宇祭田，霜露岁时，非丰洁不荐，下至市井小民，家设主龛，务求宏丽，凡厅事位置，必先祖而后神。[48]

以家族制度为基础的村政制度，其权力的象征和约束来自祖先崇拜。这种权力具有很大的地方自主性。这是因为祖先及氏族所代表的权力和社会秩序仅对家族以内的人起作用，在家族以外很容易被视为子虚乌有之物。明清时期的村政，在名义上有严格的权力界定：乡对里负责，里对县负责。可是，这种有行政等级的负责制有其局限性。乡实际上是“族”或“家族”，其实质是“乡族”，而非里级以下的单位，它本身的力量可大可小。在乡族内部，没有超族系的行政力量，社区的自我约束来自世系的等级结构。

乡族里的行政长官不是专职的，且可以说是业余的。最高权力机构是“尊长会乡之耆老”，执政人员是“乡贤”或“族贤”。前者完全以世系的辈分决定，后者与个人的才华和力量有关，但其成长依赖于乡族社会对他们的赏识。因此，我们可以认为这两种权力均无超越本地的力量，而是根植于本地化的家族制度。

同时，乡族并不依据自上而下传播的“法令条文”来控制社会，而是订立“乡约”来对社区和个人加以约束。“乡约”的制定起初可能发源于某些大家族的“族贤”，制定以后受各族模仿，稍加修改，广为传播。[49]有个别的乡约是由知县草拟，供各乡引用，但力量甚微。[50]乡约的内容大抵是今人所称的“习惯法”，含有各类家族礼仪规范及处理村社内部纠纷、对外关系、偷窃等问题的条例。

对政府而言，以家族为单位的村政制度，是一种间接的社会控制方式。政府对村落和地方社会的控制是通过对自发的地方性家族集团的信任而展开的。这种行政方式，给家族村落的发展提供了如此大的空间，以至于家族势力不断地从中央集权中分离出去，形成地方性的社会、经济、政治制度。从陈氏家族的例子来看，明清基层社会的土地所有制、社会经济合作制、家户经济、仪式的发展，都是民间社会和区域文化内部的关系调整的结果，与政府的政策和行政的距离甚远。从政府的意识形态看，宗法制度的民间化是为了延伸中央集权对民间社会的控制。但是，这一政策的客观结果，是导致民间社会（如乡族组织）的大量发展与势力延伸，从而削弱了中央集权在地方上的势力。溪村陈氏家族在明中叶以后的扩展在一定意义上证实了这一矛盾统一的历史进程：在明初，陈氏家族的先辈可能仅是散居的“军户”，由于“宗法制度的民间化”，它成长为一个聚族而居的家族，并具有处理内部、外部事务的社会独立体。

民国保甲

到20世纪上半叶，溪村的村政制度发生了巨变。那时，保甲制度取代了明清的乡里制度，并导致村落社会秩序的结构性改变。保甲制度的发明，始于宋代；明清时期，在全国范围内的许多地方亦有实施[51]，但其制度化和扩大化集中发生于民国期间。保甲制度强化的历史背景，是辛亥革命以后中国民族国家的形成以及对“现代化”的全面寻求。吉登斯认为，现代民族国家的一个重要基石是行政力量（administrative power）的强化，而行政力量又包括对社会活动信息的储存与人们行为的直接监督两方面（Giddens，1985：172–197）。民国期间，保甲制度的强化，适应的正是这两方面的要求。

民国保甲法在安溪县的实施于1934年才正式开始。其前身为《县组织法》（1928年）中的县、区、村里、闾邻制度和《县自治法》（1934年）的县、乡镇、闾邻制度。1934年5月开始实行的保甲制度，以10户为甲，10甲为保，10保（及10保以上）为镇（或区）。在1939年的《县各级组织纲要》中，改名为“乡镇保”制度，但实质内容与保甲制度雷同。在村落行政中，保甲法直到1949年以后才被新的地方行政制度所取代。

保甲法的实行，打破了乡族政治的格局。在溪村，原来以陈氏家族为地方权力重心的乡族政治，被输入了异姓的因素。约在1932年，陈氏族村的近邻，以李姓为主的法石村，被划归同一保，教美与法石合称“美法”（即我所指的“溪村”），此制沿袭至今。从此以后，溪村成为一个包含两个以上家族的“保”。在保级机构之下，设立10甲。一般规定，10户为1甲。但当时溪村甲的户数可能大大超过10户，而以聚落为单位。但是，甲的制度与民间的“房分”并不对称，而是打破了“房分”的基本格局。

随着保甲法的实行，村政制度走向了规范化。明清时期，如果说有村政存在，那也是由非正式的权威人物（如耆老和族贤）来行使权力。相比之下，到了民国保甲法出台之后，出现了保长、甲长的任命。每保设保长，每甲设甲长，保、甲长的担任者不是族、房长，当时族、房长已退居二线。取而代之的，是一批直接由官方任命的新式权力人物。据老一辈村民回忆，民国期间，溪村保相继被任命为保长的共有四人，其中一人是当地有名的“拳头较大”（武力强）的，并且有许多兄弟的人；两位比较有财力；一位是乡间文人绅士。这四位保长均非乡耆老或族中承认的乡贤，而是被县镇政府看中的地方代理人。在保中，设保长办公室。在保级单位之上，设立“区公所”。

保、甲和区的权力，对村落的社会、经济、政治实行直接干预，并对上级行政单位负责。其任务包括：（1）户籍登记；（2）税收；（3）当地警务。户籍登记是一种社会信息的储存方式，其政治功能是控制人口移动和地方活动状态。税收是对地方经济资源的剥削，使之转移至中央，成为民国时国家的经济基础。当地的公共治安是为了进行地方活动的监督和对违法者的惩罚。这些方面完全符合现代政府行政力量的界定。保甲法的实施，在一定意义上意味着明清时期以乡约为象征的“伦常式”村政向社会经济控制型村政的转型。

不过，应该指出，民国期间保甲法的创设并没有致使家族制度走向消亡，而仅仅意味着家族作为一种村政制度被新的政区和权力结构所取代。家族的组织、区域网络、经济功能和仪式相当大部分得以保存。家族认同感、通婚制度、轮耕轮祭制度基本上因袭旧法。再者，保甲制度并没有触动乡族势力的社会根基，而是为家族的持续发展提供了一定的生存空间。例如，保甲长是通过“保民大会”选举，由县政府批准加以任命的。他们虽然代表新一代村落权威人物的成长，但是由于是在本地选任，所以代表一定的地方利益，与家族的权威是互相糅合的。[52]

新式村政

民国以后溪村经历的村政变化极为繁复，行政区划的调整共计发生22次之多（陈拱，1990），这里我无法一一描述。1949年，村以上的行政区划，还沿用民国时期的办法。但是，从1950年起，新型的行政区划便得以实施了。从那时起，村政制度之变化，可分为三大时期来看：（1）区乡制度时期（1950—1958年）；（2）公社、大队、生产队时期（1958—1984年）；（3）乡镇、行政村自然村时期（1984年至今）。在这三个时期中，村政制度有各自的特点，但从总的发展规律看，可以发现现代国家的地方行政在过去的半个世纪中走向完善的历程。

1950—1958年之间，溪村所在县以下的行政区划分为区和乡。起初，全县只粗略地分为4个区；经过几年的不断变动，到1958年已细分为24个区，体现了20世纪50年代行政区划的深入发展。在区级以下，设立乡，其行政范围超过民国时期的保。当时，溪村所属的乡共包括3个村和一个农场。这3个村是：勤美、同美、美法（溪村）；原来这些村均为保一级的行政单位。1952年，为了使行政力量更加有效地运作，这三村一场改为三乡一场，直接归区领导。1957年后，高级社制度实施，溪村按家族聚落分为4个高级社。

1958年开始实行公社化制度，当年上半年刚成立的28个乡镇，被归并为9个人民公社。经两次变动，到1965年，全县分为15个人民公社。这个制度沿用到1984年4月。在公社制度的20余年中，县以下的行政单位包括公社、大队、生产队。溪村当时被归类为大队，其管辖范围比50年代初期小，只包括教美和法石。全大队被分为17个生产队。大队设大队长、副大队长和党支部，每一生产队设队长。

1984年4月，根据中共中央、国务院中发〔1983〕35号文件和闽委办〔1984〕4号文件，安溪县实行政社分开政策，并将原公社改建为乡镇政府，共分17个乡。1987年，又归划为19个乡镇，这个制度沿用至今。1987年以来，溪村归属凤城镇，为行政村，下面包括7个自然村（以聚落为单位），17个村民小组。

除了“文化大革命”时期（1966—1976年），1949年以来的村政制度体现了政府农村社会控制制度的大幅度加强。对家族村落格局的打破，基本上延续了民国时期保的划分，而把不同姓氏的家族合为一村。但是，在大队或行政村（1950年代的乡）以下，所设的行政单位，基本上符合明清时期家族聚落的划分。房支聚落在高级社时期即是“高级社”，而在公社化时期被划分为生产队，以亚房或“房分”为基本单位。目前，行政村以下的自然村，即是明清时期的聚落房支，而村民小组也基本上与“房分”对应。[53]

半个多世纪以来，村落内部的权力划分，与乡族制度时期（明清）相比，发生了很大的改变。原来的乡族社会主要以耆老与乡贤为地方权力代表，官方与乡族社会的关系的中介是地方长老与绅士。随着历史的发展，官方权力在地方的代表有两大集团：（1）地方共产党支部；（2）村落行政委员会。目前的村党支部共五人，分管村落的政治、宣传、组织。村委会共五人，总管财政、文书、会计、地方治安保卫。这两大集团被当地人称为“两委”，是地方上正式的政治权力。党支部委员由党员选举、上级审批，届中空缺可直接任命村支书。20世纪80年代末以来，村委会依据“村民自治”的规章直接选举产生，由镇政府授权。

村政变迁

为了更清楚地了解一个世纪以来溪村村政的变化，我们可以把溪村的权力进程划分为三大阶段：（1）乡族时期；（2）保甲时期；（3）新村政时期（表6.1）。比较这三大时期的变化，可以发现明清时期的家族在民国保甲制度中被改造成保的组成部分，此后这种状况一直保持至今；聚落房支这一级的组织在民国时期不被官方所承认，但20世纪50年代末期以来，成为“高级社”“自然村”。亚房（房分）在民国期间与甲的组织重叠，现在与村民小组重叠；家户一直是户口注册的单位。

表 6.1　村落组织的改造

乡族时期	保甲制度	行政村时期
家族…………………………	→与异姓家族归并为保………	→与异姓家族归并为行政村
聚落房支……………………	→不被承认……………………	→与自然村等同
亚房（房分）………………	→与甲重叠……………………	→与村民小组重叠
家……………………………	→户…………………………………	→户

村落政治权力的形成在近百年来也发生了相应的变化（表 6.2）。非正式的政治权力是乡族的耆老和乡贤，这些权力集团在明清时期十分重要，民国时期受到初步削弱，到 20 世纪 50 年代以后成为非官方权力集团。在明清时期，正式的村落行政官员并不存在，民国时期任命的保甲长是最早的村政官员，目前的党支部和村委会成为正式的权力代理人。

表 6.2　村政权力的变迁

	乡族时期	民国时期	行政村时期
非正式权力	耆老…………………	→延存………………………	→延存但减弱
	乡贤…………………	→延存………………………	→减弱但延存
正式权力	不存在………………	→以保甲长为代表…………	→以“两委”为代表

村政制度和地方权力分布的变化不是近代乡土社会变迁的唯一原因，但这一变化十分重要。原因在于正式的村政与权力的创立，使得政府在地方社会有直接的代理机构和人员，通过他们，政府可以把政策直接在乡土社会中贯彻、实施。百年来，溪村的社会文化变迁，与自上而下设立的正式村政力量的存在有莫大的关系。

近代以来中国乡土社会的变迁，首先是源自西方文化对中国的全面冲击。在这一冲击下，中国于 20 世纪初成立了现代型的民族国家。这个新的国家一方面试图保持民族的传统与认同感，另一方面企求现代化的转变。自 20 世纪初以来，为了实现民族国家的现代化，中国对基层社会的政权进行逐步改造，并试图通过新的基层政权对社会—文化的变迁做出规划。这一系列的运动导致了全国性的社会变动。大卫·莫津哥（David Mozingo）和维克多·尼依（Victor Nee）指出：

> 在（中华）帝国时代，地方与国家的权力关系是由绅士进行调节，绅士把政府的地方行政（最低一级的政府）与地方社会联系起来。封建帝国并没有能力直接把它的权力贯穿到地方社会，当时中央与地方的关系十分微弱，而且地方具有相当大的独立性。在社会主义时期，国家在地方上建立各种各样的组织，使其自身能够与地方的社会和经济过程联结起来。国家对村落的组织性渗透，使国家能够充分地利用村落的人力和生产资源。更重要的是，它提供了一种渠道，使得国家有可能在村落里推进社会变迁。（Mozingo and Nee eds.，1985：22）

溪村的材料，基本上符合这一观察。国家力量在村落里的延伸起始于民国时期，而强化于1949年以后。这近百年的历史，也是这个村落的历史。

第 7 章
在村落中塑造"公民"

农民或公民

20 世纪上半叶的 40 多年中，中国社会发生了许多变化。政党政治出现了，"革命"的观念创造了某种"革命的后果"，使改造中国的理想寄托在新政的希望之上。知识分子的社会理想模式各有不同，甚至可能分支为"封建"和"集权"民族主义两种（Duara，1995）。早在 20 世纪初就有学者指出，中国的文化多样性与政治一体性之综合表明"民族国家"的欧洲理想在中国必须得到再思考（王铭铭，2000：40—69）。然而，欧洲式现代民族国家的模式，逐步在中国的政治观念中取得"文化霸权"（hegemony）地位。民国的创建，是现代民族国家理想模式的初步胜利，而不是胜利的终结。辛亥革命以后，在并不稳定的政局中，传统帝制下分散的社区，开始得到并不成功的重新组合。

在上一章里，我们已经说到，地方行政力量在现代民族国家建设的潮流中得到了加强。除了这一点之外，20 世纪上半叶，还出现两股潮流：其一是对旧的社会经济体制的改造；其二是大众文化或公民文化（civic culture）的传播。诚如杜赞奇（Prasenjit Duara）指出的，建立民族国家的努力，更为集中地表现在政府改造传统社会经济、直接干预地方财政制度、以"新学"替代传统社区文化的努力中（Duara，1988：3-4）。同时，我们也需注意到，因为战争频繁发生，国民政府无力，民国期间一系列"规划的社会变迁"实际上无法完全取代乡土传统，而可能为区域性的传统权力网络所吸收。早在20世纪30年代中后期，费孝通已在江苏农村看到，民国保甲制度是为了在全国各地实施“规划的社会变迁”，它代表“正式行为与思考方式”与“国体一体化”的产生。但是，由于不符合民众意愿，而未达到规划中的“理想”（Fei，1939：106–116）。溪村的民国史料进一步表明，那个时代现代与传统之间的矛盾是严重的，而传统也在文化矛盾中表现出了值得注意的“顽固性”。

社会经济

现代民族国家的社会经济基础，是“不断增长的国民经济与民生体系”（Gellner，1983：24–28）。民国时期住在溪村的乡民，开始看到一种国民经济和民生体系的来临。那个时代，在社会经济范围，出现了大量的政府干预。行政力量向村落渗透，目的是为了在村落中造就经济形态和福利体制。政府的税收、民间行业的商业化和政府农民贷款的出现，体现了这一“新政”的特点。

那时溪村的社会经济变化，首先表现在国家税收的增多。经历过历史的老人说，民国时期“税多”。据安溪县档案局的资料，民国时期除了向农民征收少量的农业税之外，还征收屠宰税、营业税、契税、房捐、营业牌照税、使用牌照税、筵席及娱乐税等等。[54]除了税收之外，还存在名目繁多的政府“摊派”（包括军用、政用、民用“摊派”）。由于国民政府对传统的租佃制度不加干预，加之地方政权不稳固，因此，农业税征收得不多（“抗战”胜利后，这里曾实行“二五减租”政策，以限制个别地主的收入，提倡农业生产）。除农业之外，商业和民间的庙会，税收相当高。对商业的征税，主要是通过工商业牌证的控制。对征收庙会的税收，则更多地依赖保甲长的力量，税项包括屠宰税和祭祀税等。为了适应日益繁重的税收工作，民国期间增加了大量商业管理和税务管理部门。

其次，民国期间，安溪地区也出现了政府干预下服务行业的大幅度发展。特别值得注意的是，那时的政府采用商业管理的方法，将传统的服务业改造为受政府控制的“联合公司”。在下安溪区域，一般村民中除了从事农业的，传统上还有一部分人口从事商业和交通业。他们顺蓝溪北上达湖头镇，交易农产品，南下入晋江，以农产品与茶叶换取渔盐。[55]为了向服务行业征税并鼓励服务业集约化，县国民政府在施政期间要求从事船运业的个人必须实行集团化，直接向政府管理部门登记。县政府将溪上的船运业纳入政府的控制范围内，然后向民间招标，由公司人承包大量的船只和运输业务。集约化的措施，导致一批经营集团出现。同时，由于服务业有利可图，许多农民弃农从商。到1948年，溪村陈氏家族已拥有102条木船，约30%的人口从事船运业。[56]

其三，民国期间社会经济的变化，还表现在政府对农村福利事业的直接干预。明清时期的溪村，如果说有什么公益事业，那也只包括公田的共同拥有与使用和亲戚之间的社会互助。这是一种自发的、非制度化的公益事业。到了民国时期，政府采取措施建立政府银行农民贷款处、农业生产贷款项目和“合作社”。农民贷款处原设在县政府，20世纪30年代改由农业银行经营，主要业务是向贫困户提供低利息贷款。由于政府对此拨款较少，因此得到贷款的农民很少。农业生产贷款的主要内容是在播种以前借贷一定款资给农业生产者，由其购买粮食种子，收获以后以一定资金回收。[57]“合作社”以村公所的管辖范围为单位，将全县分为78个“社”，由“社”进行民间资金筹集，形成农业股份制，用于发展造林、植果、种茶等地方性的生产活动，社员均经县政府培训。[58]

税收的增加以及生产、商业和社会福利的提倡，与“不断增长”的国民经济的追求有着密切的关系。这三项政府干预，在民国以前是不可思议的，到民国时期则成为施政的主要内容。按照理想，一度属于朝廷“再分配”条件的赋役，到民国应成为“国库”的税收来源。商业化的提倡，造成市场对经济的刺激，使“增长”可以实现。福利制度的政府干预，其口号是发展“民生”，实质是通过政府干预，造成一个具有现代面目的“福利国家”。

文化的监察

随着现代行政力量的扩张，那时的乡村社会中还出现了大量的专业化警察。警察的产生，是新的民族国家为了将社会标准化而创造出来的工具（Giddens，1985：103–115）。民国期间的安溪，保甲范围内的公共安全，基本上由村公所的人员负责。但县镇均设立专业化的警察所。中国历史上并不是找不到“警察”的前身。然而，民国警察的大量涌现，不能不说是一种新现象。从事这个职业的人们除了保障公共秩序和对“越轨者”进行施刑之外，还协助政府创造大众社会所需要的文化标准，俨然成为现代文明的维护者。

根据1939年发布的《娼妓、婢女、缠足、穿耳、迎神赛会、赌博等等之取缔办法及实施概况》，当时警察不仅执行刑法，而且也承担消灭旧风俗（如雇用婢女、缠足、穿耳、举办迎神赛会、赌博）的任务。[59]据该文件的记载，民国时期，安溪县遗留大量的旧俗。由于在旧文化中妇女的地位低下，因而大量存在童养媳、溺女、婢女、缠足、穿耳现象。为了改造这些“陋俗”，政府鼓励开展农村新生活运动。同时，命令警察严格监察，发现有违新生活准则者即加以强迫改造。

迎神赛会和赌博，也被列为旧文化的残余。迎神赛会是民间信仰的集体表达，代表一定的民间意识形态、地方认同、地方性家族制度及区域联系。它们与新的“三民主义”文化有冲突。国民政府认为，迎神赛会是当地“民气闭塞、迷信观念甚为普遍”以及“浪费”的表现，因此常出动警察加以制止。赌博被列为与迎神赛会相同的“陋俗”，也同样成为警察攻击的对象。

警察对风俗改造的直接干预，是新的文化政治出现的标志。诚然，对“民俗”的敌视，绝对不是民国时期才有的。过去的“移风易俗”，已通过里社的“乡约”来实现，目的是贯彻朝廷的“教化”，推行儒学的“雅文化”。比较而言，民国时期，文化干预的方式出现了较大的改变。政府对旧俗的禁止，主要目的是为了建立新的生活方式和意识形态。其中，培养国民的“理性”是其关键内容。所谓“理性”，是西方启蒙时代以后的产物，它鼓励对“科学逻辑”的信仰，反对“迷信”。为了催生“理性”，民国政府提倡一种接近于全球化的“伦理”，试图在农民中造就“公民意识”，让农民感觉自己是新国家的组成部分，在生活习性上不能太不同于新国家的总体文化面貌。

“科学”下乡

新出现的文化创造之中，最引人注目的，莫过于乡村的新学。在中国，新式学堂出现在清末，但当时尚未普及。民国政府则广泛推广国民基础教育。在农村地区，政府鼓励用西式学堂取代私塾。当时安溪地区建立现代中小学的工作包括两大部分：一是严令关停私塾；二是利用地方积累和捐款建立新学。乡村中小学采用教育部新编教材，重科技和社会科学，反对“四书五经”。官方为取缔私塾而给出的解释是，私塾的教育内容不符合现代公民的需要。如，1937 年一份地方政府文书说：

> 本区备塾师之出身，大部系受过去之旧教育，其所采用之学科，均为古书，如“四书古文”“应用文”之类，借以迎合一班乡老之需求。[60]

私塾停禁之后，政府鼓励民间兴学。从而，20 世纪 30—40 年代，安溪县内出现了一大批新型的中小学。1931 年，溪村也成立了一所现代小学，称“乡立教美国民学校”。[61] 国民学校的成立，是民国时期文化变迁的一大内容。教育是社会再生产（social reproduction）的途径。新型学校的提倡，显示了政府对于社会再生产模式之改造工作的重视，也表达了国民政府对于现代文化的期盼。正规的现代学校教育的落地，发生在欧洲民族国家产生之后。在传统社会中，教育是社区生活的一部分，社区的仪式和传统是教育的主要内容。但民族国家兴起以后，产生了“国民教育”的概念，使教育成为全民的事，导致社区以外的文化和知识取代社区的传统（Gellner，1983）。乡村新学校的成立，反映的就是这一过程。

在1931年以前，溪村只有个别私塾先生，受教育的人数不多，而且教育内容是“四书五经”和为人处世的哲学。私塾教育主要是一种道德教育，与科举制度相联系，成为朝廷吸收政治人才的渠道。国民学校成立以后，科学（算术）和语文、地理等知识性和技术性的学科，成为教育的主要内容。其结果是，“普遍性的高层文化”（universal high culture）在乡村开始产生影响。这一新文化，在农村的一定人口中创造了一定程度的“公民意识”和“国家责任感”。同时，由于学校空间在乡村中的创置，新的社会关系出现，“同学关系”得以产生。

传统的延续力

民国期间，政府在溪村一带所实行的社会经济和文化政策，从一个地方性的侧面，体现了当时现代民族国家建设的“政治理想”。社会经济政策（比如征税、集约化、国营公益）设计与实施的目的，是创造“国民经济”，使经济从皇帝和社区、阶级所有制，转向“国家中心”的经济和财政制度。文化控制手段和警察职业的出现，是为了造成全民性的文化标准，实现社会对于“越轨行为”的控制。新学的初兴，是为了向乡村社区输入现代文化和社会再生产方式。总之，这一系列的政策，都服务于全国性的“大众社会”的建设。

然而，“大众社会”是否真的像它的设计者希望的那样成功地替代了“乡土性”呢？必须承认，由于政府竭力推动，当时的地方社会的确呈现出一派文化新景象。农民和乡绅在他们的身边看到了新的“公共建筑”——包括村公所、警察站、学校、税务局——的“出台”。但是，有充分的证据表明，政府把小社区转变为现代民族国家“大社会”的企图，并没有成功。在实施社会改造政策时，当时的政府机构主要依赖地方士绅的力量，士绅是在乡族文化中成长起来的，与家族制度维持着相当紧密的关系。在闽南地区，士绅与家族势力长期以来就是相互连接的力量，它们一旦得到保留，就能维持当地乡土传统，为它的生存创造空间。所以，民国时期，溪村的家族制度、通婚习俗、仪式，以及公、私经济等均得到保留，人们所看到的新文化，无非是它的表面形象。地方的年祭、村神庆典、祖祭都完整地保存下来了。政府征税依赖的势力是保甲长，而这些人均出于陈氏家族，不可能全面响应政府的号令。政府禁止“迷信”的运动，也未能损伤到家族祭祀制度的根基。族/房组织仍然在地方权力分布上占主导地位。

值得一提的是，教美国民学校的成立，俨然是乡村走向文化现代化的标志，但是这个历程却是曲折的。由于家族文化具有很大的包容能力，“新文化”面临被家族势力实行“反改造”的危机。国民学校于1931年成立，由于管理不善（管理者为政府派来的外族人）而受到地方民众的抵制。几年后，陈氏家族选择适当时机以家族势力为领导重新把学校办了起来，任命本族人员为校长。此后，小学的财务和管理，基本上是由陈氏家族的族房长负责的，资金来源也是陈氏家族的“公田”和家族成员的捐助。[62]关于这个改造与反改造的过程，溪村“族贤”给县长的一份呈文，淋漓尽致地反映了家族对于新学堂的渗透，值得引以为参考：

> 窃以教育为立国之本。际兹抗建时期，小学教育尤关重要，苟非亟谋普及，党国前途必受影响。向故振兴教育实为急需之务。
>
> 安（陈春安）等生长乡僻，素感本乡文化低落，欲期文化

程度得达水准，亟宜创设小学以起直追。窃乡于民国二十年原设有教美小学，后因主持不当，失却乡民信仰，至二十三年停办，迄今失学儿童约超百人以外，极宜设法兴办以速救治。乃于八月一日召集本乡热心教育人士与各房长协议，议决应行续办并改校名为“乡立教美国民小学”。安等被举为筹备委员，当即组织筹备委员会进行一切开办事宜，迄今大致就绪。开办费经由安等乐捐六十元，经常费除收学费外由本乡公产（田园一百栳抽拨五十栳蔗铺租），遂月可达一百元。校舍决假于龟山旧校址（即前溪村小学）。各项设备除前溪村小学原有设备外，不足者亦经陆续增设，已可达普通标准。

此理合备文呈请，察核准予备案谨呈安溪县县长陈。

安溪县第一区乡立教美国民初级小学筹备委员会陈春安等……[63]

第 8 章
乡村与政治运动

运　动

人类学家从事乡村社区的研究时，大多抱有钻研“人文区位学”（human ecology）的热情，他们特别关注“人民共同体”适应大社会、适应地理—生态环境的过程。然而，也就是在社区的“人文区位学”流行的时代（20 世纪 30—40 年代）里，乡民组成的社区，开始失去了它们在“人文区位学”意义上的自主性。自上而下地推行的社会经济改造和文化监察措施，在社区里强行增添了史无前例的制度与观念，如洪水涌入溪流一般，使原来的文化“容器”不能适应新的潮流的空间容量要求。“人文区位学”中被当成“适应主体”的乡民，一时成为各种可能的政治动员的被动对象。“运动”这个概念，也许更为妥帖地反映了 20 世纪中国乡村的气象。

“政治运动”（political campaigns），也是现代社会的独特发明。它的意思，指的是由大众社会中的“民众”参与的政治性活动。其规模往往巨大，如西方的“大选运动”，就是以全民政治参与的观念与制度为基础、以全民的参与为内容的国家首脑之选举活动。20 世纪以前的中国政治，基本上停留在官界（officialdom），并不企求民众的参与。其原因可能是，传统社会比较强调贵族—绅士与百姓的阶级之别。而 20 世纪初以来的政治，则多倾向于包容一定范围的民众参与。尤其是辛亥革命与五四运动以后的中国政治，对“参与意识”十分强调，虽然被卷入民国“政治运动”的大半只包括知识精英和民族资产阶级。真正把“政治运动”的概念贯彻于全民政治实践的，是当时的“抗日”和“国民革命战争”，而其彻底地实现，是在1949年之后。

1949年8月，解放军的一支侦察部队渡过长江，被派往闽南地区与游击队联络，他们成功地攻破了这个地区的城镇。后来，一个侦察连被派驻安溪，对溃散的国民党残余部队和土匪进行围剿。这支连队的官兵来自北方的河北和山东，不懂闽南话。为了更有效地剿匪，他们吸收了个别当地的贫苦少年学习普通话，并充任他们的翻译兼向导。剿灭国民党残余部队和土匪之后，这支部队的首领（连长）被任命为县长。在他的领导下，地方政府的组织开始了初期的建设。那一小批协助剿匪的少年，有的被任命为区长，有的被安排进公安局。他们中，有一人就是溪村人。他就是我在田野工作中认识的老陈。正是在他与上级领导的互动关系中，我们看到了一场场政治运动影响下的溪村人走过的一条漫长的道路。

20世纪50年代以来，中国的社会实践基本上可以用“运动的轮替”来加以概括。作为一个充满“运动”的国家，国家力量通过政治力量席卷社会的各个角落，是“运动”的本来目的。在这个过程中，原来“天高皇帝远”的乡村地区，逐步被纳入了国家政治的范畴之内。对这一点，学界早有公证（Crook and Crook，1979；Chan，Unger，and Madsen，1984；Huang，1989）。从全国看，50年代以来乡村与政治的密切关系，产生于该时期以来大众传播媒介和行政力量的广泛延伸。这两种力量，使地方社会密切地与国家联系起来，成为后者的一分子。所谓“运动”，亦即通过信息（如语录）的广泛传播和行政网络的操作，对民众加以驱动，使之参与政策的实施。

与“运动”的指挥者和动员者的意图相符，在相继出现的政治洪流中，溪村从来没有被排除在外。于是，今天的溪村，不知道家族具体历史的村民，远远比不知道现代史中“运动”的村民多。原因显然有两个：其一，现在生活于溪村的中年以上的人们，都不同程度地经历过“运动”，而知道家族早期、中期发展史的人，需要读得懂《族谱》等历史文献；其二，历史上的大变局，可能静悄悄地发生于“宫廷社会”中，在新朝廷颁发新的年历之前，地处东南山区的溪村，似乎永远被排除在外。在今天看来，相比他们自己的家族史，“运动”的历史受溪村人重视的程度已逐步降低。但是，“运动”的经历，在他们的记忆中没有磨灭。

土地改革

老陈说，土地改革运动是新中国成立之后的第一个政治经济改革运动。在溪村，它的起始时间是 1950 年。“土改”的目标，是实现“耕者有其田”的农村经济政策。在政治上，“土改”对农村的阶级实行划分，目标在于消灭贫富差距。在北方，旧社会阶级差别比较明显，因此，“土改”采取比较暴烈的“专政”手段。相比之下，在南方，家族势力的存在部分限制了地主经济的扩张，因此，“土改”的手段也比较温和。

溪村“土改”的第一项内容不是没收地主的土地，因为这里的地主与农民之间的阶级差异，在土地所有权方面表现得并非那么明显（参见表 8.1）。其中，自耕农已占人口的大多数。

1. 农民分类

甲：在全县农民户口中地主占 6%，自耕农占 50%，半自耕农占 21%，佃农占 14%，雇农占 9%；

乙：有田地之农民中，自耕农占 50%，半自耕农占 26%，佃农占 24%；

丙：现在农民所负担之赋税以田赋为最多，事业费次之，劝募公益再次之。

2. 各类农户每家耕种田地亩数（大多数或一般情形）

表 8.1 1946 年安溪县租佃制度调查表 [64]

一般情形	总计	水田	旱地
自耕农	11.6 亩	6.8 亩	4.8 亩
半自耕农	16.1 亩	14.7 亩	1.4 亩
佃农	19.8 亩	18.1 亩	1.7 亩

3. 田地租期

甲：在 100 户租进田地耕种的家中，永佃的占 3 家，不定期限的占 90 家，有定期的占 7 家；

乙：定期租佃的期限，最长的 5 年，最短的 1 年，大多数或一般情形不限年。

4. 纳租方法

甲：境内佃户以金钱缴纳田租的占 0%；

乙：境内佃户以谷物缴纳田租的占 90%；

丙：境内佃户以分租（收获物与地主按约定份额分之）缴纳田租的占 10%。

于是，“土改”变成了对家族的公田与私田进行统一的再分配。其做法是，首先将所有的农田收归国家所有，其次将它们中的公田部分分为国有和集体所有，将私田部分分成平均的份额分配给家户和个人。根据“土改”的阶级和社会阶层的划分，到 1951 年，溪村仅有 3 人被划为“地主恶霸”，并且其中两人属家族的房长，所占土地并不足以使他们成为地主。富农仅有 4 人；工商业者 2 人。小商贩和自由职业者占 100 多人。其余是中农和贫农。从事农业的人口仅占人口总数的 5%。当时分田的对象是农业人口，不包括 100 多位小商贩和自由职业者。每人所分到的农田，是 0.5 亩（陈拱，1991）。

“土改”期间，开始禁止村民从事私人运输和小型商业服务。前文提到，此前对溪村生计起重要作用的木船共有 102 只，从事船运业者约500人。这些人均在“土改”中被“对私改造”。他们加上从事小型商业服务的约100人，共600多人，一时失去了生计。为了弥补这一缺失，国家建立了城镇户口制度，将这些非农人口归入吃国家回销粮的人口。

从经济结果看，“土改”的后果，是这个以多种经营为特点的家族村落产生了“农业化”（agriculturalization）。除了农业之外，其他产业和服务业均被国营企事业单位所取代。依赖蓝溪和木船进行的交通业，被国家视为落后的交通工具而取消。取而代之的，是大型的公路交通和桥梁的兴起。小型商业服务也被大型的农村供销社所取代。民间的产茶业，被国营的农场所取代。“农业化”使农村人口进一步固定在土地上，失去移动能力。并且，大量非农人口并不习惯农业生产，使得农业产量和劳动力价值下降而且资源供给不足。

“土改”导致公田的消失，从而也导致了原有的民间互助制度、社区联营制度、地方仪式的衰落。在前文我们已经提到，公田的存在是村落和家族祭祀的经济基础，同时村落与家族祭祀体现了传统的社区互助、经济轮值制度的存在。“土改”期间，新中国的地方政府并没有组织“破除迷信”运动。然而，公田的取消，使社区祭祀仪式出现了财务的困难，它的经济基础一旦被瓦解，公共仪式活动也就出现了停顿。随着族田被分割为私田，庙田、墓田也同样被分割。家族、房支聚落的轮耕制度也随之衰落了。

互助集体

从当地的角度看，“土改”的内容是将原来公私结合的社区经济改造为“耕者有其田”的经济。对于原来有三分之一人口从事非农经济活动的溪村来说，土地的国家集中再分配使他们拥有了不知如何操作的谋生手段。此外，对与“迷信活动”联系在一起的公田实行的再分配，也部分地瓦解了地方社会互助制度的基础，造成了经济生产合作的减退。为了解决这个问题，1954 年以后，政府逐步推出官方的合作制度，最终将它导向了极端化——公社化。

据领导溪村“土改”的老陈回忆，为了促进农业生产的互助与生产力的提高，全国于 1954 年实行农业生产互助组制度。互助组的推行，主要是为了克服“土改”遗留下来的以家为生产单位的私人农业的缺陷。在溪村，“互助组”则主要是以传统的亲戚和邻里关系为基础，但这个基础不是十分固定。互助的内容也十分简单，主要是在农田耕作中相互帮助和参与。例如，家户 A、B、C 形成一个互助组，共同使用耕牛，播种和收获季节（农忙）形成一个暂时的集体，共同生产，农业收获仍以家户为计量和使用单位。

1956 年，为了进一步促进农业生产的合作，政府推行高级农业生产合作社制度。高级社的基础是此前的初级社，而初级社的基础是传统的房支聚落的划分。陈氏家族的四个聚落房支被命名为四个初级社，这四个初级社被归为一个高级社。1957 年，高级社制度过渡到公社制。起初，公社（现乡镇一级单位）下设乡；乡下再设置高级社和初级社。高级社基本上以陈氏家族为单位，而初级社包括四个大聚落。1958 年以后，进行“体制下放”，公社下设生产大队，大队以下设生产小队。[65]

公社化使溪村的社会、经济和文化发生巨大的变迁。首先，从政治经济的层面看，公社化造成了完整的、自上而下的经济控制网络。这是一种集体化的生产和产品再分配制度。在生产过程中，村民被划分为与都市工作单位一致的生产团体，农耕者的报酬以“工分”计算。农产品分成三份：国家、生产队和农民个人各持一份。农民所得的份额称为“分红”。生产队（尤其是大队）保留一定的库存，作为地方自足的基础与生产刺激因素。

公社化之后，生产控制的网络同时也是行政控制的网络。生产小队、大队定时向公社提出本村的经济和社会状况报告，并由公社归并为统一报表。依据不定时的安排，公社、县政府还对村落（大队）派出工作队和检查组，对各地的社会和经济状况进行检查。

公社化所造成的政治经济控制网络，使国家有可能对全国的农业经济和社会改造进行全面规划。在此过程中，溪村的水利建设得到初步发展。1955 年至 1958 年，在村落附近建立澳江池水库，从官桥引水至溪村供应当地用水。同时，集体化造成国家对社区福利制度的全面控制。生产队、大队和公社不仅要组织生产，还对农村社区的公益事业和农民互助做统一安排。但是，超地方性的规划和控制也带来许多负面的影响。1958 年的公社化，给溪村生产造成价值 10 万元的亏损，大炼钢铁时期浪费了大量人力和物力。全国性的产量虚报在溪村也发生过。对传统的社会互助制度的取代，一方面造成许多家户的贫困无助，另一方面给予国家的负担过大。

公社化之后，政府大力鼓励大队与大队、公社与公社的生产竞争，其目的是为了刺激农民生产的积极性。但这种竞争，常常导致大队与大队之间的利益争夺。并且，利益争夺的过程常以传统的家族、村落械斗为表现形式。例如，1959 年在溪村与同美村之间发生械斗。起因是两者时常互相竞争，试图比对方创出更高的产量。久而久之，双方产生相互怀疑和敌意。该年临收割时，同美人怀疑溪村人为破坏该大队的生产而偷窃其生产工具，于是，发动全村人员到溪村偷割稻谷。矛盾暴起，两个村落展开了械斗。后来，由于政府与安全部门的干预，问题才得到解决。

公社制度试图对传统的社区、家族认同加以取消，大队和生产小队的制度是为了将原来的家族和聚落改造为国家统一管理的生产和工作单位。大队以内，包括两个以上的家族（以李氏和陈氏家族为主流）。小队的划分，打破了聚落内部一体化与互助原则。对传统社会关系网络和社区互助的排挤，创造了新的社会关系。例如，在集体化过程中，许多农民被调动到政府主持的工地和工厂，转变为工人。在非农业的生产单位中，他们结识了朋友，形成一定的朋友互助网络。村落以内的社会关系，也发生了一定改变，本来以年龄级序、家族内聚为原则的社交行为，在一定程度上转变为平等的生产者和公民关系。

但对传统社区认同和社会关系的过分否认，导致了村民更加企望一种独立的认同和关系。土地改革造成的祠祭、庙祭和墓祭的衰落，到1959年以后得以复兴。1959年农历七月，村民在“龙镇宫”举行村落节庆活动，恢复原来家族庙祭的制度，节庆活动包括民间剧的演出和大量的献祭。1960年，当地发生了水灾，加上以往几年的经济衰退，村民大感失望，信任感顿时转向祖先崇拜。村民们认为，水灾冲破了家族之运。为了保证陈氏家族的未来兴旺，祠堂必须再兴。1962年，陈氏村民合资合力，共建祖祠。[66]这两次家族恢复传统的行动不是单纯的仪式行为，而表现了地方社会对政治的反应。

“社教”运动

社会主义教育运动简称“社教”，在全国范围内发生于1964年前后。运动发起的原因，与20世纪50年代末和60年代初造成的信任感缺失有关。“公社化”和“大跃进”造成了几年的经济危机，并导致部分农民丧失了对政府和集体的信任，就溪村而言，这又导致“封建迷信”的暂时回潮。在溪村，“社教”主要有两方面的内容：一是宣传毛泽东思想，二是“破除迷信”。毛泽东思想的宣传途径主要是“宣传队”和大众传播工具（尤其是有线广播电台）。为了向农民宣传毛泽东思想，溪村大队安上了有线广播，传达中央指示和“祖国形势”。同时，政府方面还向该村直接派出“宣传队”，宣讲毛泽东思想的主要内容。雷锋作为认真学习毛泽东思想的楷模，在村落中因得以宣传而得到认识。

“社教”的过程中，行政制度也发生了相当大的改变。为了克服家族势力，陈氏家族的成员在大队的领导权中被排挤到第二位。取而代之的是，政府在溪村的小家族——李氏宗族——中选出大队长和党支部书记。由于李氏宗族的成员是陈氏家族的“异族之人”，因此能够比较积极地响应政府号召，对陈氏家族的传统文化和社区制度进行“破除”。1965年，在大队委的指挥下，陈氏祖祠（于1962年重修）被毁于一炬。同时，在李氏大队长的指挥下，还对陈氏家族的“龙镇宫”进行破坏。大队的干部一时分为两派：姓李的主张全面破坏陈氏家族的仪式传统；姓陈的多站在本村立场加以反对。由于村民的反对，“龙镇宫”的建筑得以保存并改造为农民夜校，但佛像被拆除。

派性进而在当地开始扩展。陈姓族人成为当地干部者，有的被当成“封建集团头子”和“房头势力”，遭到批斗和监禁。在全县范围内，也分成类似的两大集团，以其中“封建集团”的垮台而告终。本来“社教”的目的，在于用毛泽东思想创造群众对政府的信任感。但其在溪村的具体实践，却转化为家族势力的斗争。

“文化大革命”十年

“文化大革命”发生于1966年至1976年之间。“文革”的目的，在于对中国文化彻底实行“革命”，以“无产阶级文化”取代“封建残余”和“资产阶级文化”。从表面上看，“文革”的政治手段，是“阶级斗争”的口号和造反的行动。不过，溪村的“文革”，并不是真正意义上的阶级斗争，而是具体化为派性的斗争。整个闽南地区被分为两派：“八二九派”和“红派”（或称“一五派”）。“八二九派”简称“八派”，其首领是新中国成立初的南下干部（北方人）。“红派”又称“老区派”，以新中国成立前在闽南地区从事地下工作的党员为首领。在“文革”十年中，“八派”占支配地位。从总的概貌看，小家族与年轻一代易于加入“八派”，而大家族与中年人易于加入“红派”。[67]

“文革”造成了社区内部的激烈斗争，也影响了生产合作、互助、人际关系。分派斗争使大多数人无心从事生产，即使生产勉力持续，派别之分也使合作化时期形成的互助制度毁于一旦，两派之间常发生对生产的互相破坏。公社化时期的集体制度被保存，生产和再分配采取集体形式，“分红”的制度也得以延续。但是，集体（大队）的内部家族和派性的分化，造成统一的集体无法控制局面的状况，生产再分配只能满足农民的部分需求。所有的仪式、社区内部传统的互助行为，均被列为“四旧”加以批判。家族祭祀被局限在以家户为中心的户内祭祀，社区的公共祭祀全部被禁止。家族的内部单位房支的祖厅、族谱等大量散失。消灭传统的后果是，原来对族内辈分、房分关系的清楚界定，因派性混杂而造成人际关系无规则化。

社会变迁的评价

从模式的分析看，运动的目标各种各样，但其推行的程序基本上是源于同一框架。这一程序可以归结为如下三个步骤（Chu and Hsu eds.，1983）：

1. 文件的形成与传播：所有的政治运动均是自上而下、自中央到地方的贯彻过程。群众运动开始之前，一般在中央已形成一定的指导性文件或“方针”。文件形成以后，通过行政和大众传播媒介，一级一级地往下贯彻：省、地、区、市、县、公社、大队、生产队形成一个文件递送的渠道。最后，文件下达到大队和生产队，并由它们向农民转达，使农民对将要发生的运动有初步认识。在此过程中，报纸、广播电台也开始宣传中央精神，为运动的开展营造气氛。

2. 运动的群众化：文件传达之后，便开始组织群众参与，并向社区派出工作队。工作队与原来的行政单位结合，使之有可能彻底了解社区的人口和社会背景。经过一定的调查，根据中央精神，进行地方性的实施。在实施过程中，工作队还充分征求群众的意见并试图获得他们的支持。

3. 运动成果的总结：在地方上贯彻运动的方针之后，每个基层组织都被要求对运动的成果加以总结和报告，并形成文件，自下而上递送，在内部报告或在公开的报纸、杂志上发表。

运动的总体过程是一种信息工程，它们包括自上而下的信息传递以及自下而上的反馈，是一种实现有规划的社会变迁的途径。以其理想模式观之，运动可以把中央政府的经济、社会、文化改造目标嵌入基层社会，把基础社会改造成民族国家的分子，使原来相对独立的社区的人民变成国家的“政治公民”，使之成为国家肌体的“细胞”，执行国家功能。在国家政治化进程中，地方干部与农民一样是被调动的对象，只不过干部更可能兼有政治机器推动者与被调动对象双重角色，因此也更易于同时作为政治机器的“代理人与受害者”存在（Siu，1989：143–170）。

不可否认，由于一系列运动的相继发生，中国的乡土社会民间传统发生了若干改变。从溪村的例证看，这些改变主要表现在如下几个方面：

1. 集体对家族的取代

从土地改革到“文革”结束，溪村经历了从家族到集体的转变。“土改”过程中，家族势力受到最初的冲击：“土改”把族田收归国有并实行再分配。家族原是国家与家户之间的中介线，其取消使国家能够直接影响家户的经济过程。从互助组到公社化，国家创造了一系列的行政网络，以大队取代家族，成为代表村落和国家利益的机构。大队是超家族的，在溪村，它包含两个以上的家族。它的存在使家族的独立性得以削弱。同时，大队是执行“运动”纲领的基层组织，还使地方资源转换为国家资源。从功能的层面看，大队包容了原来家族制度的社会组织、互助制度和经济生产及分配作用。以它作为中介，国家（中央）能够对民间社会生活进行直接干预。

2. 家族经济向集体经济的转变

在“土改”以前，家族在溪村占主导地位。家族经济主要有两大成分：公田生产与私田生产。公田生产主要是为了维持家族的共有利益和内部合作。私田的收获归家户消费，维持家户和个人的生存。从“土改”到公社化，家族经济逐步转化为集体经济。集体经济又可分为三大层次：国家、地方存库、个人分红。但总体的生产是由农民个人从事，公田并不存在。集体经济的建立，使社会经济分化为两大极端：国家利益和个人利益。国家对地方经济的直接干预还导致了地方非农经济成分的衰落。

3. 社会关系的改变

几十年来的政治运动，都涉及社会人文关系的改造。“群众运动”一词的意义，在于把原来的“百姓”转变为大众社会中的民众。所谓“民众”即“公民”。“公民”一词虽然在古代已存在，但在现代社会中代表一种特殊的意义，即以民族国家为唯一认同的人民。“公民”也就是与国家的公众社会有直接互动、自由婚恋、职业化、合法化的民众。“群众运动”就是要实现对这些“民众”的塑造。

在乡土传统中，民间关系是以家族作为界定，与外界的联系主要通过地域性的通婚。因此，在20世纪50年代以前，社会关系主要包括两类：堂亲/族亲/同村关系与亲戚/姻亲关系。所谓“堂亲”，在溪村指同祖公的亲戚，一般在单姓聚落状态下也指邻居。“族亲”，指同一家族的社会关系。“亲戚”主要指“姻亲”或通婚地域中有婚姻关系的人。

20世纪初以来，中国的社会变迁已造就了一种新的关系，即“朋友”。所谓“朋友”指的是在学校和工作场所（work locales）等社会场所中形成的“同学”或“同工”等关系。“朋友”关系在20世纪50年代以后的溪村有大量的增加。其原因是，越来越多的人上学、被调动进工矿做工人、参军等等。“朋友”关系也是一种互助关系，因为朋友之间常有借贷、帮助生产、解决危机的行为。值得一提的是，“群众运动”的举行，也是“朋友”关系形成的机会，这是因为在“运动”中人际互动增加，家族与家族的互动增加。[68]

20世纪50年代至70年代的各种“运动”在地方社会中塑造了新的权力、新的经济和一种新的人际关系，从而使家族社区嵌入了一些前所未有的新的社会形式。从社区的人文景观的外部内容观察，我们自然可以认为“运动”的确引起了乡土社会的许多变化。我想指出的是，这些新的社会形式在一定程度上是被旧的家族文化“消化”过的，因此其内在的内容已不全是“新”的了。例如，干部和政治“积极分子”在正式的官方定义中，是国家的地方代理人，是乡村的新权威。但是，由于乡村干部的社会流动性（social mobility）很小，他们为了稳固自身在社区中的地位，不得已而对社区利益做出让步，有时甚至可能用社区利益来解释国家利益。其结果是，干部成为家族社区中在家庭和国家之间“漂浮”的社会力量。又如，朋友和同志关系好像是新的社会关系，是全民化而不是家族性的。但是，对于一般的人民而言，这些关系的意义在于他们现实生活中所需要的“人情关系”，与社会关系的全民化无关。

另一方面，政治运动所设置的社会变迁，往往不够尊重乡土传统的现实存在的合理性，还对“旧”的东西全加排斥，对新的事物一味肯定，其后果是，某些合理的文化与社会习俗被全盘否定，造成变迁过程中农民的心理与社会负担过重，产生不适应和不信任。在一系列的政治运动渗透到地方之前，溪村人的认同感和信任感主要是以民间的信仰行为来表现的。祠祭、庙祭、墓祭提供了当地民众认同的三大途径。同时，对祖先、村神、鬼的祭拜，表达了村民对神圣性力量（鬼、神、祖先）的一定意识形态化的信任。现代社会形成以前，村落与国家的距离甚远，民间形容这种状况为“天高皇帝远”。政治的距离感，使民间上层政治社会的交流不能达成。神灵的出现，是一种象征主义的产生，神灵在一定意义上取代了“皇帝”和“衙门”的权力，是村民赖以表达实际疑难的交流工具。

20 世纪 50 年代以来的一系列政治运动与国家改造民间信仰的努力有着密切的关系。“土改”“集体化”“社教”“文革”的目的均在于促使民间的社区认同转向对国家作为国民共同体的认同；同时，也在于促使民间从“迷信”转向对集体和国家力量的信任。国民共同体认同与对国家的信任是现代民族国家形成的意识形态基础。但是，在社会转变过程中，新的认同和信任仍然比较抽象，不是以全面代表农民利益为旨趣的。20 世纪 50 年代末至 60 年代初，“封建迷信”的短暂回潮所表现的，便是民间对新式认同的不适应。

第 9 章
经济改革与变迁

经济改革

农村经济改革以前的近 30 年，可以说是传统与变迁找不到一个平衡点的时期。以“运动”为特点的“规划的社会变迁”，给民间传统强加了极端化的否定，对发展的“速度”给予了过高的重视。

我启动溪村田野工作时，整个国家已经经历了“文革”结束后十多个年头的变化。在这十多年的时间里，中国开始农村经济改革，对以前的政策进行修正。在短短的几年中，提高了农作物的收购价格，使农村经济得以多元化，从“以粮为纲”到全面发展。从社会经济的制度看，国家把农村经济回归到以家户为单位的生产方式，并鼓励多种经营和市场经济，减少国家和集体对农产品收获物的控制，增加私人家户的经济所得。经济改革带来了政府职能、社会关系、经济模式以及文化上的许多变化。

在溪村从事当地的社会经济生活调查时，我搜集到一些资料，这些资料和个人的观察表明，在经济改革过程中，溪村社会变迁的纷繁复杂现象中，家户经济的再兴、村政府职能的转变、消费水平的提高、经营的多元化、农村一定程度的工业化和都市化，是主要的。有些学者认为，经济改革之所以会在短期内获得相当可观的经济效益，原因在于它所运用的意识形态与“农民的实用主义理性”相吻合（Chan，Unger and Madsen，1984：265–294；Madsen，1984）。这个观点的提出，再次迫使我们到“理性农民”与“道德社区”的辩论中去寻找答案。然而，田野工作的经验告诉我，用任何“主义”来概括农民生活，都可能是片面的。要了解农民对政策和社会大环境的应对方式，必须从具体的实际情况出发。

家户经济

农村的经济改革，以提倡“家庭联产承包责任制”为中心。这种生产方式并不是一种政治运动的新发明。在1949年以前，溪村的生活基础即是以家户为单位的私田耕作，包括相当数量的私人运输和小型商业。当时，补充家户经济的是以家族和房支为单位的“公田”的耕作。生产的全面家庭化，是土地改革期间实现的。“家庭联产承包责任制”可以说是“土改”期间“耕者有其田”和消灭族田的政策在新时代的延伸（这一制度也曾于1962年实行过）。但是，与“集体化”之后的农村经济相比较，“家庭联产承包责任制”却又可以说开创了农村生产生活的新局面。在这一制度的框架内，村民生产什么、消费什么，基本上由他们自己决策，产出也多由他们自己控制。“分红”的制度被取消，集体和国家只从个人和家户收取税收和基金。其结果，首先是农民生产热情的提高。

“家庭联产承包责任制”的第一基础，在于土地制度的变更。在公社化（集体化）中，溪村的土地被收归国有，国家通过模拟工人与机器的关系，来界定农民与土地的关系。也就是说，农民在土地上耕作，从“集体”分得一定的“薪水”。经济改革以来，土地名义上仍归国家所有，但实际上分成不同的条块，分配给个人或家户。溪村的所有土地约500亩，除了300亩良田（过去的庙田）被归为县政府实验田之外，其余已在村民中平分。人均农田占有额在0.18亩左右。对五口之家而言，约有近一亩可供农业生产。1985年分给该村的几百亩山地，也平均分配，供造林和畜牧所用。

农作物主要包括水稻、小麦和甘薯。产品全归个人所有。国家每年从村政府提取160元水利费和公粮费。此外，全村每人每年交6元左右的“基金费”（包括教育基金、人口基金、国防基金和残疾人基金）。根据1991年凤城镇政府的统计，溪村每年人均收入在400元人民币左右。可见，政府所收的税费相当低，而农民有90%以上的留成。

经营多元化

由于生产成为个人和家户的事，经济的多元化发展成为可能。村民的生产决策再也不是过去的被动状态，而可以视“有利可图”的程度对行业进行选择。从总的趋势看，经济已从过去的纯农业逐步转向多种经营。这一点可以通过劳动力分布状况的变化来看。根据凤城镇政府历年的统计（表9.1），溪村的劳动力人口数在1982年至1991年间，处于递增状态（从695人增至1100人），但农业劳动力（包括农、林、牧）处于递减状态，从545人减至500人，百分比从78%减至45%。同时，从事非农业（包括工业、建筑、交通运输、商饮服务业、文教卫生、外出劳工、管理等项）劳动力人口，从50人增至600人，百分比从22%曾至55%，处于高速的递增状态（表9.1）。[69]

表9.1　劳动力分布状态的变迁（1982—1991）

<table>
<tr><td colspan="2">年份</td><td colspan="2">1982年</td><td colspan="2">1985年</td><td colspan="2">1988年</td><td colspan="2">1991年</td></tr>
<tr><td colspan="2">劳动力总数</td><td colspan="2">695人</td><td colspan="2">900人</td><td colspan="2">920人</td><td colspan="2">1100人</td></tr>
<tr><td>农业劳动力数量</td><td>所占比例</td><td>545人</td><td>78%</td><td>700人</td><td>77%</td><td>322人</td><td>35%</td><td>500人</td><td>45%</td></tr>
<tr><td>非农劳动力数量</td><td>所占比例</td><td>50人</td><td>22%</td><td>200人</td><td>33%</td><td>598人</td><td>65%</td><td>600人</td><td>55%</td></tr>
<tr><td rowspan="7">非农人口分类</td><td>工业</td><td colspan="2" rowspan="7">不详</td><td colspan="2">10人</td><td colspan="2">36人</td><td colspan="2">10人</td></tr>
<tr><td>建筑</td><td colspan="2">130人</td><td colspan="2">410人</td><td colspan="2">115人</td></tr>
<tr><td>交通</td><td colspan="2">25人</td><td colspan="2">40人</td><td colspan="2">60人</td></tr>
<tr><td>商饮</td><td colspan="2">10人</td><td colspan="2">50人</td><td colspan="2">30人</td></tr>
<tr><td>文教卫</td><td colspan="2">4人</td><td colspan="2">12人</td><td colspan="2">5人</td></tr>
<tr><td>外出 / 其他</td><td colspan="2">21人</td><td colspan="2">40人</td><td colspan="2">37人</td></tr>
<tr><td>管理</td><td colspan="2">0人</td><td colspan="2">10人</td><td colspan="2">10人</td></tr>
</table>

农业劳动力的数量在1982年至1991年间并没有巨大的变化。但是，相对劳动力总数量的状况，一直处于减少（百分比递减）的过程中。并且，农业劳动人口中，从事粮食生产以外副业的人数，估计大有增加。这可能进一步说明农业本身在过去十年也处于多元化的过程。

1981年至1991年，粮食作物的总产呈递减趋势：1981年，粮食作物总产593.3吨，1985年降至515.9吨，1988年减至323.4吨，1991年降至296.2吨（表9.3）。粮食作物总产的下降，反映耕地面积的减少：1981年，全村播种总面积为1216亩，年末实有耕地面积为590亩，至1991年，播种总面积降为1051亩，年末实有耕地面积降为363亩（表9.2）。十年之间各减少165亩与227亩。年末实有耕地面积大量减少，1991年的耕地面积只有1981年的61%。

表9.2　耕地状态的变迁（1981—1991）

	1981年	1985年	1988年	1991年
粮食播种总面积	1216亩	925亩	1110亩	1051亩
年末实有耕地面积	590亩	373亩	370亩	363亩

粮食产量的下降和耕地面积的缩小，并不意味着经济总体的衰落，而显示了经济生产的多元化发展。随着粮食生产的递减，商品作物（包括经济作物、蔬菜、茶叶、水果等）的生产和畜牧业发展速度快速提高（表9.3）。其中，水果产量从2.6吨增加至16.2吨；猪肉产量从15.0吨增加至百余吨。同时，蛋类和牛奶的生产以及水产业有了初步的发展。家庭事业的生产对地方经济的发展，起了重要的作用。

表9.3　农业生产组成（1981—1991）

	1981年	1985年	1988年	1991年
粮食作物总产	593.3吨	515.9吨	323.4吨	296.2吨
经济作物	7.5吨	1150.8吨	1201.0吨	401.0吨

续表

	1981 年	1985 年	1988 年	1991 年
蔬菜	3.0 吨	6.3 吨	52.1 吨	23.2 吨
茶叶	1.3 吨	8.0 吨	1.5 吨	2.0 吨
水果	2.6 吨	27.3 吨	20.0 吨	16.2 吨
猪肉	15.0 吨	30.0 吨	142.5 吨	165 吨
禽肉	2.4 吨	2.2 吨	4.5 吨	11.2 吨
禽蛋	0.1 吨	0.2 吨	1.5 吨	1.8 吨
牛奶	无	10.0 吨	6.0 吨	4.0 吨
水产	无	无	0.2 吨	3.0 吨

与农业的多元化同步，还产生了劳动力向非农行业的转移。其中，在溪村的经济变迁中占主导地位的包括三个行业：（1）交通业；（2）建筑业；（3）商饮服务业。交通业主要包括两类，一是旅客交通服务，二是建筑材料搬运。旅客交通服务的工具，有摩托车和小型客车。根据笔者的估计，溪村从事摩托车载客的人口数约 40 人，从事小型客车载客者约 12 人；此外尚有 20 余人从事建筑材料的运输，使用小型工具车为交通工具。平均每辆摩托车的年收入在 4500 元至 12000 元之间；平均每辆小型客车的年利润在 10000 元与 14000 元之间；交通搬运车每辆的年利润在 10000 元至 20000 元之间。

从事建筑业的人口在过去几年中大有增加，其主要原因是经济改革以来建筑业的发展与扩大。1982 年，从事建筑业的溪村人共有 130 人；1988 年，增加到 610 人；1991 年，在本地从事该行业的人减至 115 人，但是移居外省承包工程的人口从无增至 370 人左右。改革初期的十多年中，一些村民起先是从农业转入建筑业，后来又从本地建筑业转向外省建筑项目的承包，主要的活动省份在江西和广西。移向外省的本村建筑工人的数目，约占村人口量的 9%。这些人口的户口留在本村，家庭也在本村。他们在外省所获取的薪金和利润，除个人开支以外，基本上带回本村消费，支持家户经济。

十多年间，溪村还出现大量的商店与饮食店。1982 年，服务业的总数目（据工商部门的执照登记），从 10 项增至 30 项。拥有店面的家户，在 30 户至 40 户之间，占全村总户数之 5% 左右。服务的对象主要包括村民、过路旅客、在县城郊外上班的工人。

溪村人认为，运输业、商饮业和建筑业比农业的前景广阔，原因是它们的利润比农业高。因而，从事这几个门类工作的人，目前在村落中的经济地位一般较高。这三个行业的发展，大有仰赖溪村对县城的近便关系。该村只距县城两公里左右，是它的郊乡。县城是人口、工业和建筑业的集中地。人口的流动需要交通的发达，随着农村交通业的开放，农民被允许以私有交通工具从事客运，村人从中获益不少。同时，县城还集中了安溪县的主要工厂。在工厂工作的工人需要一定的服务业，村落附近有许多家县属工厂，许多村民开店服务，从中获得经济利益。溪村建筑业的发展，首先也是因为改革十年中县城对大量建筑工人的需要而起源的。经历了当地建筑业的发展，溪村人获得了一定的工作经验和资本积累，从而开始向省外较不发达的地区开发。

消费水平

随着国家对农村资源控制的放松以及对自由市场开放政策的实施，农民的消费水平普遍得到提高。据统计，在 1981 年至 1984 年三年之间，全国农民的消费额共增长 122%，并且主要表现在非必需品的购买上（Oi，1989：157–158）。关于溪村的消费水平，县、镇政府及村委会均没有实行定期的统计。因而，我们并没有完整的数据加以分析。不过，粗略估计起来，这个村庄消费水平的增长速度大概应在全国的平均范围之内。对于 1991 年至 1992 年的状况，通过我对本地 30 个家户的具体调查，可以提供比较完整的资料。从产品消费的总貌看，粮食一般是自己供给，副业某些产品除少量留在家户中食用，大部分都出售到市场，换取货币后，转买其他消费品。

调查显示，溪村家庭的平均人口数为6人，最少人口数为3人，最多人口数为13人。30个家户的农业平均收入为345元，最小值0，最大值900元；副业平均收入2947元，最小值0，最大值8000元；工业平均收入为2549元，最小值0，最大值8000元。30户的年平均总收入（以家户为计）为5841元，最小值150元，最大值12000元（表9.4）。

表9.4 溪村家户年收入状态（1992）

	农业	副业	工业	总收入
平均值	345元	2947元	2549元	5841元
最小值	0元	0元	0元	150元
最大值	900元	8000元	8000元	12000元

家户年度总开支（包括自产自给部分及非自产/购买部分中的19项，表9.6）[70]平均额为3367元，最小值1170元，最高值7030元。可见，大部分家户均能达到收支平衡并有所储蓄，许多家户将节余部分转入投资与建房。溪村尚处在家户资本的初步积累阶段，开支比收入低。娱乐费用基本没有，食品质量也较低，但这并不反映收入不足（表9.5）。

表9.5 溪村家户开支状态（1992）

	自产自给	非自产/购买
平均值	1060元	2307元
最小值	60元	1110元
最大值	2280元	4750元

目前溪村的粮食、蔬菜、副食品一半是自产自给，另一半是非自产的、购买来的。说明农业和自由市场两者对农民的消费起同等的作用，也说明溪村已从自给自足的经济转向初级的市场经济。从

自由市场购买的鱼、肉、蛋类食品比自产副食品类高一倍，说明副食品的交换已相当发达（表 9.6）。

表 9.6　户均开支分项状态（1992）

自产自给	平均值	最小值	最大值
1. 粮	360 元	0 元	1000 元
2. 菜	259 元	0 元	1000 元
3. 副产品	264 元	0 元	1300 元
4. 柴	不详	不详	不详
非自产 / 购买	平均值	最小值	最大值
5. 粮	398 元	0 元	1500 元
6. 菜	173 元	0 元	800 元
7. 鱼肉蛋	538 元	200 元	1500 元
8. 食油、调味品	107 元	50 元	200 元
9. 茶叶	121 元	50 元	250 元
10. 酒	93 元	0 元	250 元
11. 烟	278 元	0 元	500 元
12. 小零食	21 元	15 元	40 元
13. 衣着、床上用品	95 元	50 元	200 元
14. 燃料	103 元	100 元	200 元
15. 日杂用品	20.6 元	20 元	40 元
16. 学杂费	155 元	0 元	400 元
17. 文化娱乐	17.6 元	10 元	40 元
18. 上街，交通	34 元	10 元	40 元
19. 礼品费	217 元	100 元	500 元

茶叶、烟、酒和礼品的花费在农民的食品消费之外诸项中，占有显著的地位。前三项属食品以外的非必需品，其消费量的增高，证明农民消费能力的提高。同时，这三项消费与农民的社交行为有关，与礼品费在一定意义上属同一类别。农民子女的就学费用也相当高，其原因是改革以后基本教育并没有坚持“义务”的原则。溪

村村民在文化娱乐方面的消费仍然保持低度发展水平，娱乐主要依赖村神庆典的演剧活动。

集市贸易

集市贸易在传统中国的农村社会占有重要的地位。1949 年以前，集市贸易提供了农村社区的产品相互交流的主要渠道，也创造了独立的社区之间互相联系的可能性。施坚雅的研究证明中国农村的集市中心，往往也是地方仪式—通婚等社会行为的地域中心（Skinner，1964–1965）。1956 年的“集体化”，导致“统购统销”政策的实施，使农村的集市贸易一度处于衰落的地位。改革以后，随着经济和市场开放，集市贸易又重新回到农村的舞台。

溪村并没有单独的集市。自明中叶以后，陈氏家族与外面世界的交换，一直是在县城的商店与市场进行。目前，县城的市场也是溪村村民交换生产品的地点。“统购统销”政策取消以后，村民逐渐转向“为市场而生产”。自产自给的消费方式仍然存在，但是以当地产品在市场换得金钱，然后以金钱换取日用消费品的行为越来越普遍。村民主要以其生产之蔬菜、肉类、奶类在县城市场出售，所获的金钱带回家中，在一年的过程中又逐渐从该县城的商店买得食品、衣物等并支付其他开支（图 9.1）。

一般而言，一个村落的生产品的门类有限，并且，产品以一定的时间周期产出（如收获与屠宰季节）。因此，在自足自产的状态下，一般农民的消费内容有限，并且生计受季节的影响很大。没有集市，农民的肉类、奶类等产品不可能换成永久可用的钱，使钱成为媒介，易于储存并分散开支。集市贸易的作用有两个方面的表现：一是使一个村落的有限产品，与多个村落的多种产品交换；二是使农村社区克服季节的控制，使村民能够陆续得到生活用品的供给。

集市贸易的存在，对溪村的生产有很大的刺激。作为县城的

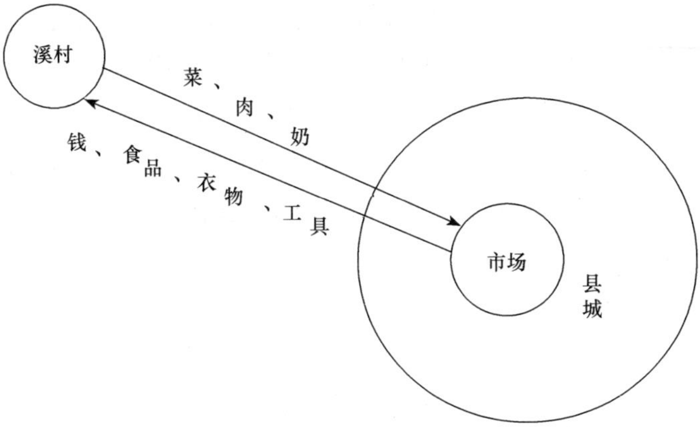

图 9.1 溪村的贸易圈

郊区，溪村得以将自产商品交换成为有价值的通货。通货具有“通用”的价值，因此对它的拥有欲望易于刺激农民的生产积极性。经济改革以来，溪村农业生产的多元化以及生产的非农业转型，与过去几年集市贸易的发展有很大的关系。国家对集市贸易的开放政策，不仅造成其本身的发展，还造成农村社区的经济变迁。

政府职能

改革以前，村级领导（大队）的职能是多面的，其工作包括：组织生产、实行再分配、安排社会互助和社会福利、宣传、社会控制。改革以后，生产、消费均已被视为个人和家户的事，村政府基本上已从生产、再分配和合作的领域中分离出来。

目前村落中政权的代表是“两委”，亦即村民委员会和党支部委员会。从原则上讲，村民委员会（共 5 人）处理村内行政事务并负责向上级汇报地方社会—经济状况，而党支部委员会（共 5 人）处理党员问题和政治宣传问题。村民委员会有 17 个下属村民小组，它们的主要工作是为国家征收农业税、各项基金，并对村内人口、地产等加以注册控制。生产性的组织工作已不存在。党支部的工作主要对村委会的决策起指导作用，并对村委会的行政加以监督。对于社会合作和福利，“两委”的作用减小了。在“集体化”期间，大队委对农田、水利、生产合作、公路建设、民间福利起组织性的作用；现在，他们对村路的拓宽、加长等还持续地起带头作用。经济改革以来他们组织了村路的修建工程，从村民中挑选造路员工、筹集资金。但是，对农田、水利、生产合作、民间福利诸项并不参与。

“两委”的暂时性工作，随政策的变化而改变，没有实行制度化的分工。近几年，他们参与县政府的征兵、人口普查及征地工作，从本村挑选兵源充当兵役候选人。“计划生育”也是当前村政府的重要任务之一，工作包括两个方面：辅助县、镇政府进行人口普查；辅助政府计划生育工作队实施人口控制政策。近两年，县政府从农田、山地中征收一部分土地作为“工业开发地”和“商品房开发地”。村政府在此两项工作中，扮演一定的角色。

工业化与都市化

严格说来，“工业化”和“都市化”这两个词对农村社会来讲，指的是工业的兴起、都市空间向农业社区渗透的过程，主要的社会表现是“农民”转变为“农业工人”及都市人口。中国的大部分农村社区距离这个过程的完成，尚有一段相当远的路途。在溪村，工业化和都市化也只有部分的表现，尚处在初级阶段。但是，可以说，这一过程已经开始进入当地社会。这主要表现在：部分农民已转向工人，部分农地成为“工业”“商品”地。

在闽南许多村落，由于近年资本积累发展较快，村办、民办工业已达到相当高的发展程度。在溪村，村内工业的发展处于初级阶段。属本村所有的工厂仅有 1 个，工人 5 名，加工品为小五金，资本 20000 元人民币。由于村内工业的不发达，村民在工业中的参与主要是通过转移向村外的企业，成为工人。上面我们提到，至

1991年，溪村已有近600名建筑工人，在县内和省外工作。除此之外，还有120名左右年轻的村民（16—24岁）在县城附近的工厂上班。大多数县办企业、外资独资企业、合资企业主要产品是藤制品、服装、工艺品。这120名村民上班的工厂，共计8家，分布在村落附近及县城里。薪水每人每月平均为250元，比一般农业者收入高一倍左右。

离开农田从事运输、服务业的人口近90名。正如上面提到的，这些村民虽然住在村中，并且一般有家庭成员持续从事农业生产，但是自己已基本上属"非农"人口。根据村委会文书员的估计，溪村总人口中，近30%人口已转向工业和服务业。具体的数目为810人左右（全村人口约2700人）。[71]

政府对工业化、都市化的影响很大，主要表现在土地征收上。1991—1992年，县政府对县城近郊村落进行征地，将大片山地、农田推平，改造为成片的"工业开发区"和"商品住宅区"，引进外资、减税，试图推进农村的工业化和都市化。征收土地的过程，实际上是把改革以后私有化的农地征购为县政府所有之用地。农民土地所有者从中获得一定价值的补偿费（1.2万元/亩至1.8万元/亩）。1991年至1992年间，溪村共被征地200余亩，约获补偿费共300万元。其中，工业用地为122亩；政府用地（交通、公路）共30亩；教育用地共70亩。1993年至1994年间，又被征用100多亩地，用于公路与新式公寓的建设。

按照县政府的计划，征地费应拨给村政府为农民办集体储蓄，然后用利息补贴年农产品税。由于农民大多反对这种做法，所以后来政府便把大部分征地费发给农民个人。征地费发放给农民以后，被用作盖房、生产投资、娶媳妇，不少被征地的家户生活、生产条件得到一定的改善。有些农民将征地费用于买交通工具，离开农田，从事运输业。有些将之用于开店，做服务业。

溪村工业化、都市化的初步发展，可以从目前村落的外貌观察到：村落的中心仍然是以农田和民宅为主，但是村落的四周已布满工厂、学校、都市大楼、公路等等。以农田与民宅为中心的村落内部空间也将起大的变化。村里的干部告诉笔者，村委会和党支部计划在村中征用50亩土地，把溪村改造成一个有新街道的“工业新村”。这个计划如果得以实施，溪村将变成安溪县城或凤城镇的一个居民区。不过，就当时的状况看，溪村仍是一个农业村。其原因有二：首先，那时三分之二的村民仍是依赖农业（包括副业）生存；其二，从政府的户口制度看，村民仍被限制在“农业人口”之中，虽然许多人已成为工人（三分之一左右）或商人（主要是小商贩）。

第 10 章
族亲、人情与社会互助

对集体的新需要

1979 年以前的溪村，在经济合作与社会互助方面，受到了“集体化”的政治经济运动的巨大冲击。再往前，至 1949 年时，该村的合作与互助，是以乡土传统的家族制度与通婚制度为基础的。经济生产与家族的“公”和“私”的二元一体有着密切关系。家族的“公”是农业生产合作的基础，是“私有”家户之间合作的代名词。社会互助与族亲姻亲关系不可分割。对溪村来说，“集体化”是政府的“公经济”取代家族的“公经济”的过程，同时，它又是正式的政府福利制度取代民间传统中族亲、姻亲互助关系制度的过程。从一个角度看，可以说“集体化”代表着正式的合作制度与互助制度的兴起。但从另一个角度看，也可以说在“集体化”的预期中，民间社会关系网络正将在未来衰落。

改革以后，合作和互助出现了新的问题。经济改革导致家户经济的复兴，同时导致政府的“公有”力量的部分削减。尤其是，政府以往对经济合作和农村公益事业的直接干预被撤销，生产成为个人一家一户的事，公益事业和社会互助也成为民间的事。这一状况为民间传统社会经济制度的恢复，提供了一个“自由空间”。在过去的十余年中，传统的家族制度与通婚地域应运重新回到了溪村。它们与过去几十年中产生的新社会关系结合，形成系统化的民间合作与互助的地方性制度。

耕牛的角色

耕牛是溪村农业的主要生产工具。由于当地农业的机械化程度和集约化程度较低，在过去的40年中，耕牛一直是村落中“最大型的”生产工具。耕牛的公有与公用，是农民生产合作的基本形式。因此，耕牛的拥有与使用方式的变迁，基本上可以反映乡村合作形式的变化。

1982年，溪村共有耕牛98头，其中属村集体所有的共88头，属私有的只有10头。公有的耕牛分配给生产队（17队），每队4头，余留在村政府供其支配。当时耕牛的拥有权属大队，但它们可以供给农民家户借用。生产队具体安排村民轮流使用耕牛的日程。对耕牛的合用之基础，是集体化以后存留下来的“公有制”。到1985年，一部分耕牛被卖掉，所留下的数目共65头。卖出的收入在村民中平均分配，留下的耕牛实行私有化。由于本地所需的耕牛少，若干家户可以合用1头。1985年把65头耕牛分成65份，在2700余人的村民中平均分配。约40人（或8至10个家户）占有1头耕牛（表10.1）。[72]

表10.1　耕牛数量及所有权的变化

	1982年	1985年	1988年	1991年
总头数	98头	65头	60头	62头
公有头数	88头	0头	0头	0头
私有头数	10头	65头	60头	62头

共同拥有耕牛的社会关系团体，基本上就是当地传统上称为“堂亲”的群体。所谓“堂亲”指的是同一祖公的几个家户。它的范围比“房分”小，是“房分”以下的社会单位进一步裂变的结果（图10.1）。堂亲的共同祖先距现在的家长在四至五代之间。堂亲一般住在同一邻里，常与“邻居”混合。其形成是从同一房屋（家户）中分家出来的几个家庭共同组成一个社会团体。在祖公在世时，是

同一个家庭。祖公的儿子成婚之后，成为直系家庭，并在家户拥有的房屋中分家；第三代儿子成婚之后，形成扩大式家庭，可能住同一房屋，也可能在房屋外延部分筑房；扩大式家庭的进一步扩大，成为一个堂亲团体，一般由数座房屋组成居住群（图 10.1）。[73]

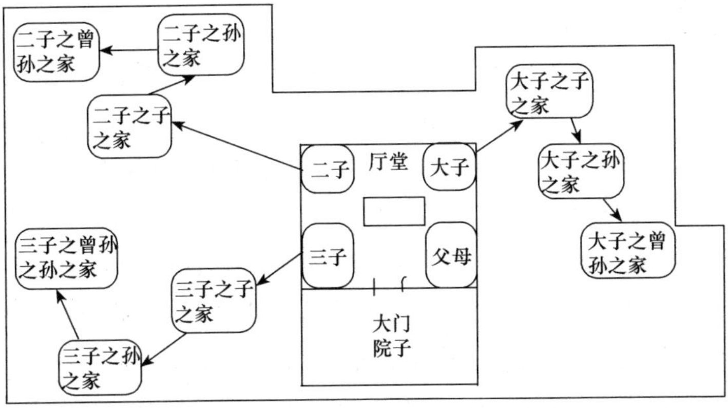

注：本图系为说明用所绘分布图，素材来自溪村墙围角落堂亲组，经作者简化

图 10.1 堂亲的形成与范围

耕牛一般存留在祖屋的天井或外院，由堂亲共同管理。当某一家户需要使用时，从此地领取，用完归还。共同拥有和使用耕牛的团体——堂亲——在收获和耕作等农忙季节中，形成互相帮助的关系。例如，某一收割季节，村民 A 需要一定的劳力帮助，他请堂亲村民 B 来帮忙。假使村民 B 同一季节也需要帮助，村民 A（村民 B 的堂亲）也会进行劳力回报。假使该季村民 B 并无需劳力，下一季度，村民 A 的劳力回报也会实现。我们可以把堂亲的劳力合作称为“劳力互惠交换”。

社会互助

民间的合作与互助，不限于生产和劳动，还包括社会生活的各个方面。溪村的调查表明，当地除了民间农业生产的合作之外，社会互助在家事、急救和投资三大方面常有发生。家事包括家庭成员的生日庆典、祭祖、婚姻嫁娶、丧仪等等，比一般的开支高出许多，常需要宴请宾客，因而可能出现互助借贷。急救包括伤病等，也引起社会互助。投资可分为生产性投资和造房投资，两者均需要较大量的资金、劳力和关系，因而往往是由大量的社会关系的卷入以解决资金短缺问题。

社会互助的内容主要包括借贷、劳力帮助、提供社会关系。借贷大多不取利息，不是“高利贷”的关系。劳力帮助也不实行薪水付现。提供社会关系（当地称为“门路”）更提不上付现报酬的问题。

社会互助的基本形式，可以用“互惠”（reciprocity）一词加以概括。莫斯在他的著名人类学论著《礼物》一书中，认为传统社会的经济一般与社会关系很难分清。在这些社会中，礼物很多，送礼行为比比皆是。但是，送礼并不代表一种慈善行为，而是代表人与人之间实行社会经济交换的途径。而这种“交换”具有很大程度的“互惠”或“互助”的作用（Mauss，1990：5–6）。溪村的社会互助也是以“互惠”的概念为基础的。

借贷、劳力和门路的提供，实质上是民间资金、人力资源和公共进行交流的办法。借贷人不被要求交付利息，但出贷人一旦需要同等的贷款，一般会向过去向他借贷的人提出借款的要求，或者，会期待一定的礼物回报。人力帮助一般不导致索取薪金，但是出力者一般期待下一次他自己需要帮助时，此次的被助者可以提供。当然，有时他期待被宴请一顿或送礼。社会关系（门路）的交流，也采用同样的形式。

也就是说，若家户 A 向家户 B 提供借贷，除了退还借贷之外，家户 B 还会在一定时间内为之提供借贷、劳力、门路、礼品其中之一项；若家户 A 向家户 B 提供劳力帮助，家户 B 应在一定时间内为家户 A 提供同样的帮助，或送礼、宴请、借贷、提供门路。若家户 A 向家户 B 提供门路，家户 B 有义务提供同样的服务，或送礼，提供借贷、劳务等（图 10.2）。

可见，民间借贷、劳力、门路的交换，非常灵活，不以抽象的通货为媒介，而可以在此三项和礼品之中任选替代品。这种互惠交换颇似原始的“物物交换”，但是比之为复杂（表 10.2）。

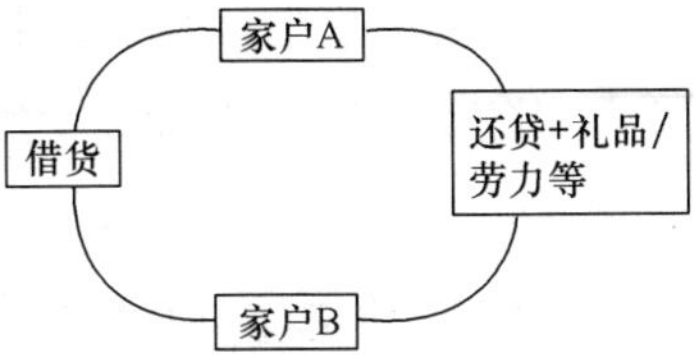

图 10.2　民间互惠交换的形式

表 10.2　各项家庭事件包括的互助类别

事件类别	互助的常见类型
家事	礼品、劳力
急救	借贷、劳力、门路
生产投资	借贷、门路
盖房投资	借贷、劳力、门路、礼品

民间用以描述这种社会经济现象的词，是“人情”。某人借给某人钱或为某人提供劳力和门路，是供给某人一份“人情”。同样地，向他人求助，即是求“人情”，受别人帮助是“欠别人人情”。所欠的“人情”可以还，大多数人都期待别人还自己给予的“人情”。“人情”可以解释为“人之常情”或人与人之间本应有的情分，是一个十分“心理学”的问题和现象。但是，“人情”的兑现，可以采用物质的形式。例如，提供借贷、劳力、门路和礼品，就是给或还“人情”的行为。

“人情”有观念背后的社会制度，是一种与莫斯所定义的“全面服务”（total services）相类似的人与人之间交往的规则（Mauss，1990：19-48）。所谓“全面服务”指的是，社会中经济、威信、权力、物品等之间灵活互换的关系。“人情”基本上体现了这种关系在汉人社会中的存在。

家事、急救和投资三者都会利用到各种“人情资源”，但三者对之的运用特点各有不同。家事主要的互助类型，是以礼品和劳力帮助为主，比较少包括借贷和门路。家事中的婚丧仪式是最主要的。在溪村，婚事称为“红事”，丧仪称为“白事”，两者均包括送礼，送给婚礼的礼金称为“红包”，送给丧事的礼金称为“白包”。红白包的大小，视各人与当事者的关系的亲疏而定，多可达数百元，一般在10元至50元之间。参与“红白事”的人，还可能为当事者提供劳力服务。

急救的互助一般不包括礼金，而只包括借贷、门路、劳力帮助。例如，村民A病重且无钱、无门路上医院，只好向亲戚、邻居等借钱，求有门路的人帮助上医院住院，也请亲戚帮耕田。

生产性投资的主要帮助，在于借贷，并不常包括劳力、礼品，虽往往也依靠一定的门路。盖房的投资所引起的互助最为全面。盖房的资金可能一部分来自借贷，在盖房过程中，也需要劳力帮助。房子完工以后，举行“乔迁”庆典，一般也收取“红包”。

互助的圈子

在汉人社区，合作与互助受一定的社会关系网络的限定。这种合作与互助并不是超地方性的，而是与一定的地方社会关系的体系有密切的关系。我们可以把民间社会互助的范畴，称为“互助的圈子”。

溪村互助的圈子有三种：（1）堂/族亲圈子；（2）姻亲圈子或通婚地域；（3）朋友圈子。如前文所述，堂/族亲圈子的形成与家族史中的分家过程有关。堂亲是四五代之内同祖公的族/家亲。族亲是四五代以上的同祖先的家族成员。堂/族亲的疏、近关系分为如下级类：堂亲→同房分亲→同房支亲→同家族亲。堂亲是其中的最小单位，同家族亲是其中的最大单位。

姻亲圈子指的是以通婚为途径形成的社会关系，其分布的范围与通婚地域对应。姻亲的形成，是以母方亲属的互相联系为基础，祖先崇拜不是姻亲的主线。第3章已经指出，溪村的通婚地域是蓝溪两岸的下安溪一带。姻亲圈子的成员之居住地点，大多在这一地域之内（虽然有个别的人口分布在外县）。

堂/族亲和姻亲关系网络的形成，与陈氏家族的形成和发展是同步的，时间约在明中叶至清代。“朋友”的关系在传统的绅士之中早就存在。可是，其在村落中的发展，是在20世纪之后。其发生、发展的依据，是20世纪以来学校、非农工作等社会经验的产生和演变。学校形成“学友关系”，工厂形成“工友关系”，商业形成“同行关系”等。在溪村，这类关系统称“朋友关系”，其社会基础一般与族/堂亲和姻亲圈子不同，只是可能在地域分布上有重叠。

这三大门类的圈子中，之所以会发生社会互助，原因在于社会圈子的成员，一般互相承认大家共同的“社会历史经验”。换言之，同一圈子的人，通常认为他们之间的关系在“以前”即有基础。“以前”的共同社会经历创造了村民之间认同的机制，这一机制又转化为相互间的“兄弟情谊”之感（fraternity），成为互助的来源（图10.3）。

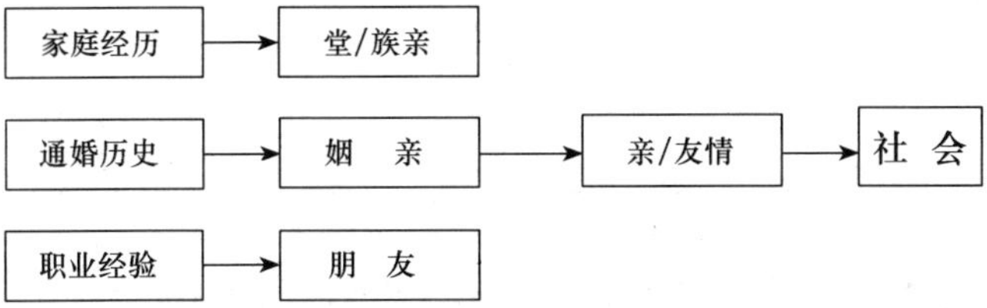

图10.3　圈子的形成与互助

互助圈子情谊的维系，有赖于民间仪式活动。用于维系这些圈子的关系和情谊的仪式可以分为三类：（1）家祭（人生礼仪、家先祭日）；（2）堂亲祭（新年祭祖）；（3）家族祭（村神生日、祠堂祭祀、祭鬼或普度）。在任何一种仪式中，三类圈子都可能出现在宴会上。但是，（1）和（3）类更易于卷入外村的亲戚圈子，而（2）类常仅限于堂亲群体和家庭。

在家事、急救和投资事项中，堂/族亲、姻亲和朋友的关系都提供不同程度的帮助，所提供的资源包括礼品、借贷、劳力和门路。可以说，这三种社会圈子在当地的合作与互助中，均占有同等重要的地位。但是，不同类别的圈子，在不同事项中的作用有量方面的差别。在我调查（问卷）的30户中[74]，共有13项家事引起社会互助。根据互助的礼金、借贷、门路、劳力的量的百分比计算，其中堂/族亲的帮助占57%；姻亲的帮助占36%；朋友的帮助占7%。急救事项共6件，其中堂亲的帮助占40%；姻亲占58%；朋友占2%。在18件投资项中，堂/族亲占42%；姻亲占46%；朋友占12%（表10.3）。

表10.3　社会圈子各占的互助比重

事项	关系	在互助中所占比例
家事13项	堂/族亲	57%
	姻亲	36%
	朋友	7%
急救6项	堂/族亲	40%
	姻亲	58%
	朋友	2%
投资18项	堂/族亲	42%
	姻亲	46%
	朋友	12%

在各项互助中，堂/族亲和姻亲两类占的百分比相似，而堂/族亲在家事项中占比最多，姻亲次之，但姻亲在急救和投资项中所占比例比堂亲高。朋友关系提供的帮助，百分比最小，但在投资项目中占相当比例（12%）。从总的百分比看，在家事、急救和投资三项中的社会互助额度中，堂/族亲和姻亲的贡献率旗鼓相当，而朋友的贡献率则仅占不到一成。

从目前的状况看，堂/族亲和姻亲是溪村社会互助的内核，而朋友的帮助，基本上是当地互助的外围。[75]从个别的家户看，有某些家户堂/族亲的关系在社会互助资源中占最主要地位；在另一些家户中，姻亲关系占主要地位；同样地，也有不少家户朋友关系已成为社会互助的主要来源。这些情况的存在，说明不同家户的历史经验与“兄弟情谊”形成的特点不同（图10.4）。

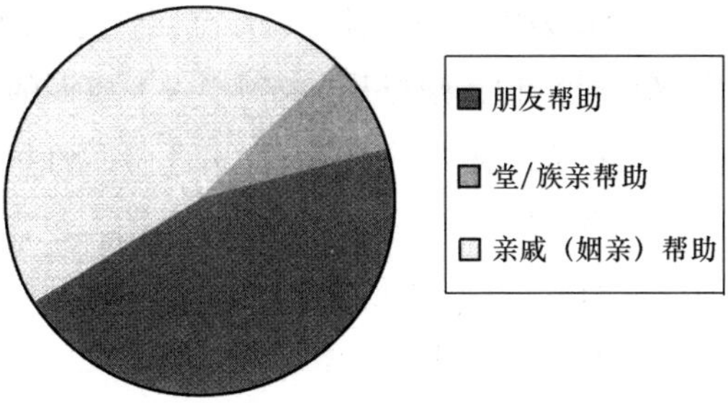

图 10.4　三类关系在社会互助中的比例

等　级

在一定意义上，社会关系是一种资源，社会互助的发生，是家户或个人消费社会关系资源的过程，也可以说是社会关系资源实现供求互动的过程。更重要的是，不同的家户拥有不同数量的社会关系资源。换言之，对不同的家户而言，社会关系网络的大小不一。某些家户拥有大量社会关系，而另一些则可能产生社会关系的缺乏，并因此导致获得帮助的能力下降。社会关系资源的不平等分配，能导致家户之间形成一定的等级差序（Blau，1964）。

例如，家户 X 拥有大量的借贷、劳力、礼品和门路供应。因此，当遇到家事、急救和投资时，假若出现自有资源的缺乏，便可能寻求堂 / 族亲、姻亲和朋友帮助。从而，家户 X 无论在婚丧（所谓“红白喜事”）支出、重病医治费用或投资上，数额都特别大。相比之下，家户 Y 只拥有有限的社会关系，借贷、劳力、礼品和门路都很少。因此，某些时候家户 Y 产生对互助的需求时，一般难以得到满足。

村民在谈论到这种等级差别时，用“人缘”一词进行解释。所谓“人缘”指的是一个人与其他人的“缘分”。也就是说，人生来就有处世为人的不同能力。“人缘好”的人，一般可以得到许多社会关系资源；“人缘差”的人，则难以同人沟通，难以构造许多社会关系。“人缘”的观念代表民间的一种意识形态，它的作用在于从“天命”“缘分”等超验性意识，阐释并支持社会关系资源的等级差序。

当然，社会关系资源拥有量的差异，并不导致社区内部贫富的极端分化。这是因为中国民间的社会关系与互助，包含一定的“道德经济”的因素。对同一社区的人口而言，堂/族亲和姻亲的关系数额基本上是趋向平等的。即使在不平等状态出现的情况下，社区也会产生内部调整的机制，以一定的仪式礼俗规范人际关系。家族制度和通婚地域，就是以传统界定人际关系规则的手段。

比较易于造成分化的，可能是朋友关系。当地村民获得就学、就业的机会不是平等的。那些就过学、上过班的人之间，一般容易交到朋友，而其他村民则朋友甚少。对某些家户而言，朋友在堂/族亲和姻亲之上，增加了提供互助资源的可能性。而没有朋友的家户，则只好局限在传统的社会关系网络之内。

第 11 章
家族社区传统的再造

传统复兴

对民间合作与社会互助的观察，从一个侧面说明，乡土传统中家庭制度和通婚习俗已经在改革的十余年中得到恢复。改革创造了以家户和个人为基础的生产方式。这在溪村造成“公经济”与“公益事业”的空缺。恢复了的家族制度和姻亲关系，在一定程度上补充了这一空缺。然而，这些传统关系形式的回潮，是乡土传统在现代化过程中复兴的一个重要部分，却并非是它的所有内容。

20 世纪 80 年代以来，与其他地区一样，溪村出现了传统仪式复兴的局面。改革以前，传统的节庆等民间传统文化形式大多勉强生存于家的范围内，公共祭祀到 1960 年以后即被严厉禁止。80 年代以来，各种各样的民间仪式活动涌现出来。这时，民间宗教文化的主要组成部分——家内祭礼和社区祭祀——都得到完整的发展。明中叶至民国，溪村的节庆主要包括：新年、“法主公”、朝圣、清明、中元祀鬼、“法主公”生日、八月墓祭、观灯等。祖墓与观灯田已在“土改”中被取消，现在墓祭和观灯祭未得到恢复。但是，除了这两庆典之外，其余均已复兴。同时，家族的祠堂（当地称为“祖厝”）也于 1993 年修复竣工。

在复兴以后的庆典中，家族村的村神“法主公”的诞辰仪式最为重要，也恢复得最为完整。在第 4 章，我已提到，“法主公”诞辰庆典，为村民“社区感”和“认同感”提供了一个核心的象征。也是在这个庆典的促进下，民间合作的意识和制度、社区内外关系的模式得到了维持和拓展。经过恢复，它重新成为富有这一系列意义的仪式，对当今溪村的社会生活与文化具有至关重要的影响。为了说明这一点，我们不妨首先具体看看“法主公”仪式的程序及其社会文化内涵。

仪式过程

围绕“法主公”信仰的主要庆典，于每年农历七月间举行。我目睹的庆典之一，于1992年农历七月二十三日前后在村庙“龙镇宫”（村庙）举行。参与仪式的人口达4000余人。那年的庆典，有村民献祭、道士仪式、演剧等内容出现，时间共延续一天半。从道士科仪的角度看，这一套仪式称为“观灯做”，是三级庙祭中的中间级（第一级为“观大灯”，第三级为“做寿做”）。

虽然据传“法主公”的诞辰在七月二十三日，但是仪式从七月二十二日已开始举行。该日中午过后，全村准备祭献祭品，包括三牲与饭菜、素盘。宰杀生猪的工作也开始进行。下午4时，道士开始立道坛。主事是一个年老的“法师”[76]。共有两个年轻助手和1992年轮到做主持人的聚落代表人8位（头家），一般村民不进庙参与。

念经之前，“法师”指挥助手和8位头家代表举行立坛仪式。坛中神位的设置依据地方道教的规范进行，神祇包括：元始天尊、灵宝天尊、太上老君、玉皇大帝、赵元帅、康元帅、天公。本村村神包括：“法主公”、肖公、三代古佛、保生大帝及舍人公。道教神像由“法师”带来，村神塑像从村庙“龙镇宫”的神龛中移出设置。道教尊神元始天尊、灵宝天尊、太上老君位于最尊之位。村神在庙之中间位置。玉皇大帝及赵、康元帅各在庙之左右两侧。另外，8位头家代表还在道士的帮助下安置香炉、斗灯。斗灯包括一个大斗、一个小斗，由米、尺、镜、圆、钱、花组成。立坛之后，龙镇宫的空间布局从一个村庙转变成一个非常正式的神殿，俨然成为一个“衙门”，象征一组神圣的权力（图11.1）。

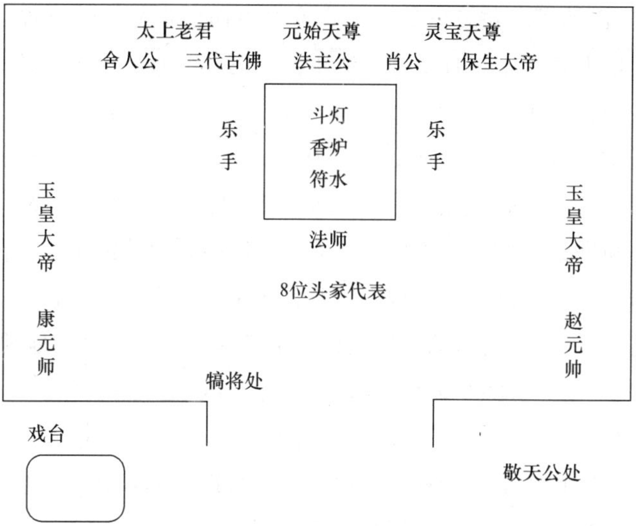

图 11.1　龙镇宫立坛

立坛之后，由法师主持进行“发表”启坛，时间上持续 20 分钟。发表的主要目的是请神到庙中参与“法主公”诞辰大会，主要内容是诵读《北斗经》。“法师”不断踏步、转身，向东、西、南、北、中五个方向挥洒符水，驱除不净。庙宇洁净之后，开始请神。据民间的说法，立坛之后，神像只代表神的躯体，神的“灵验”尚未建立，因此，要由“法师”念消神咒语，由 8 位头家代表代表全村村民接神（迎神）。请神咒语念毕，“法师”斟上 5 杯酒，向神敬酒。

下午 5 时以后，“法师”起鼓，进行普祀“犒军”。“犒军”仪式是为犒劳随天神下降的天将天兵。仪式十分简单：“法师”一人着黑色道袍在龙镇宫门槛端坐，起鼓、吹羊角号、念咒语。全村村民都参与“犒军”。他们派家中一至两人挑一担献祭品给神将神兵，摆在村庙门外空地。献祭包括烧香、烧金银纸和放鞭炮。“犒军”仪式在下午 6 时告终。之后，村民将献祭品挑回家中宴客。

傍晚 7 时 30 分，村庙前的戏台响起鼓乐声，被村人雇来的安溪县高甲戏剧团上演一出戏剧，借以娱神。此戏名为《林爱姑告御状》，讲述了一位良家妇女受官家之害而上告复仇的过程。

农历七月二十三日，是“法主公”诞辰的日子。该日的仪式分为三大段落：上午、下午、夜间。上午的仪式包括：起鼓、请神、安坛、结界、开宫和做敬。上午9时以前的仪式几乎是不公开的。从起鼓到安坛，仪式是前一日的重复，只是没有举行“犒军”。但此时参与安坛仪式的道士增加到6位。同时，仪式的进程比前一日更为展开。安坛之后，进行“安路界”和“守宫门”的仪式。所谓“安路界”就是在村落的主要路口安上纸人，界定村落的地理界线。“守宫门”由“法师”举行，请天将天兵镇守龙镇宫大门。

之后，举行“开宫仪式”。所谓“开宫”就是指把庙门向全体村民开放，接收献祭和礼拜。仪式由3名道士和6名乐手举行，向东、西、南、北、中五方挥洒美酒。开宫以后，村民全部集中到龙镇宫门前。村庙前面的空地被排满桌子，每一户人家向神献一桌祭品。同时，村民开始烧“灯料”（一种献给神的纸钱）、金纸、放鞭炮。祭拜过程中，村民进行“还愿”和“祈祷”。“还愿”指报答神灵日常对家庭的保佑；“祈祷”是向神表示新的愿望，祈求保佑。道士是沟通人与神的途径，因而常“代民问天”，以巫术道具请示上界。

做敬与诵经穿插进行。早上，一个年轻的法师由6名乐手配合，诵读《北斗经》。诵经时，8位头家代表由大头家带领做跪拜、举香仪式。诵经分三段，间歇时个别道士被村民请为他们代做敬。做敬时，主持的聚落之8家代表全村晋献猪头，其余村民在庙门外献祭。

仪式进行到中午，有一个小时的间歇。此时，道士科仪暂停，村民开始“搏龟”，也就是通过占卜选举下一届充任“头家”的8个家户。因为主持下一年神诞的聚落是寨尾，因此该聚落的两个村民小组各派一人到龙镇宫作为代表进行“搏龟”。此二人分别将一批红纸（其中写有各家户户主人名）交给道士，由道士在“法主公”神像前占卜“头家名单”。

下午的仪式包括：晋献猪牲、敬天、午敬、分米、犒军、午夜戏和拜寿。晋献猪牲者主要是本庙主持“法主公”诞辰庆典的8位头家，所献的猪牲共有8头，代表8个头家。晋献猪牲的仪式，虽是以头家为中心，但道士、乐手也参与，他们奏乐并诵经，为祭仪伴舞。

紧接着头家献猪牲的是“敬天礼”，其意义是对天的保佑表示答谢。村庙内的敬天坛，随早晨立坛而建立，位在庙内的东南角，由上下两块方桌、两座灵屋、一些素菜祭品、糖制的塔等组成。敬天仪式起始于村庙之内，由道士代表村人向“天公”敬3杯甘草茶。之后，8位头家代表由3名道士带领，将灵屋、灯米抬到村庙外的空地，点火烧掉。8位头家代表跟随法师的步伐，围绕篝火行进3周。其后，道士向篝火跪拜3回。敬天过程中，村民向“天公”献素食（包括菜饭和糖果饼干）。

午敬之后，是分米的仪式。8位头家各准备米饭一碗，陈列在庙内的神桌上。分米的祭仪是由每一位头家轮流将饭碗端起，转送到道士手中，由道士向东、西、南、北、中各方示意3回，最后交回该头家手中，由其带回家中。

仪式进行到下午3时30分，重复前一日下午的“犒军”，意思是犒劳下凡参与村神诞辰庆典的天将，并欢送他们随天神回天府。“犒军”的仪式与前一日雷同。

“犒军”开始半小时之后，戏台上锣鼓顿起，开始上演午夜戏。所谓“午夜戏”，据说是专门表演给“法主公”看的，是献给他的生日的一份厚礼。这个节目不是道士安排的，而是由剧团与村里的8位头家商定。上演的剧目是水浒传故事中的《抢卢俊义》，由安溪县高甲戏剧团演出。《抢卢俊义》演出之后，上演传统的敬神戏《跳加冠》和《八仙祝寿》。

《跳加冠》指的是为村神“法主公”加官进禄，演员扮相是穿官服、戴面具和黑胡子。他手里持一条红纸，上面写着“加官进禄”和“合境平安”。戴面具的演员用舞蹈动作，表演了加官进禄的意思。《八仙祝寿》的内容是由演员扮成传统传奇中的八仙，由他们到村庙向“法主公”表示诞辰祝福。

夜间的仪式，主要有两个内容，一是在村庙的临时戏台上演高甲戏，二是在村民家中宴请亲戚和朋友。上演的剧目是《川金扇》。到夜间 10 时，演剧和宴客仪式结束，“法主公”的诞辰庆典告终。

村神诞辰的社会文化意义

村神诞辰庆典，礼仪是由道士协助安排的。丁荷生（Kenneth Dean）称，“道士表演的仪式有时程的严格规定，这些规定对社区的仪式活动起建构的作用。不同的献祭品的安排、游神的仪式、社区代表的敬神活动，其结构全是道士依据其科仪决定的”（Dean，1993：50）。的确，道士与道教科仪（经典仪式）在民间仪式中起的作用相当重要，但是，从当地的角度看，道教文化仅是村神庆典的支撑，它服务于社区的自我定义。也就是说，社区仪式的主体并非道士的活动与科仪书，而是社区的社会活动。

“法主公”诞辰庆典，在溪村是在 1987 年恢复的。这个诞辰庆典复兴的过程中，地方政治的动力相当重要。对此我不拟做更多的分析。我只想集中说明，这个庆典的复兴，是改革以后民间传统逐步找到社会定位的一个重要表现。“法主公”代表村落社会与文化的传统，与家族认同、村落认同、内部合作与外部联系有密切的关系。这些可以透过如下几个层次加以考察：

1. 轮祭行为

村神诞辰庆典，营造了一种社会认同感，即，社区作为一个合作共同体以及社区成员对这个共同体的共识。陈氏家族作为一个社区共同体，所依赖的是三大柱石：本族的谱系、地方的观念和行政区划。以谱系、地域性、行政地理为基础的民间社区认同，是在历史上积淀形成的。陈氏家族起源于族亲，发展于十一世以后族亲关系的地域化，后得到政府的包容而成为行政地理中的保甲、行政村；村神诞辰的庆典，是历史积淀的表现。

神诞庆典的这一作用，主要体现在仪式组织与创造的轮流责任制上。我采访的30个家户中，所有的人都承认自1987年每年都参与“法主公”的神诞庆祝活动。他们都认为，“法主公”生日是全村陈姓居民的最主要节庆。然而，他们虽然全都是地方神诞的积极参与者，却不是每年都主持这一活动。仪式的主持，采用不同聚落分年轮祭的制度。轮祭圈形成于一世左右，与家族庙田的形成有关。清末至民国期间，分为三个角落轮祭。现在，适应官方自然村落的划分，已改为四个聚落（自然村）轮祭（图11.2）。

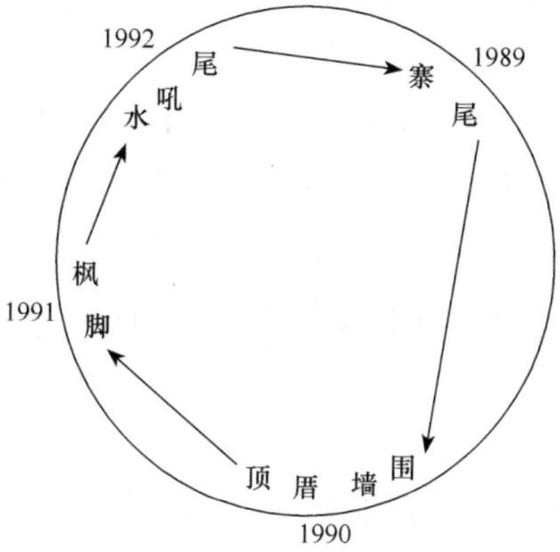

图11.2　轮祭圈

村民说，全村轮祭犹如几个同胞兄弟轮流孝敬父母一样。又说，轮祭可以使村民对仪式活动少一些负担。可见，轮祭代表一个合作性的社会圈子，它既是一个四年的周期，又是四个聚落（自然村）轮番操练仪式的周期。轮祭的作用，在于解决资源短缺的问题，同时在于保持一个社区互助制度的延续。轮祭把村民分为仪式的主角与配角（头家与一般村民），但主角与配角的划分并不是固定不变的，而是由全村村民轮流担任，由占卜决定，进而形成一个内部相对“平权”的社区。

这种“平权”的关系，本质内容是责任与机会的平等，这在神诞庆典的组织中得到充分体现。承担某一年“法主公”生日庆典主持任务的聚落（自然村），负责出钱雇请剧团、道士、立法坛和供奉猪牲。他们还负责代表全村村民向神灵祈福消灾。一般村民共同负责仪式的部分花费，但收支是由“头家”负责。“头家”不是由人选定的，而是由神选定。因此，任何村民均有机会被选为头家。

轮祭的制度颇似互惠交换。轮到主持仪式的村民，便成为仪式的主角，并因此在全村村民中受到尊重。可是，他们也要为这种尊重付出相当大的代价。村神诞辰如办得不隆重，就会失去聚落和“头家”自身的“面子”。村神庆典类似莫斯讲的“夸富宴”（potlatch），是以礼品换取威信的途径（Mauss，1990：5–7）。当地村民认为，得到“头家”的地位，意味着该村民将在未来的一年中得到好运，发财兴家。笔者的观察证明，“头家”是一种象征性的政治地位。之所以说它是“象征性的”，原因在于这种地位与威望仅在仪式中有效，不是政治现实中的“官位”。之所以说它是“政治地位”，原因在于它代表一种权力等级。竞争当“头家”的行为，可称为象征性的竞争。

社区认同的机制，是通过仪式的共同参与形成村人与村人之间合作，并通过仪式上的合作行为，界定社区内的人文关系。在溪村，所谓“社区”称为“公家”；所谓“个人”称为“私人”。仪式是公与私的辩证：它规定“私人”要获得“公家”的承认，需要首先为“公家”付出代价；同时还规定，“公家”有义务为“私人”提供社会进取的机会。

2. 宴会与网络

村神的庆典，不仅是社区认同感的创造与再创造，而且还是村落与外界创造联系的途径。从外表上看，道教仪式是祭仪的主要内容。但是走出村庙，我们可以发现整个社区的村神生日，成为一个宴客的大天地。所宴请的人员，是村内、村外一大批日常与村民有社会经济往来的人物。

从象征意义上讲，村民在庆典中向村神献祭的食品、科仪和戏剧，是酬谢神灵用的物品。但这些大量的实物与文娱，也用来请人。民间俗语说，“一请神，二请人”，指的就是神人共用食品与娱乐的现象。请神是为了祈求和答谢上天保佑，请人就是请亲戚朋友来参加村落宴会，联系人际的“感情”纽带。神诞的一个重要方面是人际关系网的建立。

神诞作为宴请仪式，可以从两个层面加以考察：一是在村庙前举行的仪式和戏剧表演，作为对社区外的关系户的邀请式；二是神诞日在各家户中举行的宴会。在村庙前举行的仪式和戏剧表演，既是让本村人看的，也欢迎外村人来看热闹。[77]“看热闹”者有两类：邻村的好事者与通过婚姻和联谊形成的村外社会关系。在家户中举行的宴会可分为两类：（1）“头家”的宴会；（2）一般村民的宴会。“头家”的宴会最为大型，被宴请的对象包括本村的“堂/族亲”、干部、来自村外的姻亲、友人或同行。一般村民的宴会，不包括本村“堂亲”，而只包括姻亲、友人和同行。被宴请的人，也是村民中时常提供借贷、劳力帮助的人。

3. 神谱的象征

武雅士看到，中国民间信仰中的神系——祖先、神和鬼——象征中国农民社会生活中的社会人群之划分，即族人、官员、异族人（Wolf，1974）。这个观察，基本上反映了民间宗教的概貌，但并未全面对神谱加以分析，而且并不注重地方化、宗教化的神谱之研究。溪村“法主公”庆典所“请”来的神主要包括三类：（1）天神（道教神祇）；（2）地方神（“法主公”等）；（3）天将。在仪式过程中，不同的神有不同的酬应仪式。道教科仪主要是用于请天神与天将，天神是天上的，因此被迎为上宾。列席在村庙之内，天将则负责守门。大量的戏剧节目和献祭是为地方神设置的。

神谱象征一种等级：天神至高无上、地方神管理地方（村落和家族）、天将守护天神。更重要的是，这三等神灵代表一个民间象征中的“衙门”（政府）。天神是皇帝和封侯，村神是地方官员，天将是“警察”。我们可以认为，立坛之后，村庙成为一个象征的“国家”。汉人的仪式是民间交流的手段，它使凡人有可能与“皇帝”直接沟通。进一步说，神系所代表的“象征国家”（symbolic state）是村民借以表述自己的问题和需要的工具。

在献祭过程中，最常出现的行为是“祈福”和“还愿”。可见，村神庆典与农民表达个人和社区的需要与问题有关。从社区的角度看，所谓的“福”和“愿”，便是社区生存的内在问题，或家族作为一个村落如何共同应对变迁的大环境——如经济变迁与福利制度改革——的问题。从个人和家户的角度看，它们指人的“福气”与“运气”的问题。求神赋予人“福气”与“好运”，表达了农民在变迁的环境中的不确定感。

4. 道士（法师）的角色

神诞庆典是制度化的集体行为。虽然它可能随时代变化而转型，但是作为民间传统，它与社区生活的关系是比较稳定的。如上所述，轮祭的习俗形成于陈氏家族的十一世，是家族地域化之后产生的仪式制度。到民国末年（1948），它仍然保留了明清时期的特点。20 世纪 80 年代以前，政府对村落组织加以改造，到 80 年代，以自然村的形式划分村内聚落，使原来的轮祭范围产生内部转变，从三“房柱”（聚落）轮值制转变为四大自然村的轮值。虽然有这一变化，但复兴以后的“法主公”诞辰保留了传统的风格。

道士在民间仪式的传承中，起着十分重要的作用。因为溪村并没有职业化的道士，所以每年的“法主公”庆典，均是从安溪蓝溪流域的道士活动者中聘请人员。这些道教神职人员根据祖传的科仪书和经验记录安排仪式。“观灯做”是这一区域道士拥有的祭神的祀典科仪简略版本。经由祖传的职业训练，道士保留了民间传统仪式中标准化的符号体系和仪式程式的制度，并在与农村社区的交流中，逐步将这些仪式知识传播到各社区中。溪村所聘用的道士，均分布在下安溪，在该村的通婚地域之内，所请来的剧团，也分布在同一区域。以此观之，通婚地域的存在，应是与一定宗教—文化区域对称、重叠的。道士和民间剧团的科仪与剧目，可能是这一区域的文化特征。

不过，道士与社区的关系是交换性的：他们提供记录的文化传统供社区使用，社区付给他们一定的回报。从这个意义上讲，他们的角色颇似民间剧场的表演者，他们的仪式正如民间神诞上表演的戏剧一样，是社区献祭给神的礼品。真正从财政和组织上创造社区仪式的，是向神灵献上礼品的社区。

传统再造

对于近年民间宗教仪式的复兴，国内的解释可以分三类：（1）认为民间仪式复兴是意识形态教育的松懈所致；（2）认为民间信仰复兴是“封建迷信”的死灰复燃；（3）认为它是因为民间宴客等“浪费”的习俗回潮（Feuchtwang and Wang，1992）。这些论点都是以当下现代性“大传统”的价值观为背景提出来的。在我看来，研究乡土民间传统的复兴，不能急于下结论，而应着重考察这些事物在社区文化体系中的作用。

可以把目前民间仪式的复兴，称为“传统的再造”。也就是说，乡土的传统可以在新时期特定的状况下被民间加以再创造，或恢复它们原来的意义，使之扮演新的角色。实际上，改革以来，不仅社区仪式得以恢复，溪村的家族制度和通婚地域也复兴了。陈氏家族的祖祠经多年的筹备，于1992年修复。目前，陈氏族人正寻找历史材料，重写他们的《族谱》。这些活动均可称为“传统的再造”，具体地说，它们可称为一种寻找社区历史的行为，或民间再创造社区认同和区域联系的行为。那么，为什么社区认同和区域联系会在新时期里被重新“发明”？这与我前一章所述的民间对个人—家户的“私有”经济体制的单一化产生的文化反应有关。改革开放以来，“公”的社会经济形态基本衰落，这导致了乡村对社会联系和互助的缺失感。社区仪式所再现的实际上是明清时期公与私的家族经济的“公”的部分，在现代化过程中，这个“公”的部分表现为仪式上的合作配合，也表现为仪式中的传统社会关系的“共庆”。

第 12 章

仪式领袖与象征权威

乡村的权力

在论述乡土中国的权力类型时，费孝通先生曾提出三个概念，即“横暴权力”“同意权力”和“教化权力”。“横暴权力”指利用暴力进行自上而下的、不民主的威吓统治；“同意权力”指在社会中经由默认、契约、退让而形成的力量；“教化权力”指通过文化的传承和传统的限制所生成的力量和社会支配。他还指出，中国传统的农业经济模式，不足以提供横暴型政治权力所需要的大量资源，因此封建帝王通常采用“无为而治”来“平天下”，让乡土社会自己用社区的契约和教化进行社会平衡，从而形成农村社会“长老统治”的局面（费孝通，1985：60—70）。

历史上，溪村基本上就是以“同意权力”和“长老统治”进行自主的社会平衡的。从社会的角度看，家族制度不只是地方社会组织和经济的基础，而且还是地方政治的结构。家族从血缘和地缘关系，规定人与人之间的义务和责任，调节长幼、男女、尊卑的等级。就目前的状况来看，以家族制度为基础的地方政治，仍然在起到十分重要的作用。上面论述“传统的再造”，其中的主要内容是社区的自我更新，但也包含地方传统的权力观念与制度的复兴。对此，这里需要做必要的说明。

仪式领导人

目前，溪村与正规的政治权力的关系，是经由村民委员会和党支部实现的。村委会和党支部的任务是运用党、政府、村民给予它们的政治地位，实行政府的政策并对社区进行组织。从表面上看，这两个机构好像是村里仅有的权力机构。其实，在它们之外，还存在另一个权力中心。我将之称为“非正式的权力中心”（民间权威中心）。为了理解民间非正式权力中心的形态，我于1994年底至1995年初再对溪村的“乡贤”进行重点访谈。这次调查表明，当地非正式权力的中心，是在20世纪80年代以来民间传统的复兴这个大背景下成长起来的。

改革以前，溪村存在着对保护地方利益的代理人的需求，但不存在成形的民间权威中心。那时，村干部必须扮演双重角色。他们一方面是政府在社区的代理人，另一方面须对社区的利益做出支持的姿态。例如，1961年，因为溪村一村民偷窃邻村的生产工具，引起两村矛盾，溪村的陈氏家族之一支与邻村发生冲突。村干部起先本着对政府政策的尊重，尽力调解。后来，调解无效，这些干部受族人的影响，认为是邻村人仗势欺负本家族，为了“保护本村的利益”，其中几位暗中形成一个暂时的小组，领导族人与邻村发生的械斗。

非正式权威中心从正式权威中心分化出来成为独立的政治力量，发生在改革开放以后。改革开放以来，家庭联产承包责任制的实施，削弱了20世纪50年代创造出来的“集体”制度，社区对公益事业的需求，一时得不到满足。这一缺失感自80年代后便从恢复旧的家族仪式、村庙、祠堂等行为中强烈地表现出来，非正式权威应运而生。80年代中期，为了复建村庙“龙镇宫”，几位族老和家族中被认定为“强人”的村民被推举了出来，形成领导村庙和祠堂建设的领导团体。在陈氏家族的成员中，他们被尊重为替家族办理“公家事业”的人，一时取得了民间的信任。村庙修成以后，他们又继续领导了传统仪式制度的复兴和改革，糅合传统的家族聚落和新的自然村制度，奠定了村神庆典的捐款与轮值制度。

1991年，陈氏家族在“族老”和“族贤”的倡议下，决定修建1967年被烧毁的祠堂。原来领导村庙复建的团体，重新成立，并演变成“祖祠重建筹备委员会”。这个委员会虽不是一个正规的权力机构，但在组织上却十分严密。它由三个层次组成。其中，第一层是家族中辈分最高的成员，是委员会的名誉领导；第二层的主要成员是曾任村干部并被承认有能力的“贤者”，是委员会的实际领导；第三层是家族各“房头”的代表，负责委员会与各家户的联系工作。委员会在1991年至1994年间完成两项重要的事务：陈氏宗祠的复建和宗祠落成典礼。在重建祖祠的项目中，委员会负责资金动员、风水的处理和建筑施工的组织；宗祠落成典礼中，它负责收集捐款、资金和仪式安排。

民间权威

表面上看，仪式领导者只拥有暂时性的权力，与一般意义上所谓的“权力”有区别。不过，他们通过主持社区庙宇的建设和仪式，逐步成长为乡间的“同意权力”和“教化权力”。他们在家族中起的作用，与编修族谱相通。溪村《教美陈氏家谱》说：

> 盖闻家之有谱，无异国之有史也者。所以重王章，正纲常，而为千古治国之原。谱也者，所以序长幼、别亲疏，而为百世齐家之本。[78]

根据这段文字，族谱有两大功能：其一是教化同族人，赋予他们有关社会秩序（长幼、亲疏）的知识；其二是营造族人之间关系的和谐局面，减少家族成员之间的不平等（齐家）。前者是一种“教化”力量，后者是“同意”力量。同样的，仪式领导人所做的工作，也具有这两方面的意义。如上所述，他们的主要工作是公共庙宇和仪式的组织。在组织过程中，他们并不把这两项事务强加给族人。相反，他们是被族人推举出来实现众人愿望的。因此，他们的权力是属于“同意”的结果，其权力施行反过来服务于社区内部的团结。

1991年至1992年间的祖祠重建及1994年的祖祠落成庆典都是由祖祠重建委员会组织的。虽然这两个工程耗资数十万元，但是大多数族人并不认为它们引起“浪费”，而是给予全力支持。族人基本上形成一种共识，认为这两件事是全家族的骄傲，对于保护家族的集体利益有好处。祖祠重建委员会受到族人的支持，主要是因为它实现了家族成员们所共有的愿望。对溪村人来说，祖祠和家族庆典就是家族的共同利益和凝聚力。在祖祠落成庆典特刊里，这种共识得到明确的表述：

> ……富丽堂皇的祖祠已屹立教美村东，象征吾族经济振兴、众志成城之风貌……为吾等愿者，族人光前裕后，休戚相关，音问相通，纪纲相扶，有无相济，出入相友，德业相劝，过失相规，强不凌弱，众不暴寡，大不欺小，和气周流，和睦友善，精诚团结……以振兴吾教美。[79]

另一方面，仪式领导人对社会关系格局起着协调作用。在仪式的组织过程中，他们通过引用传统规范，对长幼、亲疏关系进行强化。例如，在1994年底举行的祖祠落成典礼中，辈分高的人被给予“首人”的称号，并在长达24小时的仪式中一直扮演首要角色。仪式过程中，社会等级的差别得到强调。例如，落成典礼的一部分（祭祖）基本上是由地方精英参与，其他人的角色暗淡。念祭文者是一位最近成为处级干部的壮年人，司仪是镇干部，抱祖先牌者，依据家庭的财富、官位、教育程度选择。这些安排表现出非正式权威中心对社会等级的承认。

仪式同时具有均衡的力量。村庙、祠堂和每年举行的公共仪式，其资助直接来自族人的捐献。捐献的多寡，名义上是自愿的行为，但是，实际上，社会地位高和经济状况好的人，其所捐献的数额往往大大多于一般的村民。这意味着，为了维护他们的地位，社会地位高的人必须对社区有一定的奉献，而经济状况好的人，为了“面子”（社会地位）也必须付出代价。这样做的结果，是在不平等的人之间建立一种平等的交换关系：上等人出钱买“面子”。

如果我们把仪式领导人看成是“民间权威”（popular authorities）的话，那么我们也可以说他们的权威之特点与社会学家笔下的科层制权威有很大区别。他们的权威不是来自官方的任命，而是来自传统文化的规范及对“能人”的形象建造。换言之，传统文化赋予他们社区的“同意权力”和“教化权力”，使他们为了社区利益施展各种政治的本领。所以，在溪村，人们经常把他们的仪式领导人与个别没有威信的村干部加以比较。他们说，祠堂重建和公共仪式活动的领导人与贪图个人利益的官员不同，他们完全是为“公家”在做事，因而值得信任，也最有威信。

这个说法自然是一种“社区中心论”，它的意思是，替自己的家乡（家族社区）服务者才是好“领导”。作为超家族社区的国家的代理人，村干部的处境显然十分为难。他们所做的，包括征地、征税、征各种基金、人口控制，是对家族社区以外的社会负责，其对社区的益处不甚显而易见。民间的“头人”也做许多“征收”的事情，如征收村庙、祠堂所需要的资金，而且数额达几十万元[80]，但是民间的怨言很少。因为他们征来的资金全都立刻用到直接可见的家族公事上，所以村民不把他们的行为等同于“征收”，而是视之为一种社区资源的总动员。

社会角色

民间权威中心的形成不是偶然的，它有历史和社会的必然。从历史的角度观之，民间权威中心的起源（或复兴）是对现代国家政权向地方社会渗透的文化反应。

首先，民间权威填补了正规的权威中心和社区中家户之间的中介真空，是表述家族中家户的共同利益的渠道。家族中家户的利益包含两个部分：个别家的私利和所有的家合起来的公利。传统社会中，家的公利是经由家族表达出来的，因为正规的权力机构只在县以上的层次存在，所以家的公利与政府没有大的关联。所谓“公民社会”的建立，其目标是使家的公利与国的公利完全结合起来。为了达到这一目的，现代政府力图将其施政网络下放到乡村。不过，由于家的公利与国的公利之间的差异很难消除，现代正规权威中心与民间的隔阂仍未解除。民间权威中心在改革开放以来的出现，很大程度上表明这个隔阂的存在。

民间权威生长在地方“草根社会”，他们对这种社会的需求和政治反应十分敏感，并且他们的利益与“草根社会”一致，表述问题的方式无异，从而易于被接受为地方利益的代言人。在家族社区内部，他们几乎可以说是“公众意见”的传播媒介。例如，溪村陈氏家族的公利意识（如族产意识和公共仪式）都是他们代为表述的。溪村人说，想当一个被大家信任和尊重的人，必须“会讲话”。所谓“会讲话”，指的是把自己的言行与社区所需要解决的问题结合起来的能力。民间权威所组织的家族事务与仪式实际上就是一种传达方式，其所传达的是家族内部的“公众意见”。

其次，民间权威是历史与现代的中介。到过溪村的人一定会发现，那些被村民尊为公众所信任的人的，有的是老人，更多的是了解族老心态并愿替他们说话的人。这种密切的关系不是偶然的，它说明民间权威与传统的传播者（如老人）之间有互相支持的关系。我访问了备受尊重的祖祠重建委员会执行主任，他多次说明，他所做的一切都是因为“老人家”有这样或那样的需要才做的。当然，其中最强烈的一个需要，就是重建家族原有的公共设施——如祠堂——和制度。他说，这样做才不会让外村人看不起，而且有益于家族未来的财运和官运。

民间权威所赖以生存的空间是家族对自身历史和传统延续的需要。陈氏家族的成员对自己的家族史有全面了解者不多，但是他们对于历史的主要轮廓是清楚的。他们都知道，自己的社群原来只是几个小小的家庭，后来由于祖先的努力，变成一个拥有600亩良田的社区。对于目前正在发生的社会经济变化对自己家族的未来的影响，溪村人并未拥有足够的知识。许多人很努力地工作，但很少人认为他们了解这样的辛劳与给子孙带来永远的好运的关系。除了向神和祖先祈求保佑之外，他们还诉诸家族集体，试图从家族的整体命运中掌握个人命运。他们希望族谱上所记载的和老人讲的家族发达史是真实的，同时能够成为自己的未来。

可以说，民间权威的兴起，充分反映了变迁的社区中人们寻求历史的稳定感和解说命运的心态。所以，我们可以发现被我们称为“民间权威”的人，往往对家族史有充分的认识。十多年来，他们为寻找家族的起源地跑遍闽南地区，他们主持《家先谱》和族谱材料的收集。为了使家族的命运有一个保障，他们广询风水先生如何复建祖祠并使之符合族人的利益。他们还表现出是仪式制度的复古者。如何按古例做仪式，被认为会直接影响族人的命运。所以，这些家族的头人常去请教名声好、法力强的宗教专家（当地称为“法师”），请他们主持各种仪式，为家族驱邪祈福。

显然，非正式权威的出现填补了某种政治空白。针对这一空白的出现，黄宗智（Philip Huang）先生有一段精辟的论述。他说：

> 1978年后的改革对国家政权和农民之间的关系的影响，要依据这些情况来理解。今天生产队长的权力，只剩下集体农业时代的一枝半叶。从这个角度看，国家政权的触角已从每家每户向上抽回。同时，自由市场经济和农民家庭决策的部分恢复，也显示了国家权力的横向收缩。
>
> 另一方面，解放后的集体化曾为自然村落造就了一种新

的组织机构，而现在包产到户削弱了这种村社组织。在某种程度上，农民家庭现在离群孤立，一个个单独地站在国家权力机构的面前。解放前的同族集团和解放后的集体组织都大大衰微了。随着新的社会经济变化，国家政权和农民的关系将成为何种状况，至今还未见分晓。（黄宗智，1992：322）

象征的权威

民间信仰在近年的复兴，部分原因与民间权威的兴起雷同。同中国民间的许多神祇一样（Feuchtwang，1993），溪村陈氏家族的村族神“法主公”被当地人民视为精神上的权威。他没有封建帝国的封号，原来是一个道士，但是因为法力颇大，被奉为地方神。所谓“地方神”，指的就是一个社区的超自然的权力。它与真正的政治权力有很大差别：政治权力是现实的，而“法主公”是象征的；政治权力是现时代的，而“法主公”是历史的；政治权力是高高在上的，而“法主公”根植于社区，与人民十分接近，实为人创造的为人服务的偶像。民间仪式是联系人与“神权”的途径。正如马丁所说，汉人民间仪式实际上是一种交流模式，它类似于臣向皇帝上书、百姓向官员汇报情况的行为（Ahern，1981）。进一步说，民间仪式是一种学习的游戏，它教人如何与有权人士交流，如何通过一定的谋略限制有权人士的力量。

尽管改革开放以来民间信仰和仪式的复兴确实与政府意识形态控制的削弱有关（周英，1988），也受到20世纪50年代以来新文化政策的影响（Siu，1989b），但在溪村，更重要的推动因素，是民间涌现出来的对象征权威和对人神交流途径的新追求。拜神的活动是家族社区意识与制度再创造的行为，同时也是人们尊神为“神”、向神诉说自己的实际问题的行为。被重新塑造以后，神成为全家族社区共有的象征权威偶像，在人们的想象中俨然成为替民做主的“官”。自然地，村民向“法主公”解说的问题，有的是个人和家庭的私事（如生产、经商、婚姻决策），有的是家族的公事（如祠堂何时建设）。不过，无论是私事还是公事，村民所表述的问题全与社区的成员有关。

村民同神之间的交流，主要通过两种途径。一般而言，当一个村民碰到小问题的时候，他到村神面前燃香，用口述方式道出自己的问题并请求村神给予解决问题的指示，然后通过抽签占卜了解神的意向（Ahern，1981）。当问题较严重时，他就请童乩出面，由"法师"帮助，让神灵附身在童乩身上，通过童乩的嘴说出神的意见。如果村民认为神灵验，他就会在适当的时机备好礼品酬谢它，村神的诞辰庆典就是一个最合适的机会。在这方面，村里的仪式领导人的角色，在于组织人力为村神建造一个好的"府衙"（村庙），替村民选择好的道士和仪式，在每年的村神诞生日给予神适宜的招待。

作为一个假想的权威，村神"法主公"以假想的方式替他在社区中的信徒做出决策，提供问题的咨询服务。虽然他不是一个现代的心理医生，但是他所扮演的角色几乎与心理医生是一样的。这是因为，在人们的眼里，他可以让人们消除焦虑、烦恼和不安。当然，说他是心理医生不一定合适，因为他解决的问题不只是个人的，还是社会的，或者说是由于社会原因造成的个人不安。研究文化变迁的人类学家已经指出，变迁可能导致原来的文化体系、社会结构和社会关系的破坏，并进一步引起社会中的个人采用幻想的形式对之做出反应。不能说溪村人痛恨变迁。不过，应该承认，改革开放以来的现代化造成了当地社区与外界的巨大反差。都市化的发展，使溪村相形之下成为一个社会的边缘社区；不断从县城延伸到农村的高楼、公路和工厂，不仅侵蚀了农田，而且其所代表的文化渗透了年轻家族成员的内心；社会经济竞争性的加强，更给村民带来震动和不安。这些因素，加上近年集体力量的衰落，导致民间无力感的增加。复兴中的旧信仰和仪式，就是民间对这些变迁的表述。神给予人一种历史的延续感和稳定感，也给予人把握未来的幻梦。

结　论

在上面的 12 章里，我描述了溪村的家族组织与社会变迁过程。第 1 章介绍了社区的简要背景之后，我以明代（公元 1368 年）为起始点进入了数百年来陈氏家族在溪村的发展史。第 2 章至第 5 章，写的是关于明清时期陈氏家族的产生、独立、分化的过程，同时也反映了这个家族在内部结构、对外联系、地方制度等方面的基本特点。虽然这些章节提供的只是一个家族的历史概况，但是它们对理解当今乡村社区的组织仍有说明性意义。第 6 章至第 7 章，写的是民国时期陈氏家族所经历的外来冲击，它们体现了新建的现代国家和政府如何试图在制度、政权和文化诸方面对家族社区加以改造，或具体地说，20 世纪初以来形成的社会控制模式是如何进入原来相对独立自主的村落的。第 8 章通过描述新中国成立以来在不同的意识形态和政治运动影响下民间文化所经历的改造，阐述陈氏家族在大社会环境中的遭遇。最后 4 章都与农村经济改革以来的政治经济环境和家族社区现状有关，主要解说近年来传统复兴的形式、表现与原因。

溪村陈氏家族仅是中国无数的家族和家族村落的一个个案。先不说广大的少数民族人口和地区，即使只谈汉人社会，也要看到区系类别的差异。在不同的地区，生态、地理、人文传统和区域内部社会经济结构与功能的不同，塑造了不同类型的家族社区。仅是在单姓村与多姓村之间，我们所能看到的文化差异就十分巨大，更不用说有多少种类的单姓与多姓村了。因而，严格说来，溪村的调查研究绝对不是一个所谓的“典型调查”。不过，如果我们把溪村看成中国社会的一个小角落，并由此窥视这个小角落的社会生活史，那么我们就能意识到，虽然这里陈述的故事并非一部“中国通史”，但从它的角度却说明了在中国人民的习俗中存在着若干值得关注的重要方面。

家族社区的社会文化组合

研究汉人家族的学者容易产生两种解释上的倾向：一种是把家族看成是以血缘为中心的、具有现实社会经济功能的封闭体系；另一种是把家族看成是家庭之上的“虚体”或纯粹的意识形态和认同感。持前一种看法的学者（如弗里德曼）往往能看到家族制度的两个层面，即，较为具有“实体”意义的社会经济组织的层面和较为“抽象”的仪式文化层面，但是他们倾向于把仪式文化视为社会经济组织的精神支持体系。持后一种看法的学者则通常把家族看成是相当于“象征的社区”（symbolic communities）的东西，主张带有社会经济组织作用的单位是家庭（Cohen，1970），而家族是通过仪式将不同的家庭联合成一个有统一认同的象征性共同体（陈奕麟，1984）。溪村的家族调查给予我们两点启示：其一，家族虽然包含“象征的社区”的成分，但是它不仅是“象征的现实”，而且是社会经济组织的现实；其二，象征的现实和社会经济组织的现实之间的关系，不是其中一个层面决定另一个层面，而是处于一个互相包容的复合整体之中。

从明清时期溪村陈氏家族的形成与发展，我们发现一个规律。随着人口的扩大，家族内部不断出现裂变和房支聚落的分立状况，并导致“公”与“私”观念的重叠发展。而如果我们把“公”和“私”对立起来看的话，那么，我们便会得出一个结论，即，“公”就是我们所指的家族社区，而“私”就是家庭，并且两者的“功能”是不同的。家族作为一个“公”的单位拥有一定的公田和公共场所（如村庙和祖祠），这些“公产”的用途似乎仅是象征性的，因为公田的产品不是用于家族中个人的消费，而是用于村神和祭祖的仪式（Schurmann，1956）。相比之下，“私”的产业似乎较为实用，对维护家户的生存有重要作用。这样的比较，支持了那种认为家族只是“象征的社区”而家庭才是社会经济实体的看法。

然而，“公”与“私”、家族与家庭、象征与社会—经济的对立，是学者从家族外部强加给家族的概念。对于生活在具体的社区中的一般人民而言，他们的关系是整体之内不同方面的关系。对于溪村人来说，“公”的东西不仅可以是家族社区及其共有物，而且还包括比家族小的房支和比家族大的族外社会（如通婚、贸易和文化活动区域）。家庭、房支、家族和区域这几个不同层次的社会空间单位，都兼有社会经济现实和象征现实两面。

在溪村，人们无法想象一个只有生产而没有仪式的家庭的存在，同样无法想象只有仪式而无社会经济实用价值的房支、家族和区域。对他们而言，房支是同宗的“堂亲”和邻里团体，它组合若干个家庭，对家族负责，从事公田的轮耕并参与仪式，对个别家庭负责提供一定的社会经济互助和交流的资源。家族通过仪式和地方自卫措施划定“族人”与“他人”之间的界限，通过建立一定的内部关系指明家族成员的义务与权利，并且通过一定的“外交手段”达到保护族人利益、为族人提供外来人文资源和社会经济资源等目的。换言之，从象征的角度看，家族是一种仪式的合作体和社区认同的符号；从社会的角度看，家族代表一种社区的组织形式；从经济的角度看，家族代表一种生产和交流单位与媒介。并且，从生活在社区中的一般人民的角度看，这三者是不可分割的，它们同是生活流程中的组成部分。

家族与国家相关性之变化

20 世纪以前，家族不只是一般人民的存在之不可或缺的条件，而且还为不同的帝王和权贵所接受。韦伯在论述中国传统社会组织和权力结构的时候认为，村落是一种离旧政府的功能甚遥远的自治单位（Weber，1951：91–94）。正规的政权在村落里并不施行任何控制，它把自己的社会监察功能让给村庙、地方名人、家族的族老。村庙或祠堂拥有地产，它们不只是一种公共的场所，还是村落内部解决纠纷与协调内部关系的“执法”处。主持非正式行政的，是各家户的家长，他们与村中的地方权威联合起来，组成地方自治的人员。政府没有派遣自己的警察和官员管理村落，而是承认地方自治的合法性。闽南地区的家族社会史研究，基本上证实了韦伯的观点。明清时期，政府和民间有一个共识，即“国有定法，家有定法”；而且对于家族本身而言，家的定法是人们首先必须诉诸的，在家法之后才有国法。在民间推行宗法制度的行为，当然是政府控制社会的手段。不过，它的结果是民间社会的高度自治化。

家族和国家之间的这种微妙关系，在民国成立以后发生了若干重要的变化。溪村的研究表明，民国以来正式的政权抛弃了村落社会自治的传统，并且积极在村落社会推行政府权力、政治经济和意识形态。为了减弱家族在社会中的力量和自主权，政府把不同的家族合而治之，制造出大量多姓同处的村落；进而又试图将原来的族房长势力转化为“保甲”官员，服务于政府。与此同时，为了使“大社会”（国家）进入地方社会，政府推出一系列乡村社会、经济、文化的改造运动。在民国时期，商业化和公学对传统交换模式和私塾教育的取代运动，以及各种反对“迷信”的运动，顿时成为乡村改造的时尚。由于这些运动具有不彻底性，所以给传统的地方文化和社会形态留下了很大的生存空间。不过，自此以后，“官”和作为大社会的“公”的意识，便逐步在乡村立足，使正规的国家政权在社会基础中找到代理的媒介。在类似溪村的村落里，出现了两种权威中心并存的局面。

家族社区与国家的关系的变化[81]，不是一种偶然的现象，它体现了20世纪以来中国“规划的社会变迁”的政治特点。从意识形态的角度看，改造乡村社会的传统家族和习俗的目标，在于用“现代性”取代传统性。在表面上，这种做法似乎是理所当然的。但是，加以深入考察后，我们发现，所谓的“现代性”实质上与国家形态的转变有关。人类学家吉尔耐在论述近代文化变迁的过程时指出，社区社会原有的文化形态是社区自身组织的独立性，其在社会再生产方面的表现是人与人关系的面对面特点和教育的非正式性。近代以来提倡的文化的全民化，其所服务的对象是工业化之后的民族国家；对社区社会组织的否定，同样服务于新的国家形态（Gellner，1983）。假使我们能够同意传统的社区（如家族社区）是具有现实功能的社区的话，那么我们也可以依据安德森（Benedict Anderson）的界定把民族国家称为一种超地方的“想象性社区”（imagined community）（Anderson，1983）。进一步说，汉人家族从与封建帝国的兼容到受新政的否定之过程，反映的不是别的，而是以“想象性社区”取代现实的地方社区的政治过程。用吉登斯的话说，这一过程就是民族国家建立对社会的监控（surveillance）的过程（Giddens，1985）。

家族社区复兴的现状与社会原因

把家族与新国家对立起来的观念在改革以前的30多年里的观念和政策中继续占据主导地位，家族被列为与封建国家及其神权相等同的旧社会遗存加以“革命”。一如孔迈隆（Myron Cohen）指出的，在一个新政权成立以后，它便需要对文化进行重建。一方面，它自然需要建设与以前不同的文化来证实新国家的合法—合理性（legitimacy）；另一方面，为了达到这一目标，它必须构造一个与新社会相形之下无比落后的社会形象。从而，农民所习惯的旧生活方式、社会形态和文化被当成“落后”的表现，家族和社区的宗教仪式（如祭祀祖先的习俗）成为旧事物的典型代表（Cohen，1993）。时至今日，我们仍然看到这种新旧对立观在理论界的影响。

不必讳言，虽然新旧对立的观点在政治上有很大的实用价值，但是它很难经得起经验研究的考验。假使新旧对立观的假设成立，那么社会发展到如今的阶段，像家族这种旧事物一定是已经消失了（Potter and Potter，1990：251–269）。然而值得注意的是，在中国农村做过调查的学者都能发现，家族社会与文化在许多地方不仅没有消失，而且还在近年来呈现出复兴的势头（王沪宁，1991）。在不同的地区，家族复兴的力度不同，原因也不同。例如，在经济发展较后进的地区，家族的复兴可能与集体观念的延续有关。在乡镇企业发展较快的地区，家族可能成为资金、人员动员的渠道。溪村的调查表明，家族复兴已经有相当系统化的表现，并且具有深刻的社会根源，值得我们加以求索。

从表层看，家族的复兴似乎只是在民间的仪式领域中出现。平时，溪村的生产和消费基本上是以家户为单位进行的，由于旧的公田在土地改革运动中被分解，家族内部的轮作方式已经不复存在。相比之下，当村落和家族的节庆到来时，家族的内聚力便充分得到展示。家族是否已经从过去的社会经济和仪式团体的单位转化为纯粹的仪式团体？观察表明，溪村家族的确在仪式中扮演重要的组织角色，不过，它在仪式之外的实践中也起着重要的作用。首先，“家庭联产承包责任制”的实行，导致了20世纪50年代创造的“集体”的衰落，民间在经济和社会互助方面的合作产生一定的缺失，从而出现了对团体的新需要。例如，在农业生产中，哪些人合用一头耕牛，成了一个问题，其最后的解决办法就是同房分或有传统“堂亲”关系的人可以联合起来使用同一头耕牛。再如，某个村民需要盖房，但是资金不足，只好向“堂亲”和“亲戚”借。又如，家庭出现生、老、病、死、婚等事项，谁来一起想办法处理，自然是去寻找族人和通婚圈内的族亲来帮忙。所以说，家族的合作和互助的功能显然无法抛弃。

家族仪式表面上虽然只是起操演家族一体性的象征作用，但是它们也不缺少现实的社会功用。在第11章，我具体考察了一起村神的庆典。依照传统，溪村村神的神诞采用轮值制。神诞的轮祭单位糅合了家族的聚落单位和“自然村”的单位，轮到主持祭仪的房支，不仅需要出资金和人力物力来操办节庆活动，还要利用这个机会宴客。轮祭制度的作用一方面在于家族的内部合作，另一方面在于维持家族的社会联系。此外，如果我们把溪村的神诞放到家族外的大区域去考察的话，就会发现它在维系与陈氏家族的通婚地域相重合的文化区域的内部联系方面起很大作用。村神神诞是地方剧团和道士活动的集中时间。在神诞仪式中，家族出一定的资金请剧团和道士来表演戏剧和科仪。剧团和道士与家族形成交换关系，他们为家族提供地方文化，而家族在财政上对他们的生存提供支持。这种关系看似是经济关系，但是它对于维护区域的内在网络和文化有莫大的帮助。

最后，在调查中我们发现，家族社区和文化的复兴还与民间实际生活问题的表述、交流模式以及草根式的权威力量的再生有关。从家族仪式观之，可以发现目前复兴的民间信仰（神和祖先）在一定意义上代表一种接近于一般人民的“上级”，村庙和祖祠象征接近于一般人民的“官府”。在仪式过程中，人与神或祖先形成一种交流关系，人向象征性的“上级”表述他们在现实生活中碰到的难题，后者给予象征性的解决和帮助，并获得其崇拜者的回报（献祭的物品和戏剧演出的娱乐）。人与神和祖先之间的媒介，包括献祭品、香火、占卜用具及其解释系统、道士等；同时，还包括近年来形成一定势力的家族仪式的领导人。在第 12 章，我分析了这些仪式领导人的社会角色。不难发现，他们通过家族仪式，形成一种“为族人做主”的形象，并赋予自身一定的威信，从而达成家族内部社会平衡和教化的效果。在目前的状况下，溪村陈氏家族给予这些仪式领导人充分的信任，认为他们是有能力为家族的“公家”做事的人。我们可以把他们界定为村落的非正式权威，以便把他们与正式的村落权威中心（村委会和党支部）区分开来。虽然仪式领导人与神有区别，但是就他们存在的模式而言，可以说两者有些类似，因为他们是在民间需要一定公众意见表述方式的状态下被推上社区政治舞台的。

社区变化过程中的社会力量与历史角色

如何看待我们在本书中所叙述的历史？我们在书中采用一种学术论述的架构，试图对历史做出客观的评论。对于作者来说，溪村的历史的客观性表现在它的两面性：一方面，这个家族社区的历史是社会群体的人口、社会关系变化和经济再生产的过程，是家族生命史不断延续的过程；另一方面，同一个历史表现了不同社会力量互动并成为一个共存体的过程，它是一部关于社会力量在同一过程中各显神通、互相冲突和兼容并蓄的历史。这两个不同方面的糅合便是我们常说的“人创造历史”的故事。

可是，在提出这个评说之后，我们不可避免地应该正视一个我们往往更愿意加以忽略的问题，这就是：如果对我们社会科学研究者而言历史就是这种“客观的过程”的话，那么作为历史过程的主体的社区成员和对社区有各种影响的社会力量如何看待历史？他们是采用同样的角度，还是完全不同的观察？从知识社会学的角度看，我们社会科学工作者心目中的“过去”不能完全避开社会实践的约束，不过，通过对相对真理的追求，我们至少可以在一定的程度上使自己与社会实践形成某种距离。费孝通先生在谈到社会人类学研究方法的时候，指出我们研究社会的人既要“走得进”社会，又要训练自己“出得出”社会（费孝通，1993b：15），所谓“出得出”就是这种距离感的形成。对于社会中的历史过程的主体来说，情形就大不一样了，无论是对于哪一种社会力量，历史都是他们生活的不可分割的部分，或就是他们的生活。

我们研究的对象溪村人，远比我们要早地开始写自己的历史。作为社区历史的创造者，他们的历史有远比我们多样的表述方式。我们可以把社区中存在的历史形式分为四类：（1）社会实践行为的历史习惯性方式；（2）象征和仪式所造成的社会性记忆；（3）通过文字记载的本土社区史；（4）口头传统。习惯性方式包括生产和人口再生产的实践规律，虽是现时代生活的一部分，但由于与历史上形成的生活习惯藕断丝连，所以表现了社区中的主体对“过去”的表象；象征和仪式在现时代的社区中具有社会功能，但这种功能的效果主要是通过仪式对传统再展示而产生的，因此表现的是社区的过去的历史延续；文字记载的本土社区史，采用《族谱》《家先谱》等形式，是对在本社区中生活过的人加以记录，是最直观的当地人的历史；口头传统，如“法主公”的传说，是对社区和家庭的过去的回忆，同样充满历史的意味。

我们把这些无言和有言的历史全当成复原社区史的资料，而溪村人对这些资料的态度与我们不同。这些不同的历史可以与我们的衣、食、住、行无关，但是对溪村人而言，没有它们生活便没有色彩。历史对我来说是历史，而对他们来说是有感情色彩的“纪念”，而“纪念”是他们的认同、自我定义、对社会的看法和行动的一部分。通过“纪念”，他们同时也影射未来，并为未来做出努力。

卷入社区史的历程的社会力量，还有控制社区的国家及其代理人。和我们这些社会研究者一样，他们是站在“外人”的立场上看问题的。不过，由于这一社会力量有意干预社区的社会和生活，所以它对社区的过去和现在的观察也具有“感情色彩”和价值判断。20世纪的大部分时期，国家作为一个制度化的社会力量，常把社区文化“记忆”的各种形式归结为“落后”的表现。正如一位社会学家所言：“所有的国家在进行思维控制时，都用不同的方式去发明历史，因为对过去的解释提供了对未来发展的预言。”（Giddens，1985：211）在急于现代化的国家中，“历史的发明”更是一种有效的手段，对历史的“反思”可以成为改造社会的工具。把家族、仪式看成“落后”的表现，是一种“历史的反思”，其目的在于构造所谓的“现代”，而所谓的“现代”实质上是一种新的权力结构。

作为人文社会科学的一部分的社区史，无法完全摆脱这两种互动中的社会力量的影响。不过，在结束本书以前，我们似乎可以试问：如果我们想创造一个“出得出”的学术论述的架构，那么这个框架应是什么样的？我们是应“漂浮”在不同的社会力量之间，还是该主动做出自己的价值判断？1948年乡土中国研究的倡导人费孝通在《皇权与绅权》一书中说道：“中国知识分子是否有前途，要看他们是否能改变传统的社会结构，使自然知识、技术知识、规范知识能总合成一体，而把他们所有的知识和技术来服务人民。”（吴晗、费孝通，1988：22）这册书若提供了什么知识，那也只是一种“规范知识”，与科学技术知识毫无关系。怎样将这种知识融合于其他知识之中？我向来没有想过问题该如何解答，而只是模糊地认为，这种来自乡间的叙说，自有它的“服务人民”的用途；至于什么是它的具体“用途”，我没有急着给出一个答案。对于我们这个文化矛盾日益加剧的时代来说，也许来自乡间的叙说，已经足以解释我们的解释了。

附录1：

关于陈氏家族前十世的族谱记载

前三世

一世开基始祖讳敦仁字公爰号义卿，娶妣郑氏，生男有二，长曰惟安，次曰惟贵。自公以来几数百年矣，生卒年月不能尽传之也。墓在本乡土名后路坐东向西，祭墓八月初四日。公生于洪武十年七月十四日午时，卒于正统十三年正月初二日巳时。妣生于洪武十三年正月十五日寅时，卒景泰二年正月初三日申时。

二世祖伯讳惟安，乃义卿公之长子也。少以勇力著名，身长九尺，腰围五尺，日食米一斗、肉十斤，远近皆不能以力相竞者。后有司荐为力士，从征有军功之职，其后每战每胜，一日十功。永乐二年（公元一四〇四年）六月十二日杨元帅为之奏主封为总兵，旋即阵亡无传。

二世祖讳惟贵字传富，乃义卿公之次子也，娶妣柯氏，生男有二，长曰佛祖，次曰良子。公妣之生卒年月失记不知，墓在光德里江西后山坐壬向丙兼子午，号为“金校椅”，祭墓八月初四日。

三世祖伯讳佛祖，乃惟贵公之长子也。娶妣李氏，仅生二女，长配沟林王家，次配西街林家。公之生卒年月不知，墓在本里埔寻许家路官路上，坐乙向辛无辰戌。

三世祖讳良子字伯眸，乃惟贵公之次子也。娶妣晋江郑店李氏，生男有三，长曰祖荣，次曰乌治，三曰三郎，女二俱配在埔寻黄家。自义卿公以来至良子公三世矣，皇天不□长故无传一代，而惟安伯以长无传至二代，佛祖伯又以长无传三世以来，皆是以二传二而集身承祧矣至良子公生三子，两子在家分作长二，三即移居温州。自是而宗支繁衍，墓祭传焉葬在本里炭坑内大乾仑坐亥向已兼壬丙，祭墓八月初四日。

长房宗支

四世祖讳显达字祖荣，乃良子公之长子也。娶妣欧氏，生男一讳渊，女一讳玄，配在坊里黄家。公之生卒妣之生卒年月俱不知，墓在本处后格，坐北向南回龙顾，祖形妣与乌治妣合葬在祖宇左畔后井龙边园内坐东向西。

五世祖讳渊号明元，乃祖荣公之子也。生于弘治甲寅年四月初十日寅时，娶妣龚氏生于弘治丙辰年五月十九日申时。生男有五，长曰添赐，次曰昭三，三曰三娘，四曰养，五曰成。公卒于嘉靖丁未年五月二十六日申时，妣卒于年三月二十八日酉时。合葬在后格坐癸向丁回龙顾祖形在祖荣公之坟臂也。

长房三宗支

六世祖讳三娘号守贞，乃明元公之三子也。生于正德丙子年五月二十日子时，娶妣张氏生于壬申年□月二日辰时。生男有四，长曰天，次曰日，三曰永，四曰国治，女三，长曰陆，次曰杉，三曰尾，长配依仁白石吴家，次配光德里田家，三配南安溪尾叶家。公卒于□年八月初十日酉时，妣卒于□年三月初十日寅时，公墓在本里安口田埔，坐艮向坤，妣墓在后格。

七世祖伯弘道公移居感化里湖头

弘远公移居南安县梅花岭外

弘治公俱移南安

三房二

七世祖讳日字弘新号心石，乃守贞公之次子也。生于庚申年十月二十九日酉时，娶妣南安天坑头周氏，生于辛未年二月十一日巳时。生男有二，长曰一瑛，次曰一聪，女一吉治配南安陈庄埔梁家。继娶妣吕氏，生于庚午年七月初七日酉时。生男一足，女尾治配依仁里连坑周家。公卒于壬申年十一月十九日子时，妣卒于甲辰年闰月九月十二日卯时，合葬墓在本乡湖后石上，坐东向西，吕妣卒于丁丑年十月二十四日巳时，葬在安狗田埔，墓手坐东向西。

八世祖讳一聪字有睿号明哲，乃心石公之次子也。生于乙亥年正月二十九日午时，娶妣依仁里连坑周氏，生于己亥年十二月初三日巳时。生男有五，长曰仕华，次曰仕显，三曰仕任，四曰仕卿，五曰仕香，女一亥治，配本里法石张。继娶廖氏，生庚子年十月十九日午时。公卒于癸丑年正月初一日午时，墓在光德里长仑石老寨坐壬向丙无子午，妣卒于癸巳年五月十九日辰时，墓在本处观口墓坐辛向寅兼庚甲，继妣卒于乙丑年三月初七日午时。

九世祖仕卿字邦相号元富，乃明哲公之四子也。生于乙亥年正月二十日子时，娶妣本里王氏，生于顺治甲申年正月二十四日酉时。生男有五，长曰应武，次曰应两，三曰应猷，四曰应回，五曰应周，女二，长税治，配南邑杉安胡家，次布治，配依仁里庄家。公卒于丙子年十月二十一日辰时，墓在在坊里小岭头畲内，坐甲向庚，妣卒于康熙庚子年六月二十四日午时，墓在本里寨内山土名石圭安，坐寅向申无甲庚。

十世祖讳应周字时普号克全，乃元富公之子也。生于康熙甲子年十二月二十七日卯时，娶妣洪氏讳周娘，生于康熙戊寅年七月初十日辰时，生男有三，长曰业惕，次曰业严，三曰业沙。公之移居齐美，即今为齐美之开基祖也。公卒于乾隆乙丑年十二月十八日巳时，墓在本里本乡土名胡仔尾，人形坐乾向巽兼亥己，妣卒于乾隆乙巳年十一月十三日亥时，墓在本里本乡土名后人坑，蛇形坐壬向丙兼子午分金辛亥辛巳。

附录 2：

陈氏家族前十世谱系表

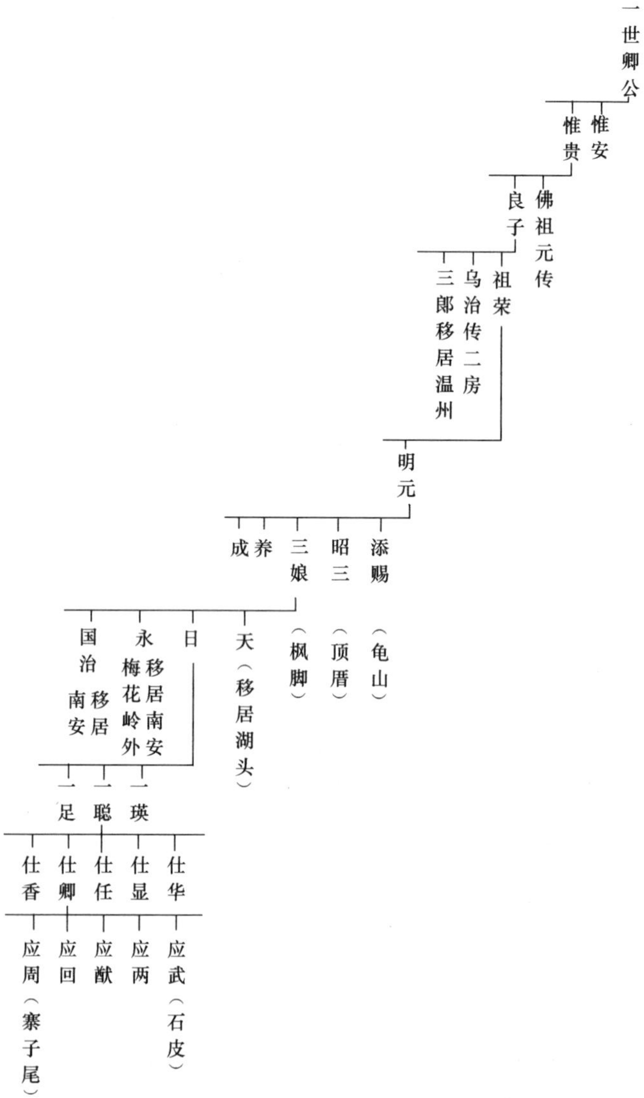

注 释

[1]“ethnography”指对社会和文化的全面描述，它的对象可以是民族、部落、氏族、地区、都市和社区。国内原来译为“民族志”，只适用于“ethnography”的民族部分，不能全面体现它的原意。

[2]“社区史”与中国传统的“方志”有类似之处：同方志一样，它也是对地方事项和人文景观的历史描绘。不过，我所提供的溪村社区史主要叙述社会人类学所关心的问题，所以与重视朝代变更和帝国“方物”的“方志”在体例和内容上有很大分野。

[3]弗里德曼认为，家族在中国东南沿海大量存在，其原因在于这个区域是中国的边陲，需要发展符合地方农业生产的非集权化社会组织（Freedman，1958）。闽南地方史的研究似乎能证明，这个区域中家族社区的发展，与宋以后福建地区在全国社会、经济、文化中的地位的提升，有着密切的关系（陈支平，1991；Dean，1993：23）。

[4]引自乾隆版《安溪县志》卷四，厦门大学出版社1985年重印版，第108—109页。

[5]几十年来，陆上交通和桥梁建设取得长足进步，现在有两条省道经过凤城，此地与区域重镇厦门和泉州的交通方便，各仅距80和60余公里。陆上交通自20世纪60年代中期之后，便已取代了溪上交通。原来，溪村人进县城需要摆渡船，现在西门大桥使两地的距离大大缩短。进城的溪村人只需步行，而许多人利用离县城近便的优势，做起了交通运输生意，在县城里外开店服务市民者也大有人在。

[6]溪村对岸的仙苑，曾是安溪东北部重镇湖头通往县城及府城（泉州）

的重要渡口。溪村的许多村民本来不是农耕者，而是依赖于隔溪的仙苑渡行船运货的船工。在土地改革运动中，大部分船工被分配土地，改造为农耕者。

[7] 从事农林牧副渔项、村办工业项、医疗项、商业饮食项、文教项的人口均在村中居住，商饮业者的店面均分布在村路附近。文教人员在村办小学任职。医疗卫生人员指从事开办卫生室（诊所）的人员，不指正规医疗卫生人员。从事建筑业的人，多在福建省以外的省份（如广西）承包建筑项目。从事交通运输的，主要是使用小型工具车为建筑工程运材料（沙石）。此项还包括用摩托车载客的劳动力人口。交通运输是依附于县城的公司和客员。此外，根据作者的走访，发现镇政府的统计未包括现在被雇用在县办、合资工厂的年轻（15—24岁）女工，其数目在100人以上。妇女劳动力在副业里表现突出，主要从事饲养业。

[8] 1989年下半年出生57人；1990年上半年出生39人；死亡人数，1989年下半年6人；1990年上半年6人。出生人口约是死亡人口的8倍。按生育数分组，以1989年出生家庭为计，1孩家庭39户，2孩家庭32户，3孩家庭34户，4孩家庭8户，5孩家庭1户。

[9] 受高中教育的人更少，无大学生人口，有1名大专生、3名中专生，文盲人口318人。

[10] 安溪县凤城镇政府编：《1991年农村年报统计表》（1991年手抄本）。

[11] 安溪县凤城镇政府编：《全国第四次人口普查资料人工总汇》（1990年手抄本）。

[12] 据1991年底镇政府统计数据。

[13] 溪村村委会编：《溪村户口登记簿册》（1991年手抄本）。

[14] 溪村陈氏编：《教美陈氏长房龟山派支谱》（1912年手抄本）。

[15] 溪村教美陈氏祠堂修缮委员会编：《教美陈氏家先谱》（1992年手抄本）。

[16] “公妈”即祖先群中的夫妻。

[17] 溪村陈氏编：《教美陈氏家谱·序》（1991年手抄本）。

[18] 溪村陈氏编：《教美陈氏长房龟山派支谱》（1912年手抄本）。

[19] 显然，从家户到家族的转化，首先是因为家庭人口的扩大，造成内部分房，然后由于房的扩大，造成聚房而居的状态，最后由不同的房联合成一个统一的家族。从这个意义上，我们可以说家包括房。但是，从严格意义上讲，家并不包括房，家的发展结果家族才包括房。孔迈隆（Myron Cohen）认为房是家下一级的单位，这个观点过于片面（Cohen，1970：21–36）。

[20] 乾隆版《德化县志》，德化县方志办 1987 年重印，第 406 页。

[21] 根据三位族老回忆，这三个祖墓从清代至民国均各有 5 分地。

[22] 关于族田对家族的意义，参见《明清福建家族组织与社会变迁》的有关论述（郑振满，1992）。

[23] 溪村陈氏编:《教美陈氏家谱 · 序》（1991 年手抄本）。

[24] 溪村陈氏编:《教美陈氏长房龟山派支谱》（1912 年手抄本）。

[25] 溪村陈氏编:《教美陈氏长房三宗支谱》（民国后期手抄本）。

[26] 家族人口膨胀会带来移民热潮。人口下降很可能是由于人口外移造成的。王连茂对闽南族谱记载的移民史研究说明，在明清时期厦门、漳州、泉州普遍存在向台湾地区，以及东南亚移民的倾向，其原因颇多，但基本上均为谋生模式。这种情况在溪村也存在（王连茂，1989）。

[27] 溪村陈氏编:《教美陈氏长房龟山派支谱》（1912 年手抄本）。

[28] 溪村陈氏编:《教美陈氏家谱 · 序》（1991 年手抄本）。

[29] 据族谱分析和作者在族老中的多次口头调查绘成。

[30] 在像溪村这样的汉人家族社区中，被社会承认的两性关系，在制度上通常以婚姻关系来表达。中国历史上婚姻关系的确认，方式上与现代社会有所不同。从今天的法律解释看，婚姻必须有正式的合法登记才算成立。在《婚姻法》出台以前，民间社会中的通婚，情况却有所不同。尽管涉及婚姻的法律条文在中国已存在数千年，但这些条文的存在并没有妨碍婚姻的民俗规约的并存。从一定意义上讲，20 世纪以前，在广大的农村地区，民俗规约所起的作用甚至比律法更重要。

[31] 溪村陈氏 1991 年编：《教美陈氏家谱》（未定散稿）。

[32] 溪村陈氏编：《教美陈氏长房龟山派支谱》（1912 年手抄本）。

[33] 施坚雅认为市场圈等于社交圈，又等于通婚圈（Skinner，1964–1965）。应该承认，施氏所说的三种圈子常常是互相关联的。但是，溪村的事例证明，社交和通婚圈的核心包括至少 10 个集市，而且其外沿广大，可以是一个大河的流域或中级区域。

[34] 这是因为汉人家族的人类学研究向来注重继嗣制度的分析，忽视横向的通婚关系的探究。

[35] 看来，海外汉学界普遍过分强调族间械斗。例如，最近哈里·拉姆利（Harry J.Lamley）对闽南和粤东家族械斗的研究，主张闽南和粤东的家族械斗的根源在于邻近家族对有限的土地和资源的争夺，从而进一步肯定了弗里德曼的早期说法（Lamley，1990：27–64）。

[36] 乾隆版《泉州府志》卷二十。

[37] 乾隆版《泉州府志》卷二十。

[38] 溪村陈氏 1991 年编：《教美陈氏家谱》（未定散稿）；溪村陈氏编：《教美陈氏长房龟山派支谱》（1912 年手抄本）。

[39] 乾隆版《安溪县志·风俗》，厦门大学出版社 1985 年重印版。

[40] “佛”在闽南地区泛指“神”。

[41] 溪村村民委员会编：《土地档案》（1992 年手抄本）。

[42] 溪村村民委员会编：《土地产权登记》（1992 年手抄、未完成）。

[43] 安溪县志工作委员会 1992 年编：《安溪县志·粮食志》（征求意见稿油印本）。

[44] 上述对“祭祀圈”的研究都以台湾地区的地方性研究为依据，仅从地理空间的角度探讨祭祀制度，而忽视了轮祭的时间性。实际上，汉人社会的轮祭仪式是时空制度的好例子，值得从时间所带动的轮流制角度探讨社会空间的形态。

[45] 乾隆版《安溪县志·坊里》，厦门大学出版社 1988 年重印版；安溪县志工作委员会 1991 年编：《安溪县志·建置志》（初稿油印本）。

[46] 同上。

[47] 乾隆版《泉州府志》卷三。

[48] 同上。

[49] 例如，安溪湖头的李光地便属此例（陈支丰，1992）。

[50] 参见［明］叶春及制定的《乡约》，见《惠安政书》（叶春及，1987：328–344）。

[51]《清朝文献通考》卷十九，户口一。

[52] 安溪县《安溪县城苑镇溪村保民大会暨改选保长会议录》（1948），安溪县档案局，58-7-216 卷。

[53] 溪村村委会编:《溪村户口注册簿》（1992 年登记本）。

[54] 安溪县国民政府《安溪县 1937 年度各项县税历次追加减预算报告表》（1948），安溪县档案局，68-6-292 卷。

[55] 乾隆版《泉州府志》卷二十。

[56] 据访问调查时老年村民的回忆。

[57] 安溪县《1937—1946 年农民冬耕贷款项》，安溪县档案局，68-7-170 卷。

[58] 安溪县《存案》，安溪县档案局，68-6-180 卷。

[59] 据安溪县《警务项》，安溪县档案局，58-3-17 卷。

[60] 安溪县第一区《呈报私塾不遵令停闭书》（1937），安溪县档案局，68-5-43 卷。

[61] 该小学占地 120 平方米，有两间教室、一间办公室和一间会议厅。采用教育部颁发的教材，施行小学教育，使村内适龄少年儿童有均等机会接受教育。

[62] 安溪县美北保《呈请设立溪村小学》（1935），安溪县档案局，68-5-153 卷。

[63] 同上。

[64] 1946 年 7 月 10 日县建设科调查。

[65] 小队的设置打破了初级社与聚落房支的对应性。

[66] 为了重修祖祠，陈氏家族召开了几次家族会议，并对家族会议的内容加以笔录，这份笔录仍然被完整地保留，存于 1991 年成立的祖祠重建委员会手中，我获得影印本一份。

[67] 赵文词（Richard Madsen）认为，改革以前的农村派斗，从表面看是意识形态的斗争，实际上是农民道德意识和权力意识所塑造的两种人格（道德实用人格和权威人格）之间的斗争，反映中国文化中人格构造的传统（Richard Madsen，1984：244–264）。

[68]“社教”至“文革”期间，派性的关系也成为当地社会关系中的一种新类别。派性是跨家族的关系，并且在家族内部也可能形成。其主要特点是以意识形态或政治观点分派。同派的人也有利益的共同点，因而也常发生互助行为。

[69] 以下表格出自安溪县凤城镇政府《农业年报统计报表》（1982、1985、1988、1991 年）。

[70] 总开支的估计与具体开支项目的估计，在数据上有一定差别，原因可能在于村民的开支除此 19 项之外，尚有别的项目。

[71] 这证明镇政府对工业人口的统计与实际情况有很大出入。

[72] 据安溪县凤城镇办公室及溪村村委会统计。

[73] 一个堂亲群体，有时是一个单独仪式单位，但在不同的节庆中有不同的安排。分家可以导致新家庭从旧房子搬迁到邻近的地方，建立新灶和“灶君崇拜”的神坛。在全家族的仪式中，小家庭有时有自己的地位（村神圣诞），有时是联合的堂亲群体的一部分（普度）。在新年的祭祖仪式中，属同一个堂亲群体的家庭，到公有的祖厅献祭。

[74] 此 30 个调查的资料，由伦敦城市大学中国研究所研究助理常向群协助分析。

[75] 从历史发展的过程看，堂、姻亲关系应先于朋友关系，前者与传统家族关系密切相关，实为家族组织的重要组成部分；后者是现代的学校、单位、社会阶层等形成后才发展起来的。堂、姻亲的认同纽带是传统的社区关系，朋友可以是社区性的，也可以是跨社区的。进一步的研究应该可以表明，后者与工业化之后的超社区关系的形成有关。

[76]“法师”类似于闽南其他地方的“红头师公”，主要从事村落庆典的科仪表演，其得名来自在闽南山区及莆田地区广为流传的“法主公”

信仰。刘枝万认为，“法师”是福建道教的一支“法教”的信徒（刘枝万：《台湾的道教》，载福井康顺等监修《道教》，上海古籍出版社，1992年，第3卷，第116—154页。）

[77] 田仲一成认为，中国农村的演剧活动与地缘和血缘群体的发展有关。在他看来，地缘群体的演剧，包括市场联村的演剧、超村的演剧和村落的演剧；血缘群体的演剧包括宗族的演剧、家族的演剧和家长私宴性的演剧。溪村存在村落和家族的演剧，市场、超村和私宴性演剧不存在。区域和村落家族间的联系与共同文化，主要通过道士和剧团的跨村活动创立（田中一成，1978：1—42）。

[78] 溪村陈氏编：《教美陈氏家谱·序》（1991年抄本），第1页。

[79] 安溪教美陈氏祖祠重建委员会编：《教美陈氏祖祠重建落成纪念》（1994年印本），第2页。

[80] 祠堂重建总共用去20余万人民币。捐献多者，在公布的“芳名录”中名列前茅，但在仪式的组织及其过程中不占主要角色。

[81] 关于家族与国家的矛盾，孙中山有一段话颇有参考价值。他说：“中国人最崇拜的是家族主义和宗族主义，没有国家主义，外国旁观的人说中国是一盘散沙，这个原因在什么地方呢？就是因为一般人民只有家族主义和宗族主义，而没有国族主义。”（孙中山，1981：617）

参考文献

档案资料

安溪县凤城镇政府编:《农业年报统计报表》(1982、1985、1988、1991年手抄本)。

安溪县凤城镇政府编:《1991年农村年报统计表》(1991年手抄本)。

安溪县凤城镇政府编:《全国第四次人口普查资料人工总汇》(1990年手抄本)。

安溪县国民政府编:《安溪县1937年度各项县税历次追加减预算报告表》(1948年),安溪县档案局,68-6-292卷。

安溪县美北保《呈请设立溪村小学》(1935年),安溪县档案局,68-5-153卷。

安溪县档案局《1937—1946年农民冬耕贷款项》,68-7-170卷。

安溪县档案局《存案》(1948年),68-6-180卷。

安溪县档案局《安溪县城苑镇溪村保民大会暨改选保长会议录》(1948年),58-7-216卷。

安溪县挡案局《警务项》,58-3-17卷。

安溪县第一区《呈报私塾不遵令停闭书》(1937年),安溪县档案局,68-5-43卷。

溪村村民委员会编:《土地产权登记》(1992年手抄本、未完成)。

溪村村民委员会编:《土地档案》(1992年手抄本)。

溪村村委会编:《溪村户口注册簿》(1992年登记本)。

溪村村委会编:《溪村户口登记簿册》(1991年手抄本)。

德化县政协编:《德化文史资料》,1994 年第 5 辑。

族谱资料

溪村陈氏编:《教美陈氏长房三宗支谱》(民国后期手抄本)。
溪村陈氏编:《教美陈氏长房龟山派支谱》(1912 年手抄本)。
溪村陈氏编:《教美陈氏家谱·序》(1991 年手抄本)。
溪村陈氏编:《陈氏家族角落代表大会笔记》(1962 年手抄本)。
溪村陈氏编:《家族大会笔记》(1991—1992 年手抄本)。
溪村陈氏编:《溪村陈氏族谱》(1992 年未定稿)。
溪村陈氏编:《祖德流芳》(1994 年印本)。
溪村教美陈氏祖祠重建委员会编:《教美陈氏祖祠重建落成纪念》(1994 年印本)。
溪村教美陈氏祠堂修缮委员会编:《教美陈氏家先谱》(1992 年手抄本)。

地方志

[明] 叶春及撰:《惠安政书》,福建人民出版社 1987 年重印版。
[清] 乾隆版《安溪县志》,厦门大学出版社 1985 年重印版。
[清] 乾隆版《泉州府志》,泉州方志办 1985 年重印版。
[清] 乾隆版《德化县志》,德化县方志办 1987 年重印版。
安溪县志工作委员会编:《安溪县志·建置志》初稿(1991 年油印本)。
安溪县志工作委员会编:《安溪县志·粮食志》(1992 年油印本)。

中文版著作

片山刚:《明清王朝统治与民间社会》,《广州研究》,1986 年第 6 期。
王沪宁:《当代中国村落家族文化》,上海人民出版社,1991 年。
王连茂:《略论闽南族谱中移民资料的价值及其分类研究》,《泉州文史》,1989 第 10 期。
王铭铭:《帝国政体与基层社会的转型》,《史学理论研究》,1995 年第 1 期。
王铭铭:《社区的历程:溪村汉人家族的个案研究》,天津人民出版社,

1997a。
王铭铭：《社会人类学与中国研究》，生活·读书·新知三联书店，1997b。
王铭铭：《村落视野中的文化与权力：闽台三村五论》，生活·读书·新知三联书店，1998年。
王铭铭：《王铭铭自选集》，广西师范大学出版社，2000年。
埃里克·沃尔夫：《乡民社会》，张恭启译，台湾巨流图书公司，1983年。
田仲一成：《中国地方剧的发展构造》，《东洋文化》1978年第58期，第1—42页。
田仲一成：《中国祭祀与演剧研究》，日本东京大学出版社，1981年。
刘志伟：《在国家与社会之间：明清广东里甲赋役制度研究》，中山大学出版社，1997年。
刘枝万：《台湾的瘟神庙》，台湾“中研院”《民族研究所集刊》1966年第22期，第53—95页。
刘枝万：《台湾的道教》，载福井康顺等监修《道教》（第三卷，第116—154页），上海古籍出版社，1992年。
孙中山：《孙中山全集》，人民出版社，1981年。
庄英章：《林圮埔——一个台湾市镇的社会经济发展史》，台湾“中研院”民族研究所专刊2种8号，1977年。
朱勇：《清代江南宗族法的经济职能》，《中国经济史研究》1987年第4期。
许嘉明：《祭祀圈之于居台湾人社会的独特性》，《中华文化复兴月刊》1978年第11卷，第6期。
吴文藻：《导言》，载费孝通、王同惠：《花篮瑶社会组织》，江苏人民出版社，1988年。
吴晗、费孝通等：《皇权与绅权》，天津人民出版社，1988年。
陈支丰：《略证李光地的乡族观》，安溪县李光地学术评论会论文，1992年。
陈支平：《近500年来福建的家族社会与文化》，上海三联书店，1991年。
陈奕麟：《重新思考Lineage Theory与中国社会》，《汉学研究》，1984第2期。
陈拱：《安溪县行政建置与区划演变》，《安溪方志通讯》，1990年第8期。
陈拱：《安溪县土地改革运动简况》，《安溪方志通讯》，1991年第9期。

陈翰笙:《解放前的地主和农民》，中国社会科学出版社，1984 年。
周石真等:《泉州婚礼遗俗》，载《泉州旧风俗资料汇编》，泉州方志办，1985 年，第 31—61 页。
周英:《封建迷信与群众文化》,《群众文化》，1988 年第 5 期。
林美容:《由祭祀圈来看草屯镇的地方组织》，台湾“中研院”《民族研究所集刊》1986 年第 62 期，第 51—114 页。
林耀华:《义序的宗族研究》，生活·读书·新知三联书店，2000 年。
罗冬阳:《明太祖礼法之治研究》，高等教育出版社，1998 年。
郑振满:《明清福建的祭祖习俗与宗族组织》,《厦门大学学报》(哲社版)，1987 年（增刊）。
郑振满:《明清福建家族组织与社会变迁》，湖南教育出版社，1992 年。
郑振满、丁荷生:《福建宗教碑铭汇编——兴化府分册》，福建人民出版社，1995 年。
施振民:《祭祀圈与社会组织》，台湾“中研院”《民族研究所集刊》，1975 年第 36 期，第 191—208 页。
费孝通:《社会学的探索》，天津人民出版社，1984 年。
费孝通:《乡土中国》，生活·读书·新知三联书店，1985 年。
费孝通:《人的研究在中国》，天津人民出版社，1993a。
费孝通:《逝者如斯》，苏州大学出版社，1993b。
费孝通:《师承·补课·治学》，生活·读书·新知三联书店，2001 年。
徐本章:《古刹春秋》，载《石牛山》，德化县志办公室，1989 年，第 22—25 页。
徐本章:《玄妙神奇石牛山》，载《石牛山》，德化县志办公室，1989 年，第 3—7 页。
钱杭:《血缘与地缘：中国历史上的联宗与联宗组织》，上海社会科学院出版社，2001 年。
顾颉刚:《史迹俗辩》，上海文艺出版社，1998 年。
黄宗智（Philip Huang）:《长江三角洲小家庭与乡村发展》，中华书局，1992 年。
黄树民:《乡民社会·序》，载埃里克·沃尔夫著、张恭启译《乡民社会》，台湾巨流图书公司，1983 年。
潘光旦：《明清两代嘉兴的望族》，上海书店，1991 年。

外文版著作

Ahern, Emily Martin, 1973, *The Cult of the Dead in a Chinese Village*, Stanford University Press.

Ahern, Emily Martin, 1981, *Chinese Ritual and Politics*, Cambridge University Press.

Aijmer, Goran ed., 1984, *Leadership on the China Coast*, Curzon Press.

Anderson, Benedict, 1983, *The Imagined Community*, Verso.

Baker, Hugh, 1991, "Marriage and Mediation: Relations between Lineages", in Hugh Baker and Stephan Feuchtwang eds., *An Old State in New Settings*, pp.11–24, JASO.

Blau, Peter, 1964, *Exchange and Power in Social Life*, John Wiley and Sons.

Bloch, Maurice, 1986, *From Blessing to Violence*, Cambridge University Press.

Bodde, Derk, 1975, *Festivals in Classical China*, Princeton University Press.

Bourdieu, Pierre, 1977, *Outline of a Theory of Practice*, Cambridge University Press.

Chan, Anita, Unger, Jonathan, and Madsen, Richard, 1984, *Chen Village*, University of California Press.

Chu, Godwin and Hsu, Francis eds., 1983, *China's New Social Fabric*, Kegan Paul International.

Cohen, Myron, 1970, "Developmental Process in the Chinese Domestic Group", in M. Freedman ed., *Family and Kinship in Chinese Society*, pp. 21–36, Stanford University Press.

Cohen, Myron, 1993, "Cultural and Political Invention in Modern China: The Case of the Chinese 'Peasant'", *Daedalus*, 122（2）.

Crook, Isabel and Crook, David, 1979, *Mass Movement in a Chinese Village: Ten Mile Inn*, Routledge and Kegan Paul.

De Groot, J. J. M, 1907, *The Religious System of China*, B. J. Brill.

Dean, Kenneth, 1993, *Taoist Ritual and Popular Cults of Southeast China*, Princeton University Press.

Duara, Prasenjit, 1995, *Rescuing History from the Nation: Questioning Narratives of Modern China*, University of Chicago Press.

Duara, Prasenjit, 1988, *Culture, Power and the State*, Stanford University Press.

Fabian, Jahannes, 1983, *Time and the Other: How Anthropology Makes Its Object*, Columbia University Press.

Fei, Hsiao-tung, 1939, *Peasant Life in China*, Routledge.

Feuchtwang, Stephan, 1974, "Domestic and Communal Worship in Taiwan", in Arthur Wolf ed., *Religion and Ritual in Chinese Society*, pp. 105–130, Stanford University Press.

Feuchtwang, Stephan, 1989, "The Problem of Superstition in the PRC", in Benavides and Daly ed., *Religion and Popular Power*, The State University of New York Press.

Feuchtwang, Stephan, 1992, *The Imperial Metaphor: Popular Religion in China*, Routledge.

Feuchtwang, Stephan and Wang, Mingming, 1992, "The Politics of Culture or a Contest of Histories: Representations of Chinese Popular Religion", *Dialectical Anthropology*, 16: (1–2).

Feuchtwang, Stephan, 1993, "Historical Metaphor: A Study of Symbolic Representation and Recognition of Authority", *Man*, Vol. 28: 35–49.

Feuchtwang, Stephan, and Wang, Mingming, 2001, *Grassroots Charisma: Four Local Leaders in China*, Routledge.

Foster, George M., 1967, *Tzintzutzan*, Little Brown.

Freedman, Maurice, 1958, *Lineage Organisation in Southeastern China*, Athlone.

Freedman, Maurice, 1966, *Chinese Lineage and Society: Fukien and Kwangtung*, Athlone.

Freedman, Maurice, 1963, "A Chinese Phase in Social Anthropology", *British Journal of Sociology*, 14 (1).

Freedman, Maurice, 1970, "Ritual Aspects of Chinese Kinship and Marriage", in Freedman ed., *Family and Kinship in Chinese Society*, pp.163–187, Stanford University Press.

Gates, Hill, 1987, "Money for the Gods", *Modern China*, 13（3）.

Geertz, Clifford ed., 1963, *Old Societies and New States*, The Free Press.

Geertz, Clifford, 1980, *Negara: The Theatre State Nineteenth Century Bali*, Princeton University Press.

Gellner, Ernest, 1983, *Nations and Nationalism*, Blackwell.

Giddens, Anthony, 1985, *The Nation–State and Violence*, Polity.

Godelier, Maurice, 1972, *Ratonality and Irrationality in Economics*, New Left Books.

Granet, Marcel, 1932, *Festivonls and Songs of Ancient China*, trans by E. D. Edwards, Routledge and Sons.

Granet, Marcel, 1975, *Festivals and Songs of Ancient China*, Routledge.

Hobsbawm, Eric and Ranger, Terence eds., 1983, *The Invention of Tradition*, Cambridge University Press.

Hsu, Francis L. K. 1948, *Under the Ancestral Shadow: Chinese Culture and Personality*, Columbia University Press

Huang, Shu–min, 1989, *The Spiral Road*, Westview.

Jing, Jun, 1996, *The Temple of Memories: History, Power, and Morality in a Chinese Village*, Stanford University Press.

Kulp, Daniel, 1925, *Country Life in South China: The Sociology of Familism*, Columbia University Press.

Lamley, Harry, 1990, "Lineage Feuding in Southern Fujian and Eastern Guangdong under Qing Rule," in Steven Harrell and Jonathan Lipman eds., *Violence in China*, pp. 27–64, State University of New York Press.

Leach, Edmund, 1964, *Political Systems of Highland Burma*, Athlone.

Leach, Edmund, 1982, *Social Anthropology*, Fontana.

Liu, Xin, 2000, *In One's Own Shadow: An Ethnographic Account of Post–reform*

Rural China, University of California Press.

Madsen, Richard, 1984, Morality *and Power in a Chinese Village*, University of California Press.

Malinowski, Bronislaw, 1939, "Preface", *Peasant Life in China*, by Hsiao-Tung Fei, pp. xix-xxvi, Routledge.

Malinowski, Bronislaw, 1945, *The Dynamic of Culture Change: An Inquiry into Race Relations in Africa*, trans. by P. M. Kaberry, Yale University Press.

Mauss, Marcel, 1990, *The Gift*, Routledge.

Mozingo, David and Nee, Victor eds., 1985, *State and Society in Contemporary China*, Cornell University Press.

Oi, Jean, 1989, *State and Peasant in China*, University of California Press.

Ohnuki-Tierney, Emiko, 1990, "Introduction:The Historicization of Anthropology", in her ed., *Culture Through Time: Anthropological Appproaches*, pp. 1-25, Stanford University Press.

Popkin, Samuel, 1979, *The Rational Peasant*, University of California Press.

Potter, Sulamith and Potter, Jack, 1990, *China's Peasants: The Anthropology of a Revolution*, Cambridge University Press.

Pusey, James, 1983, *China and Charles Darwin*, Harvard University Press.

Redfield, Robert, 1953, *The Primitive World and Its Transformation*, Cornell University Press.

Sahlins, Marshall 1998, "What is Anthropological Enlightenment? Some Lessons of the 20th Century", a lecture presented at the International Lecture Series of Cultural Consciousness and Cross-Cultural Communication, Peking University, July, 1998.

Said, Edward, 1978, *Orientalism*, Penguin.

Sangren, Steven, 1987, *History and Magical Power in a Chinese Community*, Stanford University Press.

Schurmann, Franz, 1956, "Traditional Property Concepts in China", *Far Eastern Quarterly*, 15（4）.

Scott, James, 1976, *The Moral Economy of the Peasant*, Yale university Press.

Siu, Helen, 1989a, *Agents and Victims in South China*, Yale University Press.

Siu, Helen, 1989b, "Recycling Rituals", in Perry Link et al eds., *Unofficial China*, pp. 121–137, Westview Press.

Skinner, G. William, 1964–1965, "Marketing and Social Structure in Rural China", *Journal of Asian Studies*, 24: （1）（2）（3）.

Skinner, G. William, 1985, "The Structure of Chinese History", *Journal of Asian Studies*, 44: （2）.

Van Gennep, Arnold, 1965, *The Rites of Passage*, Routledge and Kegan Paul.

Wallenstein, Immanuel, 1974, *The Modern World System*, Academic Press.

Wang, Mingming, 1993, *Flowers of the State, Grass of the People: Yearly Rites and Aesthetics of Power in Quanzhou, Southeast China*, London University Ph.D Thesis.

Wang, Mingming, 1995, "Place, Administration and Territorial Cults in Late Imperial China: A Case Study from South Fujian", *Late Imperial China*, 16（1）.

Wang, Mingming, 1998, "The Fa Zhu Gong Festival: The Birth of God or the Reproduction of Locality", Keynote Address, The 12th Conference of European Association of Chinese Studies, Edinburgh.

Weber, Max Weber, 1951, *The Religion of China*, The Free Press.

Wolf, Arthur, 1974, "Gods, Ghosts, and Ancestors", in A. Wolf ed., *Religion and Ritual in Chinese Society*, pp. 131–182, Stanford University Press.

Yan, Yunxiang, 1996, *The Flow of Gifts: Reciprocity and Social Networks in a Chinese Village*, Stanford University Press.

Ying–shih Yu, 1993, "The Radicalization of China in the 20th Century", in Tu Wei–ming ed., *China in Transformation*, pp.125–150, Harvard University Press.

附　编

局部作为整体

从一个案例看社区研究的视野拓展*

引　言

社区研究法是现代中国社会学和社会人类学奠基人之一吴文藻先生于20世纪30年代中期始倡的。必须承认，这一方法并非吴先生独创，它与西方社会学理论探索及相关学者在民族志、社会调查、文化人类学、人文区位学、地域调查运动、文化社会学等领域的具体实践相关（吴文藻，2010b）。不过，吴文藻先生选择以社区研究法为中国社会学研究的方法论基础，有其独立的学术思考。

提出社区研究法时，吴先生为燕京大学社会学教授，这期间，吴先生致力于建设社会学的中国学派（亦称"燕京学派"）。为此，他以身作则，以中国语言文字阐述社会学；在中国社会研究的理论解释上，他倾向于功能的观点（functionalism）；在方法上，则择取社区研究（吴文藻，2010a），以此引领一批学生分头对变迁中的乡土中国进行扎实研究，指导他们将各自研究所得与通过听课或留学获得的有关西学的系统知识相结合，提出"适合我国国情"的理

---

* 本文的部分内容曾于2011年12月以《主与客：民族志中关系的宇宙论》为题在西南民族大学举办的讲座中出现过，又于2015年12月在中国农业大学"农政与发展讲坛"及云南民族大学"马曜讲座"上以《局部作为整体：反思地继承社区研究法》《关于社区研究法》为题的讲演中出现过。感谢杨正文、叶敬忠、和少英诸兄对我的邀请。在本文文本形成的过程中，我得到了罗杨博士的重要帮助。特此致谢。

论（冰心，1994）。

吴先生主张，社区是中国社会学研究的实验室，乡村社区的研究有在中国研究的根基上梳理自身学术风范的可能。而20世纪，中国各地的乡村正在遭受超大规模的现代性实体的腐蚀，其可预见的结果是，乡村社区将成为国人在现代化中丧失的文化。有鉴于此，吴先生主张，学者有义务通过自己的学术实践来守护传统。

对于“社区”，吴先生的定义是：社区是社会的具体体现，“社会是描述集合生活的抽象概念，是一切复杂的社会关系全部体系之总称。而社区乃是一地人民实际生活的具体表词，有实质的基础，是可以观察得到的”（吴文藻，2010e：440）。作为社会的“实质的基础”，社区乃是个功能相系的整体，若要对之善加研究，便要借鉴功能的观点，“先认清社区是一个，整个就在这整个的立足点上来考察它的全部社会生活，并且认清楚这社会生活的各方面是密切相关的，是一个统一体系的各部分，要想在社会生活的任何一方面求得正确的了解，必须就从这一方面与其他一切方面的关系上来探索穷究”（吴文藻，2010a：6）。

不过，鉴于功能的观点有其局限性，吴先生在提出社区研究法之后不久（1936年），便在其《中国社区研究计划商榷》一文中修订了自己的看法，提出了我们可称之为“社区前后内外关系论”的补充（吴文藻，2010f）。这一关系论源于拉德克里夫－布朗（A. R. Radcliffe-Brown）应吴先生之邀来华讲学时介绍的雷德菲尔德大小传统理论（吴文藻，2010f；拉德克里夫－布朗，2002/1935）。雷氏自1940年代开始，在方法上质疑西方人类学家局限于部落社会民族志的做法，提出应使民族志研究向乡民社会开放，使之适应研究作为文明整体之局部的乡村社区（即其所谓“partial societies”或“局部社会”）的需要。不同于相对独立的、整体化的部落社会，乡村社区属于其所在的文明整体，作为文明社会整体的局部而存在。要认识这些社区，研究者便要对它们与它们所在的文明（即“大传统”）之间的关系加以深究，尤其是要对文明“大传统”与乡村社区“小传统”之间的关系加以辨析（Redfield，1956；Wilcox，2006）。吴文藻接受了拉德克里夫－布朗转述的雷氏学说，并在《中国社区研究计划商榷》一文中，将自己在1935年提出的社区整体论观点重新定义为社区研究的“横的”观点，并指出，妥善的社区研究，应结合空间的内外关系和历史的前后相续。

在吴文藻先生社区研究法论述的启迪下，自20世纪30年代后期起的10多年间，国内学界以燕京大学社会学系为中心涌现出一批村庄研究著作，这些著作后来被誉为“社会人类学的中国时代”（Freedman，1963）的代表之作。其中尤为著名的是费孝通先生1939年出版的《江村经济》（Fei，1939），该书关注作为整体的乡村如何成为世界经济格局的局部。《江村经济》出版之后，费先生在“魁阁时期”开创了多点民族志式的乡村社区类型比较研究（Fei & Chang，1948），同时还特别关注介于乡村社区上下内外之间的乡绅（Fei，1953）。费先生的一系列社区研究作品忠实于吴文藻先生的社区研究纵横观，并加以富有知识社会学（杨清媚，2015）和文明人类学（张江华，2015）气质的发挥。与他同一时期的林耀华（Lin，1948）、李安宅（1989）等，也在各自的民族志研究中发挥着同一方法论的优势。

然而，需要指出的是，“社会学的中国学派”一向有侧重现代化研究的倾向，这使它习惯于以传统—现代二分的框架叙述变迁。在其发挥学术和现实作用的过程中，这一学派习惯于将社区和传统相联系，将它形容为不受外界影响而改变的整体，而将社区的“腐蚀”与现代化相联系。这就使这个学派在了解纵横结合的重要性之同时，偏重于吴先生所谓“横的”方面的研究，沉浸于“解剖麻雀”，从而缺乏对社区的历史性和内外关系体系的结构之考量。

我曾引征相关观点，批评社区研究实践者模拟部落社会研究的“封闭群域”意象来定义乡村社区的做法，质疑其轻视文明、地区权力精英、国家、市场、等级、社会流动、宗教—神话—知识的作风（王铭铭，1997b，2003），又曾将社区研究法的这一视野局限与

19世纪基督教社会学对中国社会的扭曲联系起来（王铭铭，2007）。我甚至还不满足于雷德菲尔德大小传统理论，试图借助葛兰言的著述（如 Granet，1930）来探究文明整体之早期形态发生于所谓“局部”（乡村社区）的可能，并将其与“帝制晚期”的历史研究相结合，组合成一种有关社区上下内外之间文化双向流动的关系，以反思雷德菲尔德式的文明授受关系的论点。

然而，我坚持认为，对社区研究法的反思绝非为否定社区研究而提出；正相反，这些反思是为了丰富社区研究的内涵，使之在局部的研究中兼及整体。在我看来，加之以对更大范围的历史流动和“环境”开放的观点，也就是说，加之以吴文藻先生补充的观点，以注重社会共同体内外关系层次的结构人类学作为进一步的补充，社区研究法仍不失为社会科学中国研究的有效方法之一。

此处，我将以一项个人于20世纪90年代完成的闽南村落（溪村）研究为例，说明这个看法。

由这项研究，我曾引申出两种论述，其中一种是对20世纪以来“化农民为公民”进程的描述与分析（王铭铭，1997a，1998，2004），另一种关涉地方精英的权威性格组合现象（王铭铭，1998；Feuchtwang & Wang，2001）。这里我重述个人溪村社区研究体会，为的是使这项既有研究与社区研究法的奠基性论述和对它的反思关联起来。我用“局部作为整体”来形容本文拟提出的看法，这是对萨林斯在《整体即部分》（萨林斯，2009）一文中对局部与整体关系界定的倒置。在该文中，萨林斯将雷德菲尔德用以分析乡村社区的“局部社会”与文明“整体社会”之关系的概念，推衍为用以分析“整体社会”与跨文化关系体系的观点。我曾借用萨林斯的这一观点，并将其与关于“超社会体系”的论述（王铭铭，2015a：3—70）相联系。在本文中，我则将他的“整体即部分”倒过来说，借“局部作为整体”，我拟表明，如果说社区是更大的社会体系的局部，那么也可以说，这个局部不仅有整体的“形”，而且还在自身的形成中融入了整体的“质”，因此，考察局部也意味着考察整体（无论“整体”指的是区域、社会，还是“超社会体系”）。

社区作为整体

溪村是一个平凡的闽南村庄，位于泉州市所辖的安溪县。清乾隆时期知县庄成编修的《安溪县志》卷首有县境全图，该图显示，安溪“大溪横流，龙山拱峙，由陆而至者必出其途，由水而运者必会流而下”（庄成，1988：31），县城周边“三峰玉峙，一水环回”，西溪和蓝溪构成城与乡的天然界线。溪村即位于县城外西北方向，西溪和蓝溪的交汇处以南，是安溪460个村居之一。溪村有居民三千多人，其中男性居民绝大多数姓陈。陈姓家族的开基祖是明初从鲤城东部城墙附近的一个地方迁移而来的。初来此地时，先依附于相邻村庄，到五世祖时，创建了祭祀公业（包括祠庙及附属的公田），独立为一个继嗣群体。至20世纪90年代，这个家族已传22代。

在现在的溪村，社区空间已随着道路、工厂、新建住宅楼的扩展而部分肢解，不过，村内家屋依旧体现着既有聚落格局。这里聚落大体分为三大板块，分布在东、南、西三个方位上，环绕着村庄中心点偏北处的村庙。村庙名叫“龙镇宫”，主祀神为法主公（一位宋代道人变化而来的神明）。村庙坐北向南，庙门之南，有一块肥沃的农田，1950年代土地改革之前是供养年度祭祀所用的公田。村庙东北有座陈氏祠堂。

1991—1995年间，我两度在溪村进行过长期田野工作。当时的研究是在两个科研项目的大框架之下进行的，有其特定的问题意识，但所运用的方法则是民族志。这个方法可谓是半个世纪之前吴文藻先生阐述的社区研究法的基础。

吴先生以三个要素定义社区，即社区是由人民、地域、文化构成的。社区首先指人群居住的地方，而不是指自然地理单元。吴先生所说的“地域”，不是指一般所谓的地区，而是特指社区所在的部落社会、乡村或都市这些更大范围的地理空间。它们之间的区分，是由其各有不同的“生业”界定的，如部落社会居民多从事游猎和畜牧，乡村居民多从事农业和家庭手工业，都市居民多从事工商制造业。在吴先生看来，每个社区都有自己的文化，而所谓“文化”，指的是一个社会共同体“应付环境——物质的、概念的、社会的和精神的环境——的总成绩”（吴文藻，2010e：441）。

作为一个村落，溪村符合吴先生所定义的社区，它的“人民”是一个家族，它是一个乡村社会中的社区。生活在此地的人群既不是部落民也不是城市居民，与部落民不同，他们的主要生业是农耕和家庭手工业，他们长期与周边的城镇、市场打交道，对于这些区位的生活形态，有着相当程度的认知。正是在部落与城市两种“地域”之间，溪村人形成了自己的社区，有了其在“应付”广义的环境中孕育出来的文化。

吴先生所说的“社区研究”，本就是基于个体学者通过长期努力而可以通盘把握的有实在地方性根基的文化。为了阐述文化，除了提供社区构成要素方面的定义之外，吴先生还借用马林诺夫斯基关于多层次的、整体的文化定义（吴文藻，2010c），这个意义上的“文化”是由如下层次关联而成的整体：

1. 物质文化，是顺应物质环境的结果。

2. 象征文化，或称“语言文字”，系表示动作或传递思想的媒介。

3. 社会文化，亦简称为“社会组织”，其作用在于调适人与人之间的关系，乃应付社会环境的结果。

4. 精神文化，有时仅称为“宗教”，其实还有美术、科学与哲学也须包括在内，因为他们同是应付精神环境的产品。（吴文藻，2010d：433—434）

吴文藻先生列举的文化的诸方面，适用于描述作为生活世界的溪村的各个具体社会生活层次。

溪村的本来生业是农业（稻谷、蔬菜、茶叶、竹林种植业）和小型家庭手工业（如竹藤器编制业）。这个地方的人民操有安溪腔调的闽南语，以之相互交流、传递思想。作为一个家族村落，溪村的社会组织纹理清晰。这个以亲属制度为基础的“社会”是由同姓的堂亲、异姓的姻亲，以及超过亲属体系范围的关系构成的，但它也包含着丰富的“精神文化”，这一文化内容并不纯一。宗法制这个礼仪体系本局限于帝王将相和士大夫阶级之中，到宋代以后，渐渐允许庶民加以尊奉和实践。在宗族伦理庶民化的历史大背景下，产生了运用于自治化基层社会的宗法制。明清期间，它与扩大式家族共同财产关系的建立与维持关系密切（郑振满，1992：227—271）。溪村的宗法制便有这些庶民化、自治化、财产共有化的特质。与此同时，基于宗法伦理原则组成的社会共同体（家族），其作为集体认同象征的祭祀对象既有祖先，也有道教化的民间诸神，其共同命运之把握更凭靠着道教符箓、法术、科仪。这些符箓、法术、科仪为共同体及其成员驱邪避灾、维持其社会再生产（Dean，1993）。而佛教的彼世论在溪村也占有一席之地。如乾隆版《安溪县志》所记载的，安溪为朱子过化之区，依照《朱子家礼》来安排过渡礼仪是其传统。然而，此地“城邑乡村习俗，不无各别”（庄成，1988：113）。以丧礼为例，“士大夫尚依《朱子家礼》，属纩，散发，徒跣，擗踊，哭不食，立护丧，讣告亲友，择日成服”，而“乡俗”，则“或用僧道诵经礼忏，惟士大夫有不用者”（庄成，1988：115）。与闽南其他社区一样，溪村乡间的丧礼，糅合了古老的丧服制度和汉以后传入中国的佛教信仰（DeGroot，1884），尤其是在处理死者的“身份”、使新亡故之亲人化为祖先的过程中，佛教的超度仪式扮演着关键角色。

将民族志方法与其社区论述相结合，吴文藻先生提出了“社会生活之应研究的各方面”大纲：

1. 家族氏族和亲属制度。

2. 村落社区的技术制度。

3. 村落生活的经济方面。

4. 社会裁认——包括法律、道德、公意以及伦理的与宗教的裁认等。

5. 礼仪习俗——例如庙宇、节期以及生、婚、丧、祭的风俗。

6. 语言文字的社会意义（尤其与社会文化的关系）。

7. 教育，即个人社会化的历程。

8. 宗教、神话、艺术及民间文学（即国内一般人所谓之民俗学的领域）。

9. 个人在变迁的社会环境中之社会调适问题。

10. 民族的思想和情操的研究，如国魂、民族精神与民族品德之类。（吴文藻，2010f：471—472）

这个大纲是吴先生文化四层次说的具体化，也是对任何合格的社区研究提出的研究内容上的要求。

吴先生的社区研究法难以避免地带有那个时代的烙印，他的文化四层次说来自马林诺夫斯基的文化表格，“社会生活之应研究的各方面”大纲来自20世纪20年代建立的现代西方民族志研究方法指南，而将文化诸层次和社会生活诸方面联系起来以塑造社区整体形态的理论是功能主义的相互作用观点。吴先生列出的社区文化诸层次、社会生活诸方面，与功能派民族志研究内容基本对应，也与它一样，存在重视人（包括其“神性”），轻视物及物构成的“环境”的倾向。依据结构人类学的有关主张，我则认为，任何完整的社区，或者说，任何完整的“社会共同体”，都是人、物、神诸“存在体”共处的场所；要研究社区，就需要重视这三类“存在体”之间的关系（王铭铭，2015b）。

据此，则吴先生列举的层次和方面，可更有逻辑地归并为人—人、人—物、人—神三对关系。

首先，民族志一词中的“民族”如果指广义的社会共同体，那么，其形成的前提，就是联系于他人（共同体内与外）而存在的人，具体包括血缘—地缘关系、道德、法律中的人—人关系、政治关系、语言、风俗—宗教、人对人的服从或支配、民族认同、国家的符号政治、经济及人通过（人化）物产生的相互间关系（如生产物时人与人之间的关系、交换礼物或商品的关系）。

人—人关系中，存在着“象征文化”因素，因为在我们所考察的社区中，人们不仅要“做人”，还要有对“做人”妥善与否的看法，而这些看法是运用语言和行为表达出来的人们关于“如何为人”的观点。

任何“社会共同体”都难以割裂于物的世界而独存。从礼物这个侧面可以看到，不少人—人关系正是通过物的流动得以实现和表达的。此外，物作为“环境”，在很多情况下也会成为技术和制度的塑造者，甚至对于社会形态的生成起到关键作用。在吴文藻先生所说的部落社会、农业社会、都市社会中，不同的社区都需要与人化和非人化的物构成关系，以此获得“生业”，因之，各自的工具和知识体现，都起着交流人—物的作用。以此观之，从事社区研究，不能将人—物关系局限于吴先生所说的“村落社区的技术制度”、“村落生活的经济方面”，而应更重视人的创造与自然之间的“相互协调关系”。如列维-斯特劳斯在涉及“生态”时所说的，在民族志研究中，我们观察和试图描述的事实有两个方面，“一方面，人们试图实现历史潮流与特殊环境之间的相互退让，另一方面，他们保持着某种前后相续的心灵诉求”，而一个有意义的整体，正是在这两种“现实秩序”之间的调适中混合而生的（Levi-Strauss，1992：104）。

吴先生在列举社会生活的方面时提到“宗教”（我加上引号，是因为此处的“宗教”指普遍存在于任何社会共同体的宗教性观念、象征与行为，而不是被官方承认的“世界宗教”），其实，“宗教”涵盖的面广泛涉及人—神关系，此处的“神”是广义的、复数的，不局限于基督教的不可数的“上帝”，一方面，可以是人—人关系的拓展，另一方面，则可以是人—物关系的延伸。

溪村正是一个由以上的广义人文关系（人—人、人—物、人—神关系）构成的复合性生活世界。作为一个社区，它的首要构成要素是人，作为一个家族村落，人们依照一定的家族社会组织原则（堂亲、姻亲、辈分）形成关系。然而，社区中的人并不只生活在以己为中心、以远近定亲疏的人际关系差序格局（费孝通，1948）之中。没有周边的山川，聚落内外的谷物、树木、牲畜，社区生活便不可能，人们用这些物来养育自身，维系家族的绵延，他们也生活在广义的神当中，通过与神、鬼、祖先的交流，令这些关系焕发生机，塑造着这些关系的体系。

社区作为局部

在考察溪村之初，我数次登上村庄周边的丘陵，俯瞰村庄，绘制村道、农田、树林、聚落、祠庙的分布草图。接着，我随机选择了 30 个家户，利用预先设计好的问卷，对家庭物质生活、社会关系、教育、宗教信仰等方面进行了调查。在做问卷调查的过程中，我日复一日穿行在狭窄的村道、田埂上，去探访随机选择的家户，这使我获得了对村落住宅和它们周边事物的具体知识。与此同时，我开始对村庙和祠堂的历史，及分布在村庄东、南、西三个方位上的聚落形成过程和相互关系进行研究，依靠民间文献（如族谱）与第一手田野调查资料，分析当地家庭的组成与亲属制度、各家之间关系的体制（如各家庭之间的分合关系、聚落形态与仪式制度）、超家庭的关系（祠堂、寺庙、开基祖墓地等“公共建筑”所呈现的“人—神关系”）。沉浸在村社空间布局上各局部的内部关系与结合形态的研究中，我了解了家族内部分支（房分及与之相关的聚落）

的历史和现实状况，认识到祠堂和庙宇这类祭祀公业将这些分支联系起来的作用。

问卷调查涉及家户的物质生活，生产、消费状况，种植蓄养状况。这些状况，实为一个由物构成的“世界”的局部。

溪村人的社会生活既在人与人的相互关系中展开，也在由地方的物构成的体系及人与之形成的关系中展开。山、水、树、农田、茶园、牲畜、家禽、日用工艺品便是主要的物。对当地人来说，生产并不简单意味着人对物的“加工”，而是可以用“五行”（金木水火土）之间生克关系来形容的过程。种植是以金属工具开垦整地、以水滋养木，消费既牵涉各种交换活动，有些部分又与祭祀相关，而对熟食的习惯性需要，又预示着火这一元素在消费中的关键作用。村民对于周边人为、半人为及非人为的物，既采取实用主义的态度，又附加了各种神话性的价值，尤其是赋予日用工艺品之外的诸类物（如山、水、树、牲畜）以传说。比如，村庄西南的聚落建在一个微微凸起的台地上，传说那个台地不只是地，还是一只灵验的乌龟；祠堂前面的大榕树不只是一棵树，还曾作为神明护佑祠堂，使之不受洪水侵袭；献给神明和祖先的猪，必须在它们乐意时才可被宰杀，等等。

人居不是一切，作为一个整体，溪村的生活世界是由三个圈子构成的：由神明和祖先庇护的人居是它的核心圈，农地构成半人为的中间圈，通向村社之外的遥远之处是非人为的外圈。

像溪村这样的乡村社区，其社会体系与自然世界紧密嵌合，这情景，有时让我联想到城市文明尚未诞生的新石器时代。然而，实在的证据却又明白无误地表明，这个社区的历史并没有那么悠久，直到14世纪中叶之前，它都还属于“野”的范畴。对村社社会生活形态的历史和现状的研究使我看到，这一特定的乡村社区不但不是文明的乡土之源，而且其社会能动性甚至可以说是有特殊限定的。自其诞生之日起，溪村不仅必须与周边的自然和社会共同体持续地打交道，适应其势力，而且用雷德菲尔德的话说，更必须与自上而下播化的“先在文明”（primary civilization，具体指帝制时期的官方与精英文化）与“后起文明”（secondary civilization，具体指现代性）打交道（Redfield，1956：41-42；王铭铭，2004：83—101）。

即使不考虑这个小地方与所谓“大传统”之间的关系，对我们的视野作区域性的限制，也会看到，溪村是作为一个局部存在于一个地理范围更大的区域体系之下，不同于西方人类学家笔下的原始部落，这种村庄不是全然自在、自为、自立的。溪村人和他们的家族绵延，需要娶妻生子，家族外婚制是通婚实践的基本规则，这个规则的实行，使村社与周边远近社区形成了某种“通婚圈”的关系。在互惠与阶层不平衡的双重作用下，“通婚圈”表现为人文地理上的近、中、远三个圈子，近至邻近几个社区，中至周围几个乡镇，远至闽南及其之外的县市（王铭铭，2004：50—59）。“通婚圈”的版图是溪村社会生活的基本空间样貌，其他社会生活方面基本与之相互对应。溪村规模不算小，但是不存在自己的集市，需仰赖周边的集镇交通有无，人们日常交易的地点在“通婚圈”的“近”的范围内，有时也超出这个范围，抵达“中”、“远”层次。溪村的村神在本地备受敬仰，富有威仪和灵性，但却不是由生于本地的历史人物升华而成，而是从德化石牛山祖庙分香而来，而石牛山地处溪村“通婚圈”的“中”、“远”层次之间。那些年复一年安排村神庆典和表演仪式的道士、为节庆增添喜气的戏班、为丧礼举行超度仪式的和尚，都来自于村外，具体而言，多数来自于“通婚圈”的“近”的这个层次。

不同于部落社会的社区，身处文明社会的乡村社区是“局部”。

由此，我能够深刻领悟1936年吴文藻先生对社区研究法所做的补充。如吴先生指出的，要对这类社区进行彻底考察，就必须同时展开三方面不同而又相关联的研究，包括：

（甲）横的或同时的研究（以前曾称为静态研究，或模型调查），系专门考察某指定期间内某社区的内部结构和生活，而不涉及其过去的历史，或正在进行中的变迁的。

（乙）村落社区的外部关系的研究，即系考察该社区与其他各种社区的外部关系，以及与较大社区的外部关系。

（丙）纵的或连绵的研究（以前曾称为动态研究，或变异调查），系专门考察村落社区的内部结构与外部关系间，已在及正在进行中的变迁的。（吴文藻，2010f：470）

吴先生以上所说，是对其之前提出的侧重“横的”研究主张的补充，这一补充至为关键。吴先生的意思大体是，甲类社区研究（“横的”研究）不能脱离乙、丙类，否则便不可能真正贴近社区的本来面目。甲类社区研究，亦即“横的或同时的研究”，以前曾被称为静态研究或模型调查，指通过对“社会生活之应研究的各方面”（家族氏族和亲属制度、村落社区的技术制度、经济、社会裁认、礼仪习俗、语言文字的社会意义、教育［社会化］、宗教、神话、艺术及民间文学）的研究，形成对于社区的横向结构组织模式的认识。这方面的研究是专门考察某个特定期间内某社区的内部结构和生活，既不涉及社区与其外部环境的关系，也不涉及其过去的历史。而事实上，社区“横的”结构组织，都是在更广阔的社会空间领域里成长起来，并通过历史的积累而形成的，近代以来，更深受现代性信仰和制度的影响。因此，要考察和描述社区真实的内部结构组织，便要对其外部环境与历史变迁加以研究。

以溪村为例，聚落形态和祭祀公业，可谓是这个社区结构组成的核心内容，这两类社会事物，一类与历史中分家析产的运动有关，一类与历史中为了克服分家析产带来的分化而实施的合成运动有关。分家析产似乎是历史中家族形成的前提，其实质是家庭中年轻男性成员的成家立业，而成家立业的前提是婚配，婚配则意味着一个家与另一个家（异姓）之间形成联盟，以此作为男方家庭生育后代的保障。从这一观点来看，聚落形态的生成，凭借的正是历史中社区内部与外部的“结盟”。作为克服家族内部分化的手段的祭祀公业，是一个社会共同体兴发自身集体认同的渠道。无论是村庙还是祠堂，祭祀活动之所以可以成为周期性的公共事件，一方面是由于有家族成员的集体参与，另一方面则是由于来自周边的道士、和尚、戏班的介入。这些公共祭祀场所的构成基础同样是社区与外部世界的关系。比如，村神法主公并不是本村的历史人物，而是宋代成神于德化县石牛山的张氏道人；又如，祠堂祭祀的对象虽不是陈氏家族的祖先，但这些祖先要在祠堂里有自己的正式牌位，前提是其亡灵经过佛教超度仪式的“处理”，而祭祖仪式的一个核心“外界”，是由家族的姻亲（妻舅）来念诵祭文。

在“社会生活之应研究的各方面”中，任何一个方面都不仅与其他方面形成相互作用的功能关系，而且都有自身的历史，而这一历史的内涵，都与“社区与其他各种社区的外部关系，以及与较大社区的外部关系”相关。从事社区研究，就是在认识上处理内外的关系。

社区内部的关系不仅是层次和方面上的关系，而且是内部单元分合的关系。没有一个社区不是内部异质的。在如溪村这样的家族村落中，宗派、男女、长幼等等区分普遍存在，人们赋予这些区分特定的价值，给予“左右”的判别。正是在“左右有别”的逻辑中，家族分化为房支宗派，各自基于由父亲、母亲、子女构成的“亲属制度的基本三角”（费孝通，1947）拓展自身的存在和发展空间，在内部及与其他房支宗派的关系中，形成辈分秩序。所有这些区分和联系，都是日常生活史的核心内容，它们既是“横的”，又是“纵的”，既是结构组织性的左右关系，又是充满变数的前后关系。这些关系没有一样不兼及社区的外部关系，甚至可以说，没有一样不是内外关系的载体。同样地，在力量、制度和观念上，卷入关系中的单元与其他单元势力不平衡是常态，它们之间通常存在着程度不一的大小或上下之别。如果说社区存在着某种功能整合的一体性，那么，也可以说，这个意义上的一体性，正是指社区内部的分合关系与内外分合关系在力量、制度和观念上凝结而成的等级化的体制（上下关系），也正是在这个体制内，社区遭遇或接受着自外而内、自上而下的古今文明（大传统）的影响。

至于“社会生活之应研究的各方面”的最后两项，即“个人在变迁的社会环境中之社会调适问题”及“民族的思想和情操的研究”，吴先生本来可能分别用以指现代化过程中个人可能遭遇的问题，以及民族学意义上的“民族精神”（ethnos），前者是指新出现的问题之研究，而后者则似乎指其在论述文化层次时提到的“精神文化”，指任何时代的任何社会共同体都有的共同“气质”。而来自溪村的历史事实则表明，个人的社会性调适问题与“民族精神”之间的时间关系是相反的，前者存在于任何时代、任何社会共同体中，也就是说，任何时代、任何社会共同体，都存在个人如何社会化的问题，而后者被吴先生理解为是任何时代、任何社会共同体都有的，但在我看来，它与近代欧洲国族主义有着难以分割的关系，自19世纪末以来便与所谓“农业文明”中的社区存在矛盾，是自外而内、自上而下进入村社的现代性的核心内容。“民族精神”的政治性，表现为我在此前的研究里指出的“化农民为公民”的新文明，虽然也属于村落社区内部结构与外部间的关系，但实为“正在进行中的变迁”或现代性的核心内容。

社区作为局部性和整体性的合一

研究溪村，我的感受是双重的。一方面，我感到，要对这个乡村社区加以深入研究，采取民族志研究法，辅之以社会统计学和历史学，对它的文化层次和社会生活方面加以整体的考察，有充分的可行性和必要性。另一方面，我意识到，溪村是文明体下的一个小局部，作为一个小地方，它有可考的形成年代，在其特定历史变化的过程中，深受非当地势力影响，它与这些大小不一的势力之间形成的关系体制，可用施坚雅的“中心区位等级统”（hierarchy of central places）来形容（施坚雅，2000）。

这一双重感受，主要从我这个外来研究者的客位观点（etic）得出，但必须指出，它也有主位（emic）的“本土世界观”根据。

主位的地方民间世界观，含有一套将社区的内部与外部世界联结起来的制度，我认为，这套制度的内涵是年度周期。

若将溪村社会生活的时间性看作一个完整的年度周期，那么，我们便会看到，这一周期是由节气、择吉（或“择日”）通书、节庆三种“历法”杂糅而成。这三种“历法”都不来自溪村，其起源有的与华夏自先秦至汉逐渐积累的宇宙论知识相关，有的是民间化了的正统历法，有的则是区域性的祀神制度转化而成的。

二十四节气指二十四时节和气候，先秦时期已逐渐根据中原一带人们对于物质环境的周期性变化规律建立，到秦汉时期则已有了系统的文字记述，它反映了黄河流域一带人们对于季节（立春、春分、立夏、夏至、立秋、秋分、立冬、冬至）、物候（惊蛰、清明、小满、芒种）、气候（雨水、谷雨、小暑、大暑、处暑、白露、寒露、霜降、小雪、大雪、小寒、大寒）等年度周期性变化的认识。

节气与农业生产的节律关系紧密，可谓人适应物质环境而形成的“物质文化”的最基本方面。汉以后，这套知识已由自北而南迁徙的汉人移民带到闽南地区。可以想见，远在东南沿海的闽南地区，季节、物候、气候都与中原地区有所不同，但这种不同并没有导致人们放弃二十四节气的观念图谱，相反，这一观念图谱被长期沿用，以指涉地方上相应的季节、物候、气候。在溪村，人们也是根据二十四节气来调适自身的活动与季节、物候、气候变化之间的关系。

在一个规模有限的溪村，人们认识节气相对易于凭借“直觉”而无需文本。不过，这并不意味着识字毫无用途。当人们遇有婚丧、盖房等重大事宜而需要确定行动吉凶之时，便需要求助于识字且握有择吉方面专门知识的专家。溪村人最常去求助的那个专家居住在距溪村数公里外的另一个村庄，他根据一本《通书》来帮助乡民作趋吉避凶的日期选择。这本《通书》是泉州继成堂《通书》的抄本。继成堂《通书》的创始者是洪潮和，清朝人，以堪舆和择吉闻名，嘉庆年间开始编撰《趋避通书》，其后人在泉州集贤铺海清亭开设继成堂择日馆，印制《通书》。《通书》在闽台、浙江、东南亚华人社区中广为流传。泉州继成堂洪潮和《通书》是生者“事生事死”时趋吉避凶的历法指南。这一含有丰富堪舆术和选择术内涵的指南，与先秦时期明堂、羲和、史卜之职有关的数术及汉唐正统历法相关，而其直接前身则为宋元时期民间化的官方日书（黄一农，1996）。

《通书》由握有择日技术的算命先生运用，属于“专门知识”，但在其系统化阐述的过程中，为了自身被承认和接受，此“专门知识”兼容了民间关怀，这些民间关怀牵涉到处理人事与天事（宇宙秩序）之间的关系。

妥善处理内外上下关系，一样是溪村的年度节庆所追求的。当地年度节庆包括全国性的年节（如春节、清明、佛诞、端午、七夕、中秋、重阳等）、祖先忌日、道教对上元、中元、下元的祭祀安排，以及一个富有地方特色的村神祭祀周期。全国性的年节以家或房支为单位庆祝，仪式规模比较小；祖先忌日有的牵涉全家族，有的也是以家或房支为单位；道教对上元、中元、下元的祭祀安排，则地方化为迎神、祭孤（孤魂野鬼）、送寒衣予祖先的供养活动。而在节庆的诸年度周期中，最富当地特色的是奉献给村神法主公的两次庆典，一次是每年农历七月二十三日法主公的诞辰庆典，另一次是每年正月初十前后举办的法主公进香刈火仪式。

七月二十三日法主公诞辰，村民以家为单位，汇集于村庙，为村神“祝寿”。这一祝寿仪式实为溪村每年一度的献祭活动，不过其规模并非每年都一样，有些年活动在一天内即告完成，有些年仪式活动则长达三天两夜。

莫斯和于贝尔（Henri Hubert）（莫斯、于贝尔，2007）曾给献祭做出了社会学的界定，他们指出，献祭涉及若干角色和一个程序的安排，它首先对祭主（献祭的人）、献给神的祭品、祭司加以区分；接着，对献祭空间加以神圣化，使之成为献祭程序展开的舞台；而献祭过程则起到将祭品的生命释放出来、交通人神的作用。对于献祭的社会作用，莫斯和于贝尔指出，献祭是人通过与神交流达到自身的伦理提升、获得神的护佑的过程。这一论述，基本可以运用到溪村法主公诞辰仪式的分析。

该仪式的内容是由社区延聘的一个道士团队（祭司）安排的，这个道士团队也是仪式的核心表演者。献祭仪式开始之前，道士团队已用带来的神像和牌位按特定方位将庙宇布置成一个井然有序的神明世界，与此同时，在被选举出来的村民祭祀代表（当地称为“头家”）的协助之下，他们也将祭祀的桌台安装起来。之后，在他们演奏的音乐和诵经之声的配合之下，祭祀活动宣告启动。

既然是村神诞辰庆典仪式，它的主要内容便是由村神治下的地方百姓前来向他献礼贺喜。作为一个地方神，在其喜庆的日子里，法主公也吸引神界“同仁”来贺寿，这些“同仁”有些是来自上界的天神，有些是来自四面八方的其他地方神。仪式的开端被安排为请神，请神就是邀请上界天神降临祭坛、四方“诸侯”莅临盛宴。

请神之后，按照一定的时间规定，村民开始供奉祭品。祭品中，核心的有全村共同献祭的羊和猪，以及每家每户于当日清晨宰杀的、代表整个家庭的猪。

道士团队的头领告诉我，祭祀仪式中，送神比请神还要重要，原因是，他们所请的神是来与民宴饮的，节日过后，如果没有把他们送走，他们便会一直在村子里宴饮下去，最终村子里的财富会被消耗殆尽。宴饮正是祭祀活动的本质内容。村神诞辰庆典，是人供奉神的活动，是回报神在过去一年中的护佑的行动，同时又是本村人当主人，通过宴请，回报平日与他们有关系的周边社区关系户的行动。道士所说的送神是祭祀仪式的结束礼，但祭祀仪式的结束礼完成之后，仪式活动并没有终结，而是续之以宴请亲戚朋友的盛宴活动。祭祀活动在村庙举行，而盛宴活动则在各家各户举行。

正月的进香刈火活动，具体日期通过占卜决定，活动同样以村神法主公为中心，但内容不同于其诞辰庆典，不表现为上下内外各界神明、人间各类社会关系的来贺，而表现为村神、家庭护佑神（如观音）去往远山圣地重新获取灵力。正月的这次仪式接近于“朝圣”，包含家庭和家族向远离社区的大庙求取保佑来年生活福利的香火。

如我在前文提到的，村神法主公成神于离村庄甚远的德化石牛山上。该山因有一巨石形如牛而得名，主峰海拔1782米，除了有险峰、怪石、奇树、幽洞，还有一座被称为“石壶祖殿”的庙宇。传说溪村的村神法主公原名张慈观，他在宋绍兴年间（1131—1162年）与章公（朗瑞）、肖公（朗庆）在石牛山治魑魅，他们仙逝之后，被当地人尊奉为神。此后，法主公信仰广泛传播于闽南和台湾各地。溪村与法主公的“祖殿”，以及这座“祖殿”所在的石牛山形成了近土与远山的关系。正月的进香刈火，便是作为近土的溪村实践其与作为远山的石牛山的关系的仪式。

溪村人对进香刈火仪式的解释是，法主公在溪村龙镇宫镇守一年之后，不免劳累，以至灵力减弱，需要“回家”修养一阵，以便回到村庄后，可以在来年带着充沛的体力、精神及灵力，继续镇守他管辖的人间治所。同样地，被私人家庭奉祀的守护神，经过一年的劳累，也需要重新恢复体力和精神，如果能跟着法主公去远山的大庙修养一阵，那对充实其能量也极有必要。

溪村人并不是每年都去石牛山进香刈火，只有通过家族议事和占卜决议了的重要年份才去。溪村的“远山”不仅有石牛山，还有周边的城隍庙、清水岩、真觉寺所在的山丘。这些圣地有的是帝制时期朝廷的官方祭祀场所，有些则属于释道难分的大寺庙所在地，它们与溪村没有准确的方位关系，但在人们的意象中，这些寺庙与石牛山一道，构成了四方围绕中心（溪村）的五方格局。

进香刈火仪式，意味着逢迎村庙与家中的神像回归到神明所来自的方位不同的远山，进而为之更新灵力。

仪式的出发点是作为中心的溪村，但进香刈火行程勾勒出的地理图景含有颠倒中心—边缘格局，将外围（四方的圣地）视作超越地方中心的更大中心的意味。这种行程与基督宗教的朝圣（Turner & Turner，2011）不同，它不是由孤独的个体为了克服困境与病痛而私自展开的，而是整个社区的集体行动。在行程中，青壮年男子形成强大合力，奉迎村神法主公神像，与此同时，各家各户也由其代表虔诚怀抱家庭保护神，他们组成了浩浩荡荡的队伍，在写有“法主圣君”字样的旗帜引领下，由一支特别的乐队鸣锣开道，一路前行。沿途经过道路的转折节点时，这支队伍中持有土枪的青年还要鸣枪驱赶鬼怪。抵达目的地之后，逢迎村神的青壮年将法主公神像送进寺庙之内，安放在寺庙中神像的一侧。所谓“进香”，指的是向外在于社区的、山上圣地的中心表示敬意的仪式，而所谓“刈火”，指的是从这些远山求取文明生活（烹调、祭祀）所必需的火苗。抵达目的地之后，除了让村神在他的祖殿内、接近他的“金身”的方位上歇息停留之外，还要举行刈火仪式。一路上，一组村民带着装满木柴的铁锅，到达祖庙后，他们从主香炉获刈火苗，将铁锅内的木柴点燃。接着，跟随法主公神像而来的家庭守护神神像，也纷纷由家户所派代表拿着在主香炉上环绕三圈。此时，圣地寺庙的香火显然被理解为神的延续性灵力本身，它成为社区公共之火与家庭守护神灵力的来源。

带着社区公共之火和神明的灵力，溪村的村民再度形成一支浩浩荡荡的队伍踏上回归村庄的旅程。到达溪村附近，逢迎村神的神轿必须晃动，以显示神明的活力，同时，道路两边早已排列好阵容可观的供桌。进香刈火团队及其带着的各种圣物，在热闹的鞭炮声中徐徐行进，进入村庄，到达村庙，装着火的铁锅被安置在村庙神像侧面的地上，同时，家庭的神像也被迎回各自家中。

经过片刻歇息，法主公神像再度被青壮年扛了起来，这时，仪式进入了村神“巡境”阶段，所谓“巡境”，指的是由灵力充沛的村神视察社区各聚落和家户。从圣地带回来的火苗要由专人在庙里守护到上元节（在安溪县上元为正月十五前后三日）。此时，村内迎神，火苗被分送到各家各户，此后，各家正式点燃代表家庭人丁兴旺的灯，放花炮，敲锣鼓，庆元宵。

进香刈火仪式有丰富的意味，其核心在于通过集体旅行，实现社区与周边世界的再关联、社区公共符号与外在于社区的圣地之灵力的再分享。

法主公诞辰仪式与进香刈火仪式之间存在着鲜明区别。诞辰仪式接近于“社祭”，是社区通过祭祀地方神展现其一致性、确认其中心性的过程；而进香刈火则接近于“会盟”，是社区将自身纳入一个超社区的联盟体、分享其活力的过程。在诞辰仪式中，村民的集体行为表现为“当主人”，他们借村神诞辰之机，设宴（祭祀）接待来自上界、四周、村外的神明、亲友；在进香刈火仪式中，村民的集体行为则表现为“当客人”，他们在村神消耗了不少灵力之后，跟随着他去到“别的地方”，在更大的寺庙里做客，向那里的“主人”求得其生活的源泉（香火）。

与其他乡村社区一样，溪村的集体性格有内向和外向两面，其内向的一面，将社区与它的外部空间的区分界定为秩序与混乱、安全与危险的差异；而其外向的一面，则采取一种包容他者的态度，将有着区别的内外世界界定为互利的两方。前面提到，溪村人在进香刈火路程上遇到水沟洼地时，要鸣放土枪惊吓潜伏着的鬼怪，而且他们的村神曾在石牛山上治魑魅。这表明，对溪村人来说，有序的家园之外的世界，是充满着鬼怪、魑魅之类有害异己的（Eliade，1971）。然而，在有害异己被治理之后，家园之外的世界的人、物、神，都可成为有利于家园生活的存在体。如果说村神诞辰仪式的“社祭”和“当主人”自内而外地联系着社区与超社区的世界，那么，也可以说，“会盟”和“当客人”自外而内地起着同样的纽带联结作用。年度周期中的这两种意义看似相反的仪式，共同构成将社区与外界、主人与客人、近土与远山联结起来的世界观，这种世界观不同于将有序的家园与混乱、危险的外部空间敌对看待的内向世界观，它包含着一种鲜明的内外互利观念。这一观念与当地人对于人与他们的祖先之间既区分又联系的看法相互呼应。人与祖先分别生活在此世与彼世中，它们各自的世界被定义为阳间与阴间。然而，阳间的人与阴间的祖先之间的区分是相对的，家族祠堂里和房支公厅里奉祀的祖先牌位，便是经过特殊超度仪式重新焕发生机的祖先，它们既代表着离开此世的先辈，又代表着由彼世而来的先辈之灵。这些有灵性（当地称为“灵圣”）的存在体，既有超越此世的一面，又与此世形成互利关系：此世之人有着赡养彼世先辈的义务，而彼世先辈一旦接受后代的赡养，也便会对此世之人施以恩惠。

结　语

自吴文藻先生关于社区研究法的论述提出后，80 年过去了，但这一学说依旧富有新意，若加以补充，仍可作为研究实践的指南。结合人文区位学及民族志的看法，吴先生提出了一种纵横交错的社区研究理念。这一社区研究的纵横观富有高度启发性。遗憾的是，吴先生对此未及加以充分诠释，而其引领的一代杰出社会学和社会人类学研究者也尚未及加以论证，“燕京学派”便被拉进了不利于它学术生存的年代。

上文中，我将吴先生的社区研究法与个人研究案例互为说明。接续他的论述，我将社区的整体性与局部性的合一理解为一个复合的生活世界，并在此基础上指出，如吴先生期待的，只有当“横的”研究与社区内外关系和历史的“纵的”研究同时展开，社区研究方可展现其社会生活的“活生生状”。结合横的和纵的研究，我还看到，社区的生活世界所触及之地理范围，超出了作为社区之地理空间范围，因此，要说明社区整体性，便要超越“调节人与人之间的关系”，将这些关系与“物质文化”和“精神文化”联系起来，从人类中心主义的社会观中解放出来，进入一个“更大世界”。这个“更大世界”复合着多个世界，既包含超出社区边界的半自然和自然世界，以及与之形成不同形式关联的通婚、贸易、移民等实际生活圈子，又包含宗教性的观念、象征与行为。

列维－斯特劳斯曾指出，民族志世界的精神领域，包括地理、经济—技术、社会和宇宙观四层次，被研究者的精神层次与现实情况存在对应和不对应的不同情况，其中，“土著”的地理和经济—技术观念比较准确地反映了现实情况，他们的社会观交织着真实和想象，而他们的宇宙观则大大超出现实的范围，作为独立的精神文化领域存在（列维－斯特劳斯，2006：544—547）。基于这一理解，利奇对宇宙观作了解释，他认为，作为人类想象的造物，宇宙观（复数）不被现实世界的边界所局限，它们是创造它们的人的现实生活经验的变体（transformations），这种变体是人对于“这个世界”的建构，是“这个世界”的人对于“这个世界”与“那个世界”之间关系的想象，因此，通常也以人间形式出现，成为人类学者可以充分观察的事实，成为“近在咫尺的那个世界”（Leach，1982：213）。

探究“精神文化”，有时会触及与社区现实生活经验无关的层次，但如利奇指出的，在多数情况下，“精神文化”也在我们观察得到的现实生活经验中得以表现。

溪村的研究使我相信，充满世界情状和关系内涵的社区，其构成原理与国族这一“想象的共同体”（Anderson，1983）相通，其内部统合大大依赖于外部世界的创造（莫斯等，2010），二者之间的关系包含着大小传统的关系，但大小传统不是一对一的，更不是简单的自上而下的“授受关系”。在雷德菲尔德的大小传统理论中，存在着将单一的“大”（古代文明或现代性）相对于单一的“小”的简单化区分，而我们看到的事实是，小传统不仅为大传统提供过基础，而且，如我们在溪村看到的，它还持续地消化着不只一个大传统（包括“先在文明”，如儒、道、释，以及“后起文明”，如现代性）。

一个显而易见的道理是，倘若小传统不是以一个力量巨大的宇宙观为基础的，那么，这种以一化多的情景便不可能出现，而如我试图通过地方年度周期仪式的考察指出的，这个宇宙观，有着广泛的地理、经济—技术、社会内涵，作为一套知识，它将社区与其“环境”——尤其是山、水、树、农田、牲畜、茶园等等——关联成一个有相互作用或者“生克关系”的生活世界整体，将此处（社区）与彼处（“进香刈火”的目的地）、此世与彼世、生与死、主与客关联成既相互区分又相互结合的对立统一体，使二者之间产生互利作用，为社区与社区以外的世界提供着关系的知识与实践技术。

溪村是一个有具体历史历程的社区。有关社区的“纵的或连绵的”历史变迁，吴文藻指出，这既包括历史上的变迁，又包括“正在进行中的变迁”（现代化），他还精彩地指出，这些变迁发生于村落社区内部结构与外部关系间，因此，对社区历史变迁的研究，也就是对其内部结构与外部世界之间关系的研究。而我的研究也表明，对于这一关系，被我们观察分析的、作为研究对象的社会共同体，自身有着一套知识与处理技术。不可否认，随着现代性的传播，这套知识和技术不可能一成不变，如今，它已间杂着雷德菲尔德所谓的“后起文明”（现代性）的因素。然而，对溪村依旧年复一年举行的法主公诞辰仪式与进香刈火仪式的观察使我确信，正是基于这套既有的知识和技术，人们与进入他们家门的“新世界”形成了关系。我们甚至可以认为，正是这套曾经遭受现代性历史目的论推行者诅咒的知识和技术，通过自己的坚持，迫使其对立面产生了观念上的根本改变。

参考文献：

冰心，1994，《我的老伴：吴文藻》，《冰心全集》第8卷，福州：海峡文艺出版社。

费孝通，1947，《生育制度》，上海：商务印书馆。

———，1948，《乡土中国》，北京：三联书店。

黄一农，1996，《通书：中国传统天文与社会的交融》，《汉学研究》第14

卷第2期，台北：汉学研究中心。

拉德克里夫－布朗，2002/1935，《对于中国乡村生活社会学调查的建议》，吴文藻编译，北京大学社会学人类学研究所编《社区与功能：派克、布朗社会学文集与学记》，北京：北京大学出版社。

李安宅，1989，《藏族宗教史之实地研究》，北京：中国藏学出版社。

列维－斯特劳斯，2006，《结构人类学》卷2，张祖建译，北京：中国人民大学出版社。

莫斯、涂尔干、于贝尔，2010，《论技术、技艺与文明》，蒙养山人译，罗杨审校，北京：世界图书出版公司。

莫斯、于贝尔，2007，《巫术的一般理论献祭的性质与功能》，杨渝东、梁永佳、赵丙祥译，桂林：广西师范大学出版社。

萨林斯，2009，《整体即部分：秩序与变迁的跨文化政治》，刘永华译，王铭铭主编《中国人类学评论》第9辑，北京：世界图书出版公司。

施坚雅，2000，《十九世纪中国的地区城市化》，施坚雅主编《中华帝国晚期的城市》，叶光庭、徐自立、王嗣均译，北京：中华书局。

王铭铭，1997a，《社区的历程：溪村汉人家族的个案研究》，天津：天津人民出版社。

———，1997b，《社会人类学与中国研究》，北京：三联书店。

———，1998，《村落视野中的文化与权力：闽台三村五论》，北京：三联书店。

———，2003，《走在乡土上：历史人类学札记》，北京：中国人民大学出版社。

———，2004，《溪村家族：社区史、仪式与地方政治》，贵阳：贵州人民出版社。

———，2007，《经验与心态：历史、世界想象与社会》，桂林：广西师范大学出版社。

———，2015a，《超社会体系：文明与中国》，北京：三联书店。

———，2015b，《民族志：一种广义人文关系学的界定》，《学术月刊》47卷3月号。

吴文藻，2010a，《〈社会学丛刊〉总序》，吴文藻《论社会学中国化》，北京：商务印书馆。

———，2010b，《西方社区研究的近今趋势》，吴文藻《论社会学中国化》，北京：商务印书馆。

———，2010c，《论文化表格》，吴文藻《论社会学中国化》，北京：商务印书馆。

———，2010d，《现代社区实地研究的意义与功用》，吴文藻《论社会学中国化》，北京：商务印书馆。

———，2010e，《社区的意义与社区研究的近今趋势》，吴文藻《论社会学中国化》，北京：商务印书馆。

———，2010f，《中国社区研究计划的商榷》，吴文藻《论社会学中国化》，北京：商务印书馆。

杨清媚，2015，《“燕京学派”的知识社会学思想及其应用：围绕吴文藻、费孝通、李安宅展开的比较研究》，《社会》第4期。

张江华，2015，《“乡土”与超越“乡土”：费孝通与雷德斐尔德的文明社会研究》，《社会》第4期。

郑振满，1992，《明清福建家族组织与社会变迁》，长沙：湖南教育出版社。

庄成，1988，《安溪县志》，厦门：厦门大学出版社。

Anderson, Benedict 1983, *The Imagined Community*. London: Verso.

DeGroot, J. J. M. 1884, *Buddhist Masses for the Dead at Amoy*. Leiden: Brill.

Dean,Kenneth 1993, *Taoist Ritual and Popular Cults of Southeast China*. Princeton: Princeton University Press.

Eliade,Mircea 1971, *The Myth of the Eternal Return: Cosmos and History*. Trans. by Willard R. Trask. Princeton: Princeton University Press.

Fei, Hsiao-Tung 1939, *Peasant Life in China: A Field Study of Country Life in the Yangtze Valley*. London: Routledge.

——1953,*China's Gentry: Essays in Rural-Urban Relations*. Revised & edited by Margaret Park Redfield. Chicago: University of Chicago Press.

Fei, Hsiao-Tung & Chih-I Chang 1948, *Earthbound China: A Study of Rural*

Economy in Yunnan. Chicago: University of Chicago Press.

Feuchtwang, Stephan & Mingming Wang 2001, *Grassroots Charisma: Four Local Leaders in China*. London: Routledge.

Freedman, Maurice 1963, "A Chinese Phase in Social Anthropology." *British Journal of Sociology* 14(1).

Granet, Marcel 1930, *Chinese Civilization*. Trans. by Kathleen Innes & Mabel Brailsford. London: Kegan Paul Trench and Co. Ltd.

Leach,Edmund 1982, *Social Anthropology*. London: Fontana.

Levi–Strauss, Claude 1992, *The View from Afar*. Trans. by Joachim Neugroschel & Phoebe Hoss. Chicago: University of Chicago Press.

Lin, Yao–hua 1948, *The Golden Wing: A Sociological Study of Chinese Family*. London: Routledge and Kegan Paul.

Redfield, Robert 1956, *Peasant Society and Culture: An Anthropological Approach to Civilization*. Chicago: University of Chicago Press.

Turner, Victor & Edith Turner 2011, *Image and Pilgrimage in Christian Culture*. New York: Columbia University Press.

Wilcox, Clifford 2006, *Robert Redfield and the Development of American Anthropology* (revised edition). Lanham, MD: Lexington Books.